MANUAL
de Direito
Internacional
Público
e Privado

CARLA NOURA TEIXEIRA

MANUAL
de Direito
Internacional
Público
e Privado

6ª edição
2023

Av. Paulista, 901, Edifício CYK, 4º andar
Bela Vista – São Paulo – SP – CEP 01310-100

SAC | sac.sets@saraivaeducacao.com.br

Diretoria executiva	Flávia Alves Bravin
Diretoria editorial	Ana Paula Santos Matos
Gerência de produção e projetos	Fernando Penteado
Gerência editorial	Thais Cassoli Reato Cézar
Novos projetos	Aline Darcy Flôr de Souza
	Dalila Costa de Oliveira
Edição	Jeferson Costa da Silva (coord.)
	Daniel Pavani Naveira
Design e produção	Daniele Debora de Souza (coord.)
	Flavio Teixeira Quarazemin
	Camilla Felix Cianelli Chaves
	Claudirene de Moura Santos Silva
	Deborah Mattos
	Lais Soriano
	Tiago Dela Rosa
Planejamento e projetos	Cintia Aparecida dos Santos
	Daniela Maria Chaves Carvalho
	Emily Larissa Ferreira da Silva
	Kelli Priscila Pinto
Diagramação	Lais Soriano
Revisão	Albertina Piva
Capa	Lais Soriano
Produção gráfica	Marli Rampim
	Sergio Luiz Pereira Lopes
Impressão e acabamento	Gráfica Paym

DADOS INTERNACIONAIS DE CATALOGAÇÃO NA PUBLICAÇÃO (CIP)
VAGNER RODOLFO DA SILVA – CRB-8/9410

T266m	Teixeira, Carla Noura
	Manual de Direito Internacional Público e Privado / Carla Noura Teixeira. – 6. ed. – São Paulo : SaraivaJur, 2023.
	264 p.
	ISBN: 978-65-5362-530-3 (impresso)
	1. Direito. 2. Direito Internacional Público e Privado. I. Título.
	CDD 341
2022-3890	CDU 341

Índices para catálogo sistemático:

1. Direito Internacional Público e Privado   341
2. Direito Internacional Público e Privado   341

Data de fechamento da edição: 16-1-2023

Dúvidas? Acesse www.saraivaeducacao.com.br

CÓD. OBRA	14191	CL	608313	CAE	819914

Aos professores e alunos
que aperfeiçoam o eterno ciclo
do ensinar e aprender...
do aprender a ensinar...
do aprender a aprender...
e aos responsáveis pelo caminhar,
Afonso e Sofia

AGRADECIMENTOS

Para a composição do *Manual*, devo expressar minha imensa gratidão à Editora Saraiva, que acolheu meu trabalho em várias edições e obras. Aproveito para fazer um registro especial ao editor Daniel Naveira, que acreditou no projeto em todas as fases.

Presto aqui minha homenagem aos mestres Antônio José de Mattos Neto, Ary Brandão (*in memoriam*), Carlos Roberto Husek, Celso Ribeiro Bastos (*in memoriam*), Claudio Finkelstein, Flavia Piovesan, Maria Helena Diniz, Maria Garcia e Paulo de Barros Carvalho, que sempre me inspiraram. E reafirmo: é inegável a existência da mosca azul da docência!

Agradeço também a minha família, em especial às luzes dos meus olhos que sempre me estimulam a perseverar – amor maior! Sigamos em frente! Que o tracejar seja belo, pois o tempo que nos conduz é sempre o mais valioso agora.

APRESENTAÇÃO À 6ª EDIÇÃO

Mais uma vez encontro-me na situação de apresentar a reedição da obra, agora um Manual, de Direito Internacional, com o viés do Direito Internacional Público, dos Direitos Humanos e do Direito Internacional Privado. Alcançar a publicação da 6ª edição desta obra me deixa muito otimista. Explico.

O tempo – senhor inexorável – nos aproxima dos momentos finais do primeiro quartel do século XXI, e cada vez mais o Internacional é presente no local, no regional. A vocação humana do fluxo migratório, o encontro de civilizações, as perenes tensões dos interesses estatais e diversidade de regimes, a construção da governança global na percepção de temas comuns como a proteção de Direitos Humanos e do Meio Ambiente, dentre outros, mostram o protagonismo da área do Direito que tem por objeto a regência normativa das relações internacionais: são mais sujeitos, mais fontes jurídicas e, assim, mais necessária a proteção da coexistência humana no cenário global.

Por oportuno, este Manual apresenta aspectos estruturais e disciplinadores da arena internacional, consistindo em convite a mergulhar no Direito Internacional Público, e a ampliação de sujeitos – de estatais e interestatais para o alcance das multinacionais (transnacionais) e a presença do indivíduo. O fortalecimento do indivíduo em paralelo ao tecido normativo dos Sistemas de Direitos Humanos (Organização das Nações Unidas e – para o Brasil – Organização dos Estados Americanos). Ademais, temos mais frequente o incremento do comércio internacional, das estruturas negociais, na construção das cláusulas contratuais e, em especial, com a arbitragem.

Não poderia deixar de referir que o "mundo parou", vivemos a Pandemia e sobrevivemos a ela, a detecção global de um vírus que mudou a perspectiva das análises sociojurídicas. Mesmo assim, o ano de 2022 trouxe para o cenário internacional a guerra como protagonista (Guerra da Ucrânia) e questionou a validade do sistema internacional. Na história humana ultrapassamos o número de 100 milhões de pessoas deslocadas à força.

Aqui, cumpre-me convidar o leitor a perseverar, pois se a guerra é o caos – a ausência do Direito – o Direito Internacional tem crescido e proposto a ordem. Na dialética caos × ordem, tendo como perspectiva a vida humana, o Direito exsurge como parâmetro mínimo e irredutível humanista. E assim propomos!

Abrace o Direito Internacional! Advogue a coexistência humana!

Boa leitura!

A autora

SUMÁRIO

Parte I – DIREITO INTERNACIONAL PÚBLICO

Parte II – Direito Internacional Privado

Parte I

DIREITO INTERNACIONAL PÚBLICO

O Direito Internacional faz parte do universo jurídico e possui o mesmo fundamento e a mesma razão de ser do restante Direito. Apresentando, por certo, características específicas, nem por isso deixa de conter aquilo que de essencial assinala o Direito: a estrutura normativa necessária duma sociedade ou de certo tipo de convivência entre as pessoas humanas, individual ou colectivamente consideradas.

(MIRANDA, Jorge. *Curso de Direito Internacional Público.* Cascais: Principia Publicações Universitárias e Científicas, 2002, p. 33)

capítulo 1

NOÇÕES INTRODUTÓRIAS AO DIREITO INTERNACIONAL PÚBLICO

1.1 INTRODUÇÃO

O ser humano por natureza é gregário, busca a vida em sociedade como modo de aperfeiçoar potencialidades e garantir a sobrevivência. Neste cenário surge o Direito, como disciplina normativa da vida em sociedade, sendo organizado de forma didática em direito público e direito privado.

Para muitos, essa divisão é superada em razão da dinâmica sociedade do século XXI. Contudo, presta-se a apontar as linhas de construção histórica das balizas que conduzem a formação e fortalecimento do Direito Internacional Público como disciplina jurídica autônoma, subsidiada por um conjunto de fontes próprias e que tem a ampliação de sujeitos de direito no âmbito internacional como questão a enfrentar.

Direito Público	Área que regula as relações em que o Estado é parte, ou seja, rege a organização e a atividade do Estado considerado em si mesmo, em relação a outro Estado e em suas relações com os particulares.
Direito Privado	Área que disciplina as relações entre particulares nas quais predomina, de modo imediato, o interesse de ordem privada.

No âmbito do direito público, surge o Direito Internacional Público. Inicialmente, como disciplina jurídica das relações entre os Estados, mas com as transformações ocorridas predominantemente no século XX – revoluções tecnológicas, as

Duas Grandes Guerras Mundiais, migrações populacionais, fenômeno da globalização etc. e, consequentemente, o ingresso de novos sujeitos partícipes da sociedade internacional – verificaremos a ampliação de seu objeto.

1.2 CONCEITO

As definições de Direito Internacional Público[1] não são unívocas na doutrina jurídica, dependem principalmente da consideração do seu objeto, fontes e evolução histórica. Vejamos alguns conceitos relacionados com o período histórico[2]:

Período Histórico	Definições de Direito Internacional Público
Séculos XV, XVI e XVII	Direito Internacional Clássico
Fundador do Direito Internacional – Frei Francisco de Vitória (1486-1546)	Desvenda o fenômeno de existirem normas e princípios jurídicos de tal forma imanentes à natureza humana que são dotados de uma superioridade hierárquica em relação às normas expedidas pelo monarca.
Congresso de Vestefália (Fim da Guerra dos 30 Anos) – Hugo Grotius (1583-1645) também considerado por muitos como fundador do Direito Internacional Público por formular um conjunto completo, racional e coerente de normas jurídicas em consonância à Ciência Jurídica.	A partir de Grotius, o Direito Internacional Público afastou-se da noção de conjunto de normas cogentes próprias da natureza humana e independentes da vontade dos soberanos para firmar-se como um conjunto de normas que somente os soberanos deveriam exprimir de maneira expressa (tratados e convenções internacionais) ou implícita (os costumes internacionais).
O desenvolvimento do Direito Internacional Público até a Primeira Guerra Mundial foi dominado pela concepção do direito como originário de fonte voluntária, com forte base contratual, em razão da vontade de Estados soberanos que se limitavam por força de interesses nacionais.	Um sistema de princípios e normas que regulam as relações de coexistência e de cooperação, frequentemente institucionalizadas, além de certas relações comunitárias entre Estados dotados de diferentes graus de desenvolvimento socioeconômico e de poder (Díez de Velasco).
Tendência de tomar por base o sujeito de Direito Internacional Público, sendo que até o fim do século XIX a doutrina só atribuía essa condição aos Estados, posteriormente às organiza-	O Direito Internacional Público ou das gentes, *jus gentium publicum* ou *juis publicum intergentes*, é o complexo dos princípios, normas, máximas, atos, ou usos reconhecidos como regu-

---

[1] São vários os critérios possíveis de definição do que seja o Direito Internacional, o Direito Internacional Público, o Direito das Gentes; porém, adotaremos todas essas expressões como sinônimas, embora tenham origens históricas e significados diferentes conforme o contexto.

[2] Segundo Jorge Miranda, no tocante ao Direito Internacional clássico, "é nos séculos XV, XVI e XVII que se encontram as origens directas do Direito Internacional moderno e é nos séculos XVIII e XIX que ele se desenvolve e ganha importância crescente" (*Curso de Direito Internacional Público*. Cascais: Principia Publicações Universitárias e Científicas, 2002 p. 11-19). Por seu turno, o Direito Internacional contemporâneo evolui a seguir à Primeira Guerra Mundial.

Período Histórico	Definições de Direito Internacional Público
ções intergovernamentais, mais e mais impondo-se reconhecer, ainda que em medida restrita, a personalidade jurídica internacional a entidades não estatais e ao homem, como princípio e fim último de todo ordenamento legal.	ladores das relações de nação a nação ou de Estado a Estado, como tais, reguladores que devem ser atendidos tanto por justiça como para a segurança e bem-ser comum dos povos (Pimenta Bueno, 1863).
Autor pioneiro em defender o enfoque de que todo o direito visa em última análise ao homem.	Conjunto de regras que governam as relações dos homens pertencentes aos vários grupos nacionais (Nicolas Politi).
Defende a tese de que o Direito Internacional Público visa apenas aos Estados que podem delegar a certos organismos internacionais certos direitos e obrigações e que dele dependem em última análise o reconhecimento dos direitos fundamentais do homem.	É o conjunto de regras que regem as relações entre os Estado (René-Jean Dupuy).
Século XXI – definição atual	Conjunto de princípios, regras e teorias que abrangem os entes coletivos internacionalmente reconhecidos: Estados, organismos internacionais e o homem (Carlos Roberto Husek).

1.3 PRINCÍPIOS DE DIREITO INTERNACIONAL PÚBLICO

Os *princípios que sustentam o Direito Internacional Público* resultam de construções históricas que, por vezes, se alinham na tradução de características da dinâmica das relações internacionais.

Hodiernamente, temos como princípios basilares: não agressão, solução pacífica dos litígios entre Estados, autodeterminação dos povos, coexistência pacífica, desarmamento e proibição da propaganda de guerra; sem prejuízo de outros, menos conjunturais, e sempre lembrados em doutrina ocidental, como o da continuidade do Estado[3].

O princípio da continuidade do Estado decorre de uma realidade fática observável na tese de que o Estado *per si* tende a continuar existindo, posto que se identifica e reconhece como pessoa jurídica de direito pública na presença dos elementos caracterizadores como território, governo soberano e o povo. Este último o elemento anímico imanente à perenidade do Estado pelo vínculo que conforma uma nação ou agrupamento de nações em laços comuns, para além da cultura, de circunstâncias que afirmam a identidade nacional.

Cumpre-nos vislumbrar que no tocante à história constitucional do Estado brasileiro, a Constituição da República Federativa do Brasil, promulgada a 5 de outubro

---

[3] Francisco Rezek. *Direito Internacional Público:* curso elementar. São Paulo: Saraiva, 2018, p. 163.

de 1988, pela primeira vez trouxe expressos e positivados os princípios regentes do Estado brasileiro nas relações internacionais, a saber:

Art. 4º A República Federativa do Brasil rege-se nas suas relações internacionais pelos seguintes princípios:

I – independência nacional;

II – prevalência dos direitos humanos;

III – autodeterminação dos povos;

IV – não intervenção;

V – igualdade entre os Estados;

VI – defesa da paz;

VII – solução pacífica dos conflitos;

VIII – repúdio ao terrorismo e ao racismo;

IX – cooperação entre os povos para o progresso da humanidade;

X – concessão de asilo político.

Parágrafo único. A República Federativa do Brasil buscará a integração econômica, política, social e cultural dos povos da América Latina, visando à formação de uma comunidade latino-americana de nações.

Ademais, temos outros princípios de Direito Internacional Público que fundamentam *as relações entre os sujeitos de Direito Internacional*. São eles:

• **Consentimento**: segundo Francisco Rezek, os Estados não se subordinam senão ao direito que livremente reconheceram ou construíram:

> O consentimento não é necessariamente criativo (como quando se trata de estabelecer uma norma sobre a exata extensão do mar territorial, ou de especificar o aspecto fiscal dos privilégios diplomáticos). Ele pode ser apenas perceptivo, qual se dá quando os Estados consentem em torno de normas que fluem inevitavelmente da pura razão humana, ou que se apoiam, em maior ou menor medida, num imperativo ético, parecendo imunes à prerrogativa estatal de manipulação[4].

• *Pacta sunt servanda*: princípio segundo o qual o que foi pactuado deve ser cumprido, isto é, pactos devem ser respeitados e acordos devem ser cumpridos. É defendido dentre aqueles que acreditam que o Direito Internacional se baseia em princípios superiores, acima da vontade dos Estados. Dionísio Anzilotti afirma que a norma tem "valor jurídico absoluto, indemonstrável e que serve de critério formal para diferençar as normas internacionais das demais".

Tal princípio rege a consecução dos tratados internacionais como positivado e expressamente descrito no Preâmbulo da Convenção de Viena de 1969 sobre o Direi-

---

4   Francisco Rezek, op. cit., p. 3.

to dos Tratados[5]: *Constatando que os princípios do livre consentimento e da boa-fé e a regra pacta sunt servanda são universalmente reconhecidos.*

Ainda neste sentido, o artigo 26 da Convenção de Viena sobre o Direito dos Tratados de 1969 estabelece: *Todo tratado em vigor obriga as partes e deve ser cumprido por elas de boa-fé.*

• **Boa-fé**: a boa-fé das partes pactuantes é princípio que rege a elaboração e consecução de normas de Direito Internacional. Resta clara a observação do conteúdo do art. 18 da Convenção de Viena sobre o Direito dos Tratados de 1969, que estabelece:

> Um Estado é obrigado a abster-se da prática de atos que frustrariam o objeto e a finalidade de um tratado, quando: a) tiver assinado ou trocado instrumentos constitutivos do tratado, sob reserva de ratificação, aceitação ou aprovação, enquanto não tiver manifestado sua intenção de não se tornar parte do tratado; ou b) tiver expressado seu consentimento em obrigar-se pelo tratado no período que procede a entrada em vigor do tratado e com a condição de esta não ser indevidamente retardada.

• **Responsabilidade por atos ilícitos**: O Estado responsável pela prática de um ato ilícito segundo as normas de Direito Internacional deve ao Estado a que tenha causado dano uma reparação proporcional. É princípio que tem sofrido ampliação com a inserção de novos sujeitos de Direito Internacional, como as organizações internacionais.

• **Jus cogens internacional**: há dificuldade em precisar a noção de *jus cogens* internacional, contudo, a Convenção de Viena sobre Direito dos Tratados de 1969 demonstra aceitação dos preceitos que conformam o *jus cogens* decorrentes do direito natural: "art. 53 – Tratado em conflito com uma norma imperativa de direito internacional geral (*jus cogens*)" e "art. 64 – Superveniência de uma nova norma imperativa de direito internacional geral (*jus cogens*)". E ainda no art. 53 há descrição do que será considerado como norma imperativa de Direito Internacional geral, isto é:

> é uma norma aceita e reconhecida pela comunidade internacional dos Estados como um todo, como norma da qual nenhuma derrogação é permitida e que só pode ser modificada por norma ulterior de Direito Internacional geral da mesma natureza.

---

[5] O Decreto n. 7.030, de 14 de dezembro de 2009, publicado no *DOU* de 15 de dezembro de 2009, promulga a Convenção de Viena sobre o Direito dos Tratados, concluída em 23 de maio de 1969, com reserva aos artigos 25 e 66, aperfeiçoamento do procedimento de incorporação do tratado à ordem jurídica brasileira.

Quanto ao significado do *jus cogens* internacional, Jorge Miranda afirma que:

> o que se pretende inculcar é que são princípios que estão para além da vontade ou do acordo de vontades dos sujeitos de Direito Internacional; que desempenham uma função eminente no confronto de todos os outros princípios e regras; e que têm uma força jurídica própria, com os inerentes efeitos na subsistência de normas e actos contrários[6].

Os princípios de Direito Internacional têm adquirido importância considerando que temos sua expressa referência como fontes do Direito Internacional (nos termos do art. 38 do Estatuto da Corte Internacional de Justiça – CIJ), bem como na regência das relações amistosas entre os Estados como se depreende na adoção, pela Assembleia Geral das Nações Unidas, aos 24 de outubro de 1970, da **Declaração Relativa aos Princípios do Direito Internacional Regendo as Relações Amistosas e Cooperação entre os Estados Conforme a Carta da Organização das Nações Unidas** (ONU).

Desta feita, a Carta da ONU de 1945 estabelece no art. 2º:

ARTIGO 2 A Organização e seus Membros, para a realização dos propósitos mencionados no Artigo 1, agirão de acordo com os seguintes **Princípios**:

1. A Organização é baseada no princípio da igualdade de todos os seus Membros.
2. Todos os Membros, a fim de assegurarem para todos em geral os direitos e vantagens resultantes de sua qualidade de Membros, deverão cumprir de boa-fé as obrigações por eles assumidas de acordo com a presente Carta.
3. Todos os Membros deverão resolver suas controvérsias internacionais por meios pacíficos, de modo que não sejam ameaçadas a paz, a segurança e a justiça internacionais.
4. Todos os Membros deverão evitar em suas relações internacionais a ameaça ou o uso da força contra a integridade territorial ou a dependência política de qualquer Estado, ou qualquer outra ação incompatível com os Propósitos das Nações Unidas.
5. Todos os Membros darão às Nações toda assistência em qualquer ação a que elas recorrerem de acordo com a presente Carta e se absterão de dar auxílio a qualquer Estado contra o qual as Nações Unidas agirem de modo preventivo ou coercitivo.
6. A Organização fará com que os Estados que não são Membros das Nações Unidas ajam de acordo com esses Princípios em tudo quanto for necessário à manutenção da paz e da segurança internacionais.
7. Nenhum dispositivo da presente Carta autorizará as Nações Unidas a intervirem em assuntos que dependam essencialmente da jurisdição de qualquer

---

6   Jorge Miranda, op. cit., p. 121.

Estado ou obrigará os Membros a submeterem tais assuntos a uma solução, nos termos da presente Carta; este princípio, porém, não prejudicará a aplicação das medidas coercitivas constantes do Capítulo VII.

Em resumo, os princípios consagrados na Declaração de 1970 não são idênticos aos do artigo 2º da Carta da ONU, como já indicado. Os sete parágrafos do artigo 2º enumeram respectivamente sete princípios básicos, a saber: a igualdade de todos os membros da ONU; o cumprimento de boa-fé das obrigações assumidas de acordo com a Carta; a solução pacífica de controvérsias internacionais; a não utilização ou ameaça da força contra a integridade territorial ou independência política de qualquer Estado; a assistência à ONU em ação a quem recorrer à Organização; a garantia de que os Estados não membros ajam de acordo com tais princípios; e a não intervenção pela ONU em assuntos do domínio reservado de qualquer Estado (excetuadas as medidas coercitivas do capítulo VII da Carta).

A seu turno, a Declaração de 1970 consagra os sete seguintes princípios fundamentais: **a proibição ou renúncia do uso ou ameaça da força nas relações internacionais; a solução pacífica de disputas internacionais; a não intervenção; a cooperação internacional; a igualdade de direitos e a autodeterminação dos povos; a igualdade soberana dos Estados; a boa-fé no cumprimento das obrigações internacionais.** Do paralelo entre os dois instrumentos, vê-se que, se, por um lado, a Declaração de 1970 deixou de reproduzir ou reiterar o princípio da assistência à ONU em ação a quem recorrer à Organização, e a garantia de que os Estados não membros ajam de acordo com os princípios da Carta no que for necessário à manutenção da paz e segurança internacionais, constantes do artigo 2º da Carta da ONU, por outro lado a Declaração de 1970 cobre o dever dos Estados de cooperação internacional e o princípio da igualdade de direitos e da autodeterminação[7].

1.4 SOCIEDADE INTERNACIONAL

É possível afirmar, como Louis Henkin, que:

o Direito Internacional pode ser classificado como o Direito anterior à Segunda Guerra Mundial e o Direito posterior a ela. Em 1945, a vitória dos aliados introduziu uma nova ordem com importantes transformações no Direito Internacional[8].

Após os tristes eventos da última guerra, marcados pela utilização de armas de longo alcance; extermínio em massa (como as bombas atômicas); execução de massacre administrativo, modalidade criminosa posteriormente tipificada como genocídio; afora

---

[7] Antônio Augusto Cançado Trindade. *Princípios do direito internacional contemporâneo*. 2. ed. rev. atual. Brasília: FUNAG, 2017, p. 132.

[8] Louis Henkin, *International law*: cases and materials, p. 3.

o ininterrupto desenvolvimento tecnológico de armas biológicas, químicas, dentre outras, a sociedade internacional, liderada pelos vencedores, observou que a continuação dessas medidas de forma desordenada e embasada em interesses isolados ou de minorias, no contexto internacionalístico, não mais seria aceita.

Em um primeiro momento, esse cenário trouxe importantes alterações na ordem jurídica internacional:

i) o fortalecimento de organismos internacionais dotados de personalidade jurídica autônoma e independente dos Estados-membros que originariamente os constituíram;

ii) a disseminação de princípios de direito internacional no globo – não apenas em regiões ou entre países culturalmente ou economicamente próximos –, de forma a reger as relações entre os sujeitos de direito internacional; e, consequentemente,

iii) a incorporação pelos Estados, legitimados pela consciência de suas respectivas comunidades nacionais, desses mesmos princípios de direito internacional.

Assim, a despeito da bipolaridade que marcou o globo em países capitalistas e países socialistas, das diferenças culturais, sociais e econômicas dos partícipes do cenário internacional na época, foram iniciadas tratativas e, com elas, metas foram estabelecidas de modo a aplacar o anseio comum, ou a consciência, da comunidade internacional da necessidade de paz. O pós-1945 trouxe à humanidade a consciência do valor humano e a indispensabilidade de uma luta perene contra qualquer ação que descarte este valor intrínseco.

Em outra etapa, posterior, os movimentos de abertura da antiga União Soviética e sua dissolução, a queda do Muro de Berlim e consequente reunificação alemã, o fim da Guerra Fria, o recrudescimento das tecnologias de informação e comunicação, bem como a intensificação do comércio internacional, dentre outros fatores, levaram à reconfiguração da sociedade internacional, em que a estrutura bipolarizada das relações internacionais foi suplantada para dar lugar às relações pautadas no multilateralismo[9], característica esta que veio a impor novas posturas mundiais.

Desta feita, o caminhar da sociedade internacional[10], inserido de forma inarredável em um fenômeno que se convencionou denominar globalização, amparado pela

---

[9]   Celso Lafer, ao tratar da Organização Mundial do Comércio (OMC) e seu papel de relevo num mundo de relações multilaterais, deixa clara a necessidade da adoção de regra de transparência pelos países, senão "a segurança de expectativas é fundamental para o 'estado de direito' e para a *rule of law*. É por este motivo que Kant sublinhou a 'qualidade formal da publicidade' como 'a fórmula transcendental do direito público'. A publicidade expõe *erga omnes* políticas públicas jurídicas à luz de uma visível e assim não restrita ou secreta avaliação de sua razoabilidade. Reforça assim uma perspectiva democrática de ordem econômica internacional, uma vez que numa democracia o público, por ser do interesse de todos, é concebido ao mesmo tempo como sendo aquilo que é comum e visível" (A OMC *e a regulamentação do comércio internacional*: uma visão brasileira, p. 27-28).

[10]   A expressão *sociedade* pode assumir vários significados: i) de campo de relações intersubjetivas, ou seja, das relações humanas de comunicação; e também ii) de totalidade dos indivíduos entre os quais ocorrem essas relações; e ainda iii) como um grupo de indivíduos entre os quais essas relações ocorrem em alguma forma condicionada ou determinada. Diante disso, a sociedade também é definível de modo indireto através da análise da tendência natural do homem para a sociabilidade, como aparece frequentemente na obra de

evolução dos meios de comunicação e tecnológicos, trouxe um avanço ao direito internacional e um redimensionamento das relações entre os Estados.

Nesse sentido, Carlos Husek descreve:

> O fenômeno comunicativo, entendido não só nos estritos parâmetros da linguagem falada ou escrita, mas nos gestos, sinais, símbolos etc., ocorre num só espaço físico – o mundo –, repleto de artefatos radiofônicos e televisivos. Hoje, muitos anseios e preocupações humanas constituem pontos comuns da América à Europa, desta à Ásia, da Ásia ao Continente Africano. Há uma prática reiterada de iguais hábitos e iguais padrões de comportamento em diversos locais do Planeta. Não se pode deixar de ver no ser humano um único ser, cada vez mais parecido. Esse fato deve-se ao grande desenvolvimento das comunicações. (...) O homem não vive mais isolado, e isso já faz alguns séculos. Entretanto, a interdependência, principalmente econômica e política, intensificou-se a partir da II Guerra Mundial, com a formação de blocos de influência: de um lado, os países liderados pelos Estados Unidos, e, de outro, aqueles liderados pela União Soviética. A organização do mundo em Estados e estes dentro de organizações maiores, como a das Nações Unidas, a paz que perseguem, a necessidade de mútuo auxílio, revelam os traços de uma única sociedade: a sociedade internacional[11].

Ainda por este prisma, analisando a dimensão do sistema internacional, Marcel Merle aponta como caracterizadores do sistema internacional contemporâneo os seguintes elementos:

- intensificação dos intercâmbios de informações;
- instantaneidade da transmissão de informações;
- aceleração da rapidez e volume das comunicações e deslocamento de pessoas;

Kant, "o homem tem inclinação a associar-se porque no estado de sociedade sente-se mais homem, vale dizer, sente que pode desenvolver melhor suas disposições naturais. Mas também tem forte tendência a dissociar-se (isolar-se) porque tem em si também a qualidade antissocial de querer voltar tudo para seu próprio interesse, em virtude do que deve esperar resistência de todos os lados e, por sua vez, sabe que terá de resistir aos outros" (Dados extraídos da obra de Nicola Abbagnano, *Dicionário de filosofia*, p. 912-14).

Por este viés, a sociedade abrange a união entre indivíduos, seja por força de uma tendência natural, seja pela necessidade comum de alcançar um determinado objetivo; sendo que não causa dificuldade a descrição da sociedade que é circunscrita por um Estado – a título exemplificativo, o Brasil é um Estado que reúne diferentes grupos sociais e hábitos culturais, mas que de forma incontestes encontram-se reunidos pelo vínculo da nacionalidade, da territorialidade e de estarem todos submetidos a uma mesma ordem jurídica. Já apresentar uma sociedade internacional exige um esforço maior de abstração. Na identificação da sociedade internacional devem ser considerados os mesmos elementos de uma sociedade interna, quais sejam: permanência, organização e objetivo comum. Ainda no que se refere à sociedade internacional, cumpre observar que é dotada de caracteres peculiares: tem caráter universal, pois abrange todos os entes do globo terrestre; é igualitária, da feita que prescreve uma igualdade formal entre os seus símbolos; é aberta, não há necessidade de aprovação prévia dos demais membros para que seja aceita; é descentralizada, porque não possui uma organização rígida; e, finalmente, a criação e estabelecimento de direito originário.

11 Carlos Roberto Husek, *Curso de Direito Internacional Público*, p. 18.

- instauração de campo estratégico unificado, em âmbito mundial;
- participação de todos os Estados em densa rede de organizações internacionais, tanto de caráter universal quanto regional.

Essas mudanças estruturais do contexto internacional exigem adaptação da reflexão jurídica a essas novas exigências, visando não só assegurar sua adequação na captação das variáveis de maior relevância, como ainda permitir que o direito seja instrumento regulador apto a manter seu papel nesse contexto transformado e em constante mutação[12].

---

[12] Marcel Merle, *Sociologia de las relaciones internacionales* (trad. Mesa Garrido, Madrid, 2. ed., 1980, p. 399 e s.), apud Paulo Borba Casella, *União Europeia, instituições e ordenamento jurídico*, p. 49.

capítulo 2

SUJEITOS DE DIREITO INTERNACIONAL

2.1 INTRODUÇÃO

São sujeitos de Direito Internacional os entes destinatários das normas jurídicas internacionais e têm atuação e competência delimitada por estas. Não há unanimidade doutrinária quanto à questão; pois, exemplificativamente, Francisco Rezek entende que somente os Estados – estes originariamente – e as organizações internacionais – de modo derivado – são detentores de personalidade jurídica internacional.

Por outro lado, Carlos Roberto Husek amplia o debate, com tese oposta, de que todo direito tem como destinatário, em última análise, o indivíduo, logo este comporá também o rol de sujeitos de Direito Internacional[1].

Nessa última locução, temos a tese de ampliação dos sujeitos de Direito Internacional fortalecida pela construção normativa na área de Direito Internacional dos Direitos Humanos a partir da segunda metade do século XX com a verificação da difusão de temas transversais e difusos que num primeiro momento cingiam as relações interestatais e que passaram a constar de pautas globais como: meio ambiente e direitos humanos.

---

[1] Nesse sentido, Carla Noura Teixeira, na obra *Direito Internacional para o Século XXI* (2013, p. 89 e s.) desenvolve o tema da afirmação histórica do indivíduo no Direito Internacional como sujeito internacional ao observar a Sociedade Internacional no Século XXI.

2.2 ESTADOS

Estados, também denominados de coletividades estatais, constituem por definição o quadro de sujeitos de Direito Internacional. A formação dos Estados nacionais está associada à consolidação da disciplina jurídica do Direito Internacional.

Assim sendo, a comprovação fática e histórica de sua participação em vários eventos proporciona-lhes, com base em diversos autores, quase que exclusividade de existência como ser jurídico internacional.

No dizer de Jorge Miranda:

> Quando e onde quer que haja Estado, e Estado que mantenha qualquer tipo de relações, mais ou menos duradouras, com outro ou outros Estados (ou entidades afins), tornam-se necessárias normas jurídicas para as estabelecer e fazer subsistir, sejam quais forem essas normas.
>
> [...] Aos diversos tipos históricos de Estados correspondem, naturalmente, diversos tipos de Direito Internacional. Ao Estado moderno de tipo europeu, surgido nos séculos XV-XVI e que hoje se estende por todo o mundo, corresponde, portanto, o moderno Direito Internacional. E, assim, como dentro do Estado se observa nos últimos duzentos anos um progresso contínuo no sentido da subordinação aos princípios da legalidade e da constitucionalidade, paralelamente nas relações entre os Estados se depara uma densidade crescente de normas jurídicas que sobre elas se projectam[2].

O Estado, de acordo com teoria tradicional, é composto de três elementos: a população, o território e o governo, este configurando o poder exercido de forma independente. Muito embora esta teoria seja prevalente na doutrina, há quem questione se seriam pressupostos para a existência do Estado, ou meros elementos integradores de sua existência. Por outro viés, há ainda quem defenda a necessidade de outros elementos que, então conjugados, formariam o Estado ou, em caminho inverso, que a permanência do elemento humano seria condição suficiente para a existência e a continuação ininterrupta do Estado, considerando o princípio da continuidade do Estado[3].

---

[2]   Jorge Miranda. *Curso de Direito Internacional Público*, 2005, cit., p. 10.

[3]   Segundo F. Rezek "o Estado não é produto de mera elaboração jurídica convencional: ele é antes de tudo uma realidade física, um contingente humano estabelecido em determinada área territorial, sob a regência de uma ordem jurídica cujo eventual colapso não faria com que desaparecessem os elementos materiais preexistentes à composição do sistema de poder. Fala-se por isso num princípio da continuidade do Estado, que evoca de certo modo a lei física da inércia. O Estado, pelo fato de existir, tende a continuar existindo – ainda que sob outra roupagem política, e até mesmo quando ocorram modificações expressivas na determinação da titularidade da soberania. A bem dizer, não é ao Estado *nominalmente considerado* que se refere o princípio da continuidade, mas a toda área territorial habitada por uma comunidade de pessoas" (in *Direito Internacional Público – Curso elementar*, p. 281).

2.3 ORGANISMOS INTERNACIONAIS

São também denominados organismos ou organizações interestatais. Sua autonomia é pautada no entendimento de que após sua criação tomam corpo próprio, adquirem personalidade e vivem sem depender de seus criadores.

Nas frequentes definições de organização internacional, são perceptíveis dois elementos:

i) o primeiro é o elemento da permanência verificável no uso do vocábulo *organização*, demonstrando o intuito de estabilidade;

ii) o outro elemento é a *internacionalidade*, também observada nos textos constitutivos das organizações por força da opção dos Estados-membros. Da junção desses elementos resulta o grande diferencial das organizações internacionais, qual seja: sua *autonomia* em relação aos Estados partícipes (inclusive, vários textos internacionais atestam a independência das organizações).

Nesse sentido, a Carta da ONU no art. 2º distingue a *pessoa* da organização de seus membros, como sujeitos distintos para a realização dos propósitos de manutenção da paz e seguranças internacionais, previstos no art. 1º; ainda o art. 104 determina: "A organização gozará, no território de cada um de seus membros, da **capacidade jurídica** necessária ao exercício de suas funções e à realização de seus propósitos[4-5]."

Assim, na sequência, na data de 11 de abril de 1949, a Corte Internacional de Justiça emitiu parecer consultivo acerca da responsabilidade dos Estados quanto à reparação de danos sofridos por funcionários da Organização das Nações Unidas expressando de forma inequívoca o reconhecimento de uma organização internacional como titular de direitos e deveres na ordem internacional com capacidade, inclusive, de buscar as jurisdições internacionais.

2.4 ORGANIZAÇÕES NÃO ESTATAIS OU OUTRAS COLETIVIDADES

Organizações não estatais ou outras coletividades não são Estados, nem organismos internacionais como: a Santa Sé, a Cidade do Vaticano, a Soberana Ordem da Cruz de Malta, as sociedades comerciais (transnacionais, internacionais), o Comitê Internacional da Cruz Vermelha, os beligerantes e insurgentes em determinadas ocasiões e outros.

---

[4]   A Carta da Organização dos Estados Americanos, no art. 133, dispõe de forma semelhante à Carta da ONU: *A Organização dos Estados Americanos gozará no território de cada um de seus membros da capacidade jurídica, dos privilégios e imunidades que forem necessários para o exercício das suas funções e a realização dos seus propósitos*. Por seu turno, a Carta da OMC – Organização Mundial do Comércio, no art. VIII, descreve o *status* da OMC como: *1. A OMC terá personalidade legal e receberá de cada um de seus Membros a capacidade legal necessária para exercer suas funções.*

[5]   Informações colacionadas da obra de Carla Noura Teixeira, *Direito Internacional para o século XXI*, p. 52.

Diversas outras coletividades poderão, eventualmente, surgir no cenário internacional e se enquadrar na classificação de sujeitos internacionais, mesmo porque estes variam através dos tempos, em virtude das necessidades que a comunidade impõe.

Vale ainda ressaltar que as empresas transnacionais e multinacionais têm sido apontadas como entes dotados de personalidade jurídica internacional, considerando a área do Direito Internacional do Comércio; contudo, ainda é tema bastante controverso.

Nesse sentido, em obra sobre o tema, José Cretella Neto conceitua empresa transnacional como:

> a sociedade mercantil, cuja matriz é constituída segundo as leis de determinado Estado, na qual a propriedade é distinta da gestão, que exerce controle, acionário ou contratual, sobre uma ou mais organizações, todas atuando de forma concertada, sendo a finalidade de lucro perseguida mediante atividade fabril e/ou comercial em dois ou mais países, adotando estratégia de negócios centralmente elaborada e supervisionada, voltada para a otimização das oportunidades oferecidas pelos respectivos mercados internos[6].

Em seguida, o autor defende o reconhecimento de personalidade jurídica às transnacionais de modo que estejam sujeitas à ordem jurídica internacional, permitindo-lhes acesso amplo às jurisdições internacionais, para que possam defender seus interesses e, em contrapartida, possam ser-lhes aplicadas sanções em caso de violação às normas de Direito Internacional.

Há muito a Organização das Nações Unidas, de forma a afastar a ausência de regramento internacional aplicável às empresas transnacionais, pelo ECOSOC, adotou a Resolução 1721[7-8]. Objetivava, com isso, demandar a realização de estudos, sob a égide de uma Comissão das Empresas Transnacionais, para formular, adotar e aplicar um código internacional de condutas para as mesmas.

A elaboração de um Código de Conduta das Nações Unidas para as Empresas Transnacionais enfrentou vários obstáculos, compreendendo, ao final, seis partes: preâmbulo e objetivos; definições e campo de aplicação; atividades das empresas transnacionais; tratamento jurídico das empresas transnacionais; cooperação intergovernamental; e aplicação do Código de Conduta.

---

[6]   José Cretella Neto, *Empresa transnacional e direito internacional*: exame do tema à luz da globalização, p. 27-62.

[7]   Em 1972, o ECOSOC aprovava a Resolução 1721 (LIII), a qual ordenava "a formação de um Grupo de Notáveis 'to study the impact of multinational corporations on economic development and international relations'".

[8]   O Conselho Econômico e Social (ECOSOC) das Nações Unidas é a instância responsável por levar adiante o debate sobre o desenvolvimento sustentável em suas dimensões econômica, social e ambiental. As conclusões e recomendações das reuniões do Conselho, realizadas em julho de cada ano, são encaminhadas para exame e consideração da Assembleia Geral das Nações Unidas (AGNU), cujas sessões ocorrem a partir da terceira semana de setembro. O ECOSOC é composto por 54 Estados-membros das Nações Unidas, eleitos por um período de três anos, de acordo com a seguinte representação geográfica, acordada ainda durante a Guerra Fria: 14 assentos para a África; 11, para a Ásia; seis, para a Europa Oriental; dez, para a América Latina e o Caribe e 13, para a Europa Ocidental (Informações do Centro de Estudos Estratégicos da Fiocruz. https://cee.fiocruz.br/?q=node/1224. Acesso em: 10 nov. 2022).

Não obstante, esse esboço primeiro não se desenvolveu no formato de um tratado internacional, ao feitio da previsão da Convenção de Viena de 1969, daí decorre a crítica de que o Código comporá o denominado *soft law*[9], isto é, um conjunto de documentos sem o condão atributivo das normas jurídicas de Direito Internacional, muito mais presentes nas opções de adoção ou não pelos partícipes internacionais.

Desta feita, o Conselho de Direitos Humanos das Nações Unidas aprovou, aos 16 de junho de 2011, um novo conjunto de princípios orientadores globais para empresas, concebidos para assegurar que estas não violem os direitos humanos no curso de suas operações e forneçam reparação quando da ocorrência de infrações. Os Princípios Orientadores para Empresas e Direitos Humanos descrevem como os Estados e as empresas devem implementar o Quadro **"Proteger, Respeitar e Reparar"** das Nações Unidas, a fim de melhor gerir os desafios relativos a negócios e direitos humanos. A estrutura é baseada em três pilares: o dever do Estado de proteger contra abusos de direitos humanos por parte de terceiros, incluindo empresas, através de políticas, regulamentos e julgamentos; a responsabilidade corporativa de respeitar os direitos humanos, o que significa evitar infringir os direitos dos outros e abordar os impactos adversos que podem vir a ocorrer; e o maior acesso das vítimas a recursos efetivos, judiciais ou não[10].

Ainda, no tocante às empresas transnacionais (multinacionais) devemos observar o papel da Organização para a Cooperação e Desenvolvimento (OCDE), em especial, as Diretrizes da OCDE para as Empresas Multinacionais como recomendações dirigidas pelos Governos às empresas multinacionais[11].

As Diretrizes visam assegurar que as operações dessas empresas estejam em harmonia com as políticas governamentais, fortalecer a base da confiança mútua entre as empresas e as sociedades onde operam, ajudar a melhorar o clima do investimento estrangeiro e aumentar a contribuição das empresas multinacionais para o desenvolvimento sustentável. As Diretrizes são parte integrante da Declaração da OCDE sobre Investimento Internacional e Empresas Multinacionais, cujos outros elementos são relacionados a tratamento nacional, obrigações conflitantes impostas às empresas e incentivos e desincentivos ao investimento internacional. As Diretrizes fornecem princí-

---

[9] Enquanto instrumentos de *soft law*, os Princípios Orientadores diferem do peso normativo tradicional do *hard law* – em que existe um estímulo a que se façam cumprir determinadas normas de conduta ou, pelo menos, exista a expectativa de – uma vez que não possuem um caráter juridicamente vinculante. Desse modo, possuem uma diferença substancial do direito com o qual estamos acostumados, dado a sua característica *maleável* na hora de exigir o cumprimento das normas, ou na impossibilidade de reclamar do incumprimento destas diante de uma instância judicial, visto seu caráter "suave".

[10] Dados extraídos do sítio https://brasil.un.org/pt-br/57150-conselho-de-direitos-humanos-aprova-principios-orientadores-para-empresas. Acesso em: 25 nov. 2022.

[11] Dados extraídos do sítio https://www.gov.br/produtividade-e-comercio-exterior/pt-br/assuntos/camex/pcn/diretrizes-da-ocde-para-empresas-multinacionais#section-2. Acesso em: 25 nov. 2022.

pios e padrões voluntários para uma conduta empresarial consistente com as leis adotadas e os padrões reconhecidos internacionalmente. No entanto, os países aderentes às Diretrizes assumem um compromisso vinculante em implementá-las em conformidade com a decisão do Conselho da OCDE sobre as Diretrizes da OCDE para as Empresas Multinacionais. Além disso, as questões abrangidas pelas Diretrizes também podem ser objeto de legislação nacional e compromissos internacionais.

Destacamos o tema das Políticas Gerais estabelecidas pelo documento internacional:

(...)

II. Políticas Gerais

As empresas devem levar em conta plenamente as políticas em vigor nos países onde desenvolvem as respectivas atividades, e levar em consideração os pontos de vista de outros agentes envolvidos. Nesse sentido:

A. As empresas devem:

1. Contribuir para o progresso econômico, ambiental e social, de forma a assegurar o desenvolvimento sustentável.

2. Respeitar os direitos humanos reconhecidos internacionalmente dos afetados por suas atividades.

3. Encorajar a construção de capacidades em nível local em estreita cooperação com a comunidade local, incluindo os interesses empresariais, bem como desenvolvendo as atividades da empresa nos mercados nacional e internacional, de forma compatível com a necessidade de boas práticas comerciais.

4. Encorajar a formação de capital humano, nomeadamente criando oportunidades de emprego e facilitando a formação dos trabalhadores.

5. Abster-se de procurar ou aceitar exceções não previstas no quadro legal ou regulamentar, relacionados a direitos humanos, meio ambiente, saúde, segurança, trabalho, tributação, incentivos financeiros ou outros assuntos.

6. Apoiar e defender os princípios da boa governança corporativa, desenvolvendo e aplicando boas práticas de governança corporativa, inclusive em grupos empresariais.

7. Elaborar e aplicar práticas de autorregulação e sistemas de gestão eficazes que promovam uma relação de confiança mútua entre as empresas e as sociedades onde aquelas operem.

8. Promover conscientização e cumprimento por parte dos trabalhadores empregados pelas empresas multinacionais no que diz respeito às políticas da empresa através de divulgação adequada dessas políticas, inclusive através de programas de formação.

9. Abster-se de mover processos discriminatórios ou disciplinares contra trabalhadores que, de boa-fé, apresentem relatórios à administração ou, se for o caso, às autoridades competentes, sobre práticas que contrariem a lei, as Diretrizes ou as políticas da empresa.

10. Realizar *due diligence* com base no risco, por exemplo, incorporando em sua empresa sistemas de gestão de risco, para identificar, evitar e mitigar os impactos adversos reais e potenciais, como descrito nos parágrafos 11 e 12, e explicar como esses impactos são tratados. A natureza e alcance da *due diligence* depende das circunstâncias de uma situação particular.

11. Evitar causar ou contribuir para impactos adversos nas matérias abrangidas pelas Diretrizes, através de suas próprias atividades, e lidar com esses impactos quando ocorrem.

12. Procurar evitar ou atenuar um impacto adverso, caso não tenham contribuído para esse impacto, quando o impacto for, contudo, diretamente ligado às suas operações, bens ou serviços por uma relação de negócios. Isso não tem por objetivo transferir a responsabilidade da entidade que causa um impacto adverso para a empresa com a qual tem uma relação comercial.

13. Além de lidar com os impactos adversos em relação às matérias abrangidas pelas Diretrizes, incentivar, sempre que possível, parceiros de negócios, incluindo fornecedores e subcontratados, a aplicar princípios de conduta empresarial responsável compatíveis com as Diretrizes.

14. Engajar-se com as partes interessadas relevantes a fim de proporcionar oportunidades significativas para que seus pontos de vista sejam levados em conta em relação ao planejamento e tomada de decisão para projetos ou outras atividades que possam impactar significativamente as comunidades locais.

15. Abster-se de qualquer ingerência indevida em atividades políticas locais.

B. As empresas são encorajadas a:

1. Apoiar, conforme apropriado às suas circunstâncias, os esforços cooperativos nas instâncias adequadas para promover a liberdade na internet, através do respeito da liberdade de expressão, reunião e associação online.

2. Engajar-se em ou apoiar, onde apropriado, iniciativas privadas ou multiparticipativas (*multi-stakeholder*) e o diálogo social sobre a gestão responsável da cadeia de fornecimento, assegurando que estas iniciativas levem em conta seus efeitos econômicos e sociais nos países em desenvolvimento e os padrões existentes internacionalmente reconhecidos.

2.5 INDIVÍDUO

Com relação ao indivíduo, segundo Guido Soares, dúvidas surgiram quanto à atribuição de personalidade jurídica em Direito Internacional à pessoa humana, com destaque à impossibilidade de seu acesso a procedimentos judiciais de solução de litígios entre pessoas jurídicas (arbitragem) ou a legitimidade passiva ou ativa, por direito próprio, a procedimentos frequentes a tribunais judiciários internacionais.

Contudo, após a instituição do Tribunal Penal Internacional e a abertura da jurisdição de um tribunal internacional regional (Comissão Europeia de Direitos Humanos) à pessoa humana, ao indivíduo, entende-se superada a discussão.

> É indiscutível haver clara atribuição da personalidade de Direito Internacional à pessoa humana, com as restrições factuais e os condicionamentos legais que a norma internacional pode estabelecer (como, de fato, estabelece, para qualquer outra pessoa de Direito Internacional, que não seja um Estado, reconhecido como tal por este Direito, inclusive as organizações intergovernamentais constituídas pelos Estados)[12].

Nesse sentido, para ilustrar a legitimação do indivíduo, tem-se a instituição do Tribunal Penal Internacional pelo Estatuto de Roma de 1998, de âmbito permanente, com jurisdição sobre as pessoas responsáveis pelos crimes de maior gravidade com alcance internacional (Estatuto de Roma, artigo 1º) e complementar às jurisdições penais nacionais.

Em outro prisma, também se verifica a ampliação da legitimação perante tribunais internacionais regionais. O acesso à Corte Interamericana de Direitos Humanos se dá via Comissão, porém esta descreve o procedimento aberto às petições diretas dos indivíduos na conformação das normas da Convenção Americana de Direitos Humanos.

Já na Europa, a Comissão Europeia de Direitos Humanos foi suprimida pela entrada em vigor do Acordo Europeu Relativo a Pessoas que participam nos Procedimentos da Corte Europeia de Direitos Humanos, firmado em Estrasburgo a 5 de maio de 1997, no que deu legitimidade ativa à pessoa humana para atuar em litígios judiciários não apenas em face aos Estados patriais, mas contra quaisquer outros que sejam parte do Tratado de Roma (Convenção Europeia para a Proteção dos Direitos Humanos e das Liberdades Fundamentais, assinada em Roma, a 4 de novembro de 1950)[13].

À revelia dos múltiplos e exaustivos critérios taxionômicos sobre sujeitos de Direito Internacional, restringimo-nos a afirmar a ampliação de sujeitos dotados de personalidade internacional em pleno século XXI com a clara inclusão do indivíduo – e também as multinacionais –; no entanto, reconhecemos a diferenciação no exercício de direitos e obrigações internacionais.

---

12   Guido Fernando Silva Soares, *Curso de Direito Internacional Público*, p. 155-158.
13   Informações colacionadas da obra de Carla Noura Teixeira, *Direito Internacional para o Século XXI*, p. 210.

Assim, apresentamos a classificação formulada por André Gonçalves Pereira e Fausto de Quadros[14], dos sujeitos com *capacidade jurídica plena e sujeitos com capacidade jurídica limitada*:

- Com capacidade plena – o Estado soberano
- Com capacidade limitada
- Sujeitos com base territorial
  Beligerantes
  Estados semissoberanos
  Associações de Estados
- Sujeitos sem base territorial
  Casos especiais (interesses espirituais)
  - Santa Sé
  - Ordem de Malta
  Casos especiais (interesses políticos)
  - Nação e movimentos nacionais
  - Governo no exílio
  Indivíduo
  Organizações Internacionais

Em apertada conclusão, podemos apontar a ampliação de atores na sociedade internacional no século XXI, sendo que persiste divergência doutrinária quanto ao alcance, legitimação, capacidade e participação desses sujeitos na arena internacional. De forma clássica, autores professam que apenas os Estados e as Organizações Internacionais poderiam integrar o espaço como sujeitos de direito internacional – em especial de Direito Internacional Público –, posto que a eles está adstrita a capacidade de contrair direitos e obrigações no âmbito internacional pela consecução de tratados internacionais, o *jus tractatuum*, o direito de concluir tratados nos termos das Convenções de Viena de 1969 e 1986, respectivamente. De outro turno, a inserção das Organizações Não governamentais, das empresas transnacionais e do indivíduo atentam às mudanças da sociedade internacional, marcadamente com o desenvolvimento do Direito Internacional dos Direitos Humanos, após 1945, e a criação do Sistema ONUSIANO, e a inclusão de pautas comuns como meio ambiente, segurança internacional, saúde global, dentre outros que passaram a ser objeto de ativismo transnacional[15].

---

[14] André Gonçalves Pereira e Fausto de Quadros, *Manual de Direito Internacional Público*, 2002, p. 303.

[15] O ativismo jurídico transnacional pode ser visto como uma tentativa não simplesmente de remediar abusos individuais, mas também de (re)politizar ou (re)legalizar a política de direitos humanos ao provocar as cortes internacionais ou sistemas quase judiciais de direitos humanos e levá-los a agirem diante das arenas jurídicas e políticas nacionais e locais. (https://doi.org/10.1590/S1806-64452007000200003)

capítulo 3

RELAÇÃO ENTRE DIREITO INTERNO E DIREITO INTERNACIONAL

3.1 INTRODUÇÃO

São múltiplas as doutrinas surgidas para explicar as relações do Direito Internacional com o Direito Interno, mesmo sabendo que se trata de um dos problemas mais controvertidos, pois o fundamento atribuído ao Direito Internacional influi decisivamente na posição eventualmente adotada pelo hermeneuta na solução de litígios.

Nesse sentido, apresentamos um breve quadro comparativo[1] entre a ordem jurídica interna e a ordem jurídica internacional de modo a fortalecer a compreensão das distintas dinâmicas que envolvem as disciplinas em questão:

Ordem jurídica interna	Ordem jurídica internacional
1. A autoridade superior e a força do Estado garantem a vigência da ordem jurídica – fazendo valer em todo seu âmbito o acervo legislativo para as situações e atos jurídicos.	1. No plano internacional não existe autoridade superior nem milícia permanente. Não existe um superEstado que paire sobre os outros. Os Estados organizam-se horizontalmente e prontificam-se a proceder de acordo com normas jurídicas na exata medida de seu consentimento.

---

[1] Observações extraídas da introdução à obra de Francisco Rezek, *Direito Internacional Público:* curso elementar, cit.

Ordem jurídica interna	Ordem jurídica internacional
2. As normas são hierarquizadas como se inscrevessem graficamente numa pirâmide encabeçada pela lei fundamental – Hans Kelsen.	2. Não há hierarquia, de sorte que só a análise política faz ver um princípio geral, qual seja, o da **não intervenção nos assuntos domésticos de certo Estado**. As relações entre os Estados e os indivíduos ou empresas fazem com que toda a ordem jurídica interna seja marcada pela ideia de **subordinação.** Esse quadro não encontra paralelo na ordem jurídica internacional, onde a **coordenação** é o princípio que preside a convivência organizada de tantas soberanias.
3. São todos jurisdicionáveis, não escapando nem mesmo as pessoas jurídicas de direito público interno.	3. O Estado soberano, no plano internacional, não é originariamente jurisdicionável perante corte alguma. Somente a aquiescência, e só ela, convalida a autoridade de um foro judiciário ou arbitral, de modo que a sentença resulte obrigatória e que seu eventual descumprimento configure um ato ilícito.
4. Há presença de um sistema de sanções estruturado.	4. É inexato deduzir que não exista um sistema de sanções frente aos atos ilícitos que um Estado incorra, em razão da falta de autoridade central provida de força física. O que é certo dizer: o sistema de sanções nesta área é ainda mais precário pela falta de autoridade central provida de força física.

3.2 CORRENTES DOUTRINÁRIAS[2]

A partir da distinta visão acerca das Teoria regentes da relação entre o Direito Internacional e o direito interno, podemos destacar:

a) **Teoria Dualista (Dualismo)** – autores que se destacaram no último século: Carl Heinrich Triepel, na Alemanha, e Dionísio Anzilotti, na Itália – o Direito Internacional e o Direito Interno de cada Estado **são sistemas rigorosamente independentes e distintos (que não se confundem)**, de tal modo que a validade jurídica de uma norma interna não se condiciona à sua sintonia com a ordem internacional.

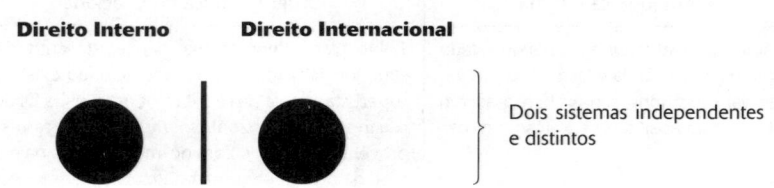

Direito Interno   **Direito Internacional**

Dois sistemas independentes e distintos

---

2   Dados extraídos das obras de Francisco Rezek, *Direito Internacional Público*: curso elementar; e, Hildebrando Accioly e G. E. do Nascimento e Silva, *Manual de Direito Internacional Público*.

● **Argumentos:**

● Para a doutrina dualista um sistema trata de relações entre Estados, enquanto no outro as regras visam à regulamentação das relações entre os indivíduos.

● O Direito Internacional depende da vontade comum de vários Estados, ao passo que os direitos internos dependem da vontade unilateral do Estado. Em consequência, o Direito Internacional não cria obrigações para o indivíduo, a não ser que as suas normas sejam transformadas em Direito Interno.

b) Teoria Monista (Monismo) – duas correntes:

O Direito é um só, quer se apresente nas relações internas de um Estado, quer nas relações internacionais.

b.1) Uma sustenta a unicidade da ordem jurídica sob **o primado do Direito Internacional**, a que se ajustariam todas as ordens internas.

b.2) Outra apregoa **o primado do Direito Nacional** de cada Estado soberano, sob cuja ótica a adoção dos preceitos do Direito Internacional reponta como faculdade discricionária.

O monismo internacional teve em Hans Kelsen seu expoente maior, enquanto a vertente nacionalista encontrou adeptos avulsos na França e na Alemanha, além de haver transparecido com bastante nitidez entre os anos 1920 e os anos 1980 na obra de autores soviéticos.

● **Argumentos:**

● A doutrina monista não parte do princípio da vontade dos Estados, mas sim de uma norma superior e, como esclarece Hildebrando Accioly, "em princípio, o direito é um só, quer se apresente nas relações de um Estado quer nas relações internacionais".

Aceita a tese fundamental de que o Direito é um só, os defensores da doutrina monista enveredam por dois caminhos opostos:

    i)   primado do Direito Internacional;

    ii) primado do Direito Interno.

● Para Hans Kelsen, sob o ponto de vista científico, os dois sistemas são igualmente aceitáveis, ou seja, uma norma qualquer pode ser aceita como ponto de partida do sistema total; mas a seu ver, a tese do primado do Direito Internacional deve ser acolhida por motivos práticos.

- **Conclusões:**

Nenhuma das três linhas de pensamento é invulnerável à crítica, e muitos já escreveram os partidários de cada uma delas no sentido de desautorizar as demais.

Contudo, segundo Francisco Rezek, cada uma das três proposições poderia ser valorizada em seu mérito se admitíssemos que procuram descrever o mesmo fenômeno visto de diferentes ângulos, quais sejam:

- Os **dualistas** enfatizam a diversidade das fontes de produção das normas jurídicas, lembrando sempre os limites de validade de todo o direito nacional, e observando que a norma do direito das gentes não opera no interior de qualquer Estado senão quando este, havendo-a aceitado, promove-lhe a introdução no plano doméstico.

- Os **monistas kelsenianos** voltam-se para a perspectiva ideal de que se instaure um dia a ordem única, e denunciam, desde logo, à luz da realidade, o erro da ideia de que o Estado soberano tenha podido outrora, ou possa hoje, sobreviver numa situação de hostilidade ou indiferença frente ao conjunto de princípios e normas que compõem o direito das gentes.

- Os **monistas da linha nacionalista** dão relevo especial à soberania de cada Estado e à descentralização da sociedade internacional.

Propendem ao culto da *constituição*, estimando que no seu texto, ao qual nenhum outro pode sobrepor-se na hora presente, há de encontrar-se notícia do exato grau de prestígio a ser atribuído às normas internacionais escritas e costumeiras.

De outra perspectiva, apresentamos a Teoria da Transnormatividade[3] apresentada por Wagner Menezes a partir da observação das mudanças no Direito Internacional:

> Na busca de melhor esclarecer o significado tanto da inter-relação quanto do impacto causado pela globalização no direito interno dos países e também da formação de um direito transnacional, é que se irá discorrer, no presente trabalho, sobre o desenho de uma nova teoria que procura explicar a relação do Direito Internacional com o Direito Interno no cenário contemporâneo, e que passa a existir substancialmente em razão de uma nova sociedade global.

c) **Teoria da Transnormatividade:** O conceito de transnormatividade é da construção de um direito transnacional na medida em que se ampliam os mecanismos de interação entre Direito Internacional e Direito Interno, estabelecendo uma

---

[3]   Dados extraídos do texto de Wagner Menezes, Direito Internacional Contemporâneo e a Teoria da Transnormatividade. Sítio: https://ojs.unifor.br/rpen/article/view/1084

verdadeira relação transnormativa, não só de produção, mas também de efeitos e de repercussão de um direito – especialmente o Direito Internacional – sobre o sistema normativo do outro.

• **Argumentos:**

– Nova realidade da sociedade internacional com o plano normativo de tratados internacionais que diluem ou diminuem as fronteiras que permitem a interpenetração de normas jurídicas entre o local e o global em um mesmo espaço de soberania e competência normativa;

– Fontes do direito como a *soft law*; o Direito Comunitário; as regras de Direitos Humanos; transnacionalização da ordem econômica;

– Desencadeamento do processo de globalização e a construção de imperativos globais.

• **Conclusões:**

A sociedade internacional passa a exigir novos instrumentos de regência, novos instrumentos jurídicos, para a regulamentação de uma ordem mundializada e mais integrada. O Direito Internacional passa a alcançar outros sujeitos que não apenas, a quando do Direito Internacional Clássico, os Estados soberanos, mas também os indivíduos, as empresas e as corporações transnacionais. O Direito Interno que decorre da produção normativa interna, passa a manifestar como fonte primeira as decisões judiciais, os foros, as fontes normativas internacionais na consecução e produção normativa interna. Deste modo, o conjunto normativo do Direito Interno passa a sofrer modificações e ampliações a partir do Direito Internacional, gerando a necessidade do estudo da internacionalização dos diversos ramos do Direito.

3.3 O DIREITO INTERNACIONAL E A CONSTITUIÇÃO FEDERAL

Os tratados são uma das fontes do Direito Internacional, possuindo caracteres regidos pela ordem jurídica internacional. No entanto, quem disciplina esta matéria relativa aos Estados nacionais – enquanto sujeitos de Direito Internacional, dotados de personalidade jurídica internacional e, portanto, com legitimidade para contrair obrigações e exigir adimplemento de direitos – no âmbito interno é o Direito Constitucional.

A Constituição da República Federativa do Brasil de 1988 foi tímida ao abordar as questões pertinentes à incorporação e o *status* hierárquico dado às normas internacionais pelo Estado brasileiro. Para percepção do processo de ingresso das normas internacionais (precisamente, os tratados internacionais) e consequente aplicação na ordem jurídica nacional, observemos o quadro a seguir.

- **Ordem Internacional:**

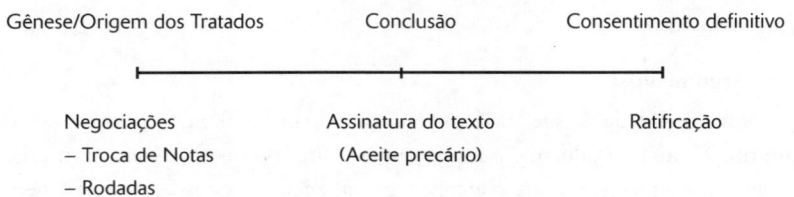

Gênese/Origem dos Tratados   Conclusão   Consentimento definitivo

Negociações   Assinatura do texto   Ratificação
– Troca de Notas   (Aceite precário)
– Rodadas

A elaboração da norma internacional, *in casu*, os tratados internacionais, tem início com as negociações entre as partes interessadas em criar normas válidas entre as partes e, às vezes, com alcance de terceiros; podendo ocorrer através da troca de notas (propostas de texto compromissivo encaminhadas por escrito) e rodadas (encontros geralmente multilaterais para promoção de debates e alcance de possível consenso para consecução da peça compromissiva escrita).

Após a redação do texto final, todos os partícipes das negociações que concordarem com o teor do mesmo lançarão a respectiva assinatura, por meio do representante, firmando com este ato a manifestação de aceite precário, isto é, de que em princípio assumem o compromisso de agir no sentido de respeitar e fazer cumprir (boa-fé e *pacta sunt servanda*) o que foi pactuado, porém sujeito a posterior ratificação.

A ratificação é ato internacional de manifestação do consentimento em definitivo – através dela o Estado participante das negociações do tratado passa a ser parte signatária, assumindo todos os direitos e obrigações previstas no pacto na exata medida de seu ato de vontade.

- **Ordem Nacional segundo a Constituição Federal de 1988:**

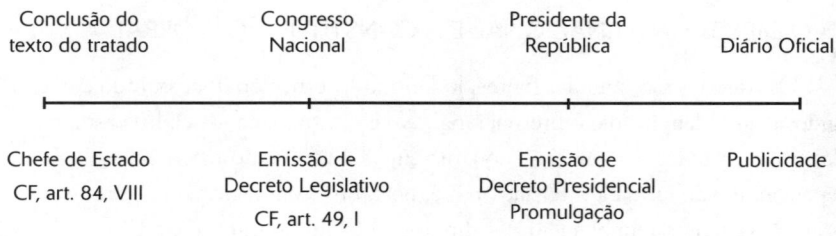

Conclusão do   Congresso   Presidente da
texto do tratado   Nacional   República   Diário Oficial

Chefe de Estado   Emissão de   Emissão de   Publicidade
CF, art. 84, VIII   Decreto Legislativo   Decreto Presidencial
                      CF, art. 49, I   Promulgação

Com a conclusão do texto do tratado internacional, manifesto o aceite precário, o Presidente da República do Brasil deve, por força do texto constitucional (art. 84, VIII, da CRFB[5]), buscar o referendo do Congresso Nacional para que o Estado

---

5   **"Art. 84.** Compete privativamente ao Presidente da República:

brasileiro posteriormente possa assumir, através da ratificação internacional, o compromisso internacional em definitivo.

O Congresso Nacional (art. 49, I, da CRFB[6]) exerce competência exclusiva para resolver definitivamente sobre tratados, acordos ou atos internacionais que acarretem encargos ou compromissos gravosos ao patrimônio nacional. Desta feita, apenas após a emissão do decreto legislativo favorável à adoção do tratado internacional o Presidente da República poderá se manifestar pela ratificação.

3.4 POSIÇÃO DO SUPREMO TRIBUNAL FEDERAL[7]

No Brasil, as teorias de Direito Internacional sofreram alterações, a saber:

• Dualismo radical: prevê a necessidade de edição de uma lei distinta para a incorporação do tratado à ordem jurídica nacional;

• Dualismo moderado: a incorporação do tratado internacional prescinde de edição de lei, porém descreve um *iter* procedimental complexo, com aprovação congressional e promulgação executiva;

• Monismo radical: estabelece a primazia do tratado sobre a ordem jurídica interna;

• Monismo moderado: é realizada a equiparação hierárquica do tratado à lei ordinária, isto é, o tratado internacional é subordinado à Constituição Federal. Ocorrendo algum conflito entre as normas internacional e interna, aponta-se o critério cronológico para solução da antinomia.

Dessa forma, em razão da pluralidade de interpretações das teorias de Direito Internacional, do mecanismo de incorporação, bem como do *status* hierárquico concedido aos tratados internacionais pela ordem jurídica brasileira, devemos identificar dois momentos, quais sejam:

1º) **Incorporação das fontes internacionais ao ordenamento jurídico interno:** desde a década de 1970 (julgamento em RE 71.154), o Supremo Tribunal Federal brasileiro tem afirmado a adoção de uma forma de **dualismo moderado** pelo Brasil. A análise do texto constitucional de 1988 (arts. 84, VIII e 49, I, da CF) consolida este entendimento ao explicitar a obrigatoriedade de participação dos Poderes Executivo e Legislativo na inserção da norma internacional na ordem jurídica nacional (acórdão em Carta Rogatória 8.279).

(...) **VIII** – celebrar tratados, convenções e atos internacionais, sujeitos a referendo do Congresso Nacional".
6   "**Art. 49.** É da competência exclusiva do Congresso Nacional:
    I – resolver definitivamente sobre tratados, acordos ou atos internacionais que acarretem encargos ou compromissos gravosos ao patrimônio nacional".
7   Dados extraídos da obra de Hildebrando Accioly e G. E. do Nascimento e Silva, *Manual de Direito Internacional Público*, p. 64-69.

Antes do posicionamento atual do Supremo Tribunal Federal, o RE 80.004 (de 1º-6-1977 relativo à Convenção de Genebra – Lei Uniforme sobre Letras de Câmbio e Notas Promissórias) afirmava a presença do monismo moderado no Brasil. Neste caso, uma lei interna superveniente poderia afetar um tratado em vigor com exceção daqueles pertinentes à matéria tributária, por força do art. 98 do Código Tributário Nacional, que dispõe: "os tratados e convenções internacionais revogam ou modificam a legislação tributária interna, e serão observados pela que lhes sobrevenha".

2º) Posição hierárquica no ordenamento jurídico nacional: após a incorporação das normas internacionais, perguntar-se-á se são superiores à norma interna ou equiparadas no mesmo nível da legislação interna. Assim, vejamos: a situação foi esclarecida pelo posicionamento adotado pelo Supremo Tribunal Federal (STF) em dois *leading cases*: a ADIn 1.480-3 (de 4-9-1997 – Ação Direta de Inconstitucionalidade relativa à Convenção n. 158 da Organização Internacional do Trabalho[8]) e a CR 8.279 (de 16-6-1998 – Agravo Regimental em Carta Rogatória[9]). Em ambos os julgados o STF posicionou-se no mesmo sentido, isto é, para o STF, após sua incorporação, os tratados encontram-se **no plano das leis ordinárias**, em posição inferior à Constituição – considerando a estrutura escalonada do direito (Hans Kelsen) – vide art. 59 da CF.

Corroborando este entendimento, transcrevemos trecho do Acórdão ADIn 1.480-3:

> É na Constituição da República – e não na controvérsia doutrinária que antagoniza monistas e dualistas – que se deve buscar a solução normativa para a questão da incorporação dos atos internacionais ao sistema de direito positivo interno brasileiro. O exame da vigente Constituição Federal permite constatar que a execução dos tratados internacionais e a sua incorporação à ordem jurídica interna decorrem, no sistema adotado pelo Brasil, de um ato subjetivamente complexo, resultante da conjugação de duas vontades homogêneas: a do Congresso Nacional, que resolve, definitivamente, mediante decreto legislativo, sobre os tratados, acordos ou atos internacionais (CF, art. 49, I) e a do Presidente da República, que, além de poder celebrar esses atos de direito internacional (CF, art. 84, VIII), também dispõe – enquanto Chefe de Estado que é – da competência para promulgá-los mediante decreto. O iter procedimental de incorporação dos tratados internacionais superadas as fases prévias da celebração da convenção internacional, de sua aprovação congressional e da ratificação pelo Chefe de Estado – conclui-se com a expedição, pelo Presi-

---

8   RE80004 – https://redir.stf.jus.br.

9   CR-AgR 8279 – https://redir.stf.jus.br.

dente da República, de decreto, de cuja edição derivam três efeitos básicos que lhe são inerentes: (a) a promulgação do tratado internacional; (b) a publicação oficial de seu texto; e (c) a executoriedade do ato internacional, que passa, então, e somente então, a vincular e a obrigar no plano do direito positivo interno. Precedentes.

3.5 ASPECTOS DA EMENDA CONSTITUCIONAL N. 45 – § 3º DO ART. 5º DA CF

A relação entre direito internacional e direito interno no passado era fundamentalmente um interessante problema teórico, que instigava estudiosos do direito em debates puramente doutrinários; essa relação hoje transformou-se em um importante problema prático, primeiramente em face da crescente adoção de tratados, cujo escopo é não mais a relação entre Estados, mas a relação entre Estados e seus próprios cidadãos. (...) a eficácia desses tratados depende essencialmente da incorporação de suas previsões no ordenamento jurídico interno[10].

Nesse sentido, a Emenda Constitucional n. 45 inseriu o § 3º ao art. 5º da Constituição Federal:

Redação original	Redação atual
Art. 5º (...)	Art. 5º (...)
Não consta	§ 3º Os tratados e convenções internacionais sobre direitos humanos que forem aprovados, em cada Casa do Congresso Nacional, em dois turnos, por três quintos dos votos dos respectivos membros, serão equivalentes às emendas constitucionais.

A Constituição pode conferir força de normas constitucionais a normas provindas de outros ordenamentos – ordenamento jurídico internacional ou um Estado federal ou em união real. Esse nexo entre a Constituição e certas normas que por ela adquiriram categoria de normas formalmente constitucionais chama-se recepção.

Na doutrina constitucionalista, a recepção pode ser formal ou material, tanto pode ser recepção de ato normativo quanto apenas de uma norma. A recepção formal pressupõe a conservação da identidade dos princípios ou preceitos; pressupõe que os princípios ou preceitos valham com a qualidade que tinham; acarreta, por conseguinte, a sua interpretação, a sua integração e a sua aplicação nos exatos parâmetros da sua situação de origem.

---

[10]   Virginia Leary, *International labour conventions and national law*: the effectiveness of the automatic incorporation of traties in national legal systems, Boston, Matinus Nijhoff Publishers, 1982, p. 1, apud Flávia Piovesan, *Direitos Humanos e o Direito Constitucional Internacional*, p. 75.

A recepção material resume-se a expediente de preenchimento de zona de regulamentação jurídica. As normas recebidas são incorporadas como normas do sistema, que as recebe ou nele são enxertadas com o mesmo espírito que a este preside; e a sua vigência, a sua interpretação e a sua integração ficam em tudo dependentes de outras normas do novo sistema ou subsistema a que ficam pertencendo.

No cerne dessa controvérsia, o Brasil possui inúmeras teses. No que tange aos tratados que versem sobre direitos humanos, principalmente, é possível relacionar:

i) a hierarquia supraconstitucional dos tratados de direitos humanos, justamente por conterem valores revestidos de *jus cogens*;

ii) hierarquia constitucional, com base no § 2º do art. 5º da Constituição Federal de 1988 em conjunto à interpretação sistêmica da Constituição;

iii) hierarquia infraconstitucional, em razão do art. 102, III, *b*, da Constituição Federal de 1988 – paridade hierárquica entre tratado e lei federal;

iv) hierarquia intermediária, infraconstitucional, porém supralegal, segundo voto do Ministro Sepúlveda Pertence em RHC 79.785/RJ em maio de 2000:

> Aceitar a outorga de força supralegal às convenções de direitos humanos, de modo a dar, aplicação direta às suas normas – até, se necessário, contra a lei ordinária – sempre que, sem ferir a Constituição Federal, a complementem, especificando ou ampliando os direitos e garantias delas constantes.

Para Flávia Piovesan[11]:

> o direito brasileiro faz opção por um sistema misto, no qual para os tratados internacionais de proteção dos direitos humanos – por força do art. 5º, parágrafo 1º – aplica-se a sistemática de incorporação automática, enquanto que para os demais tratados internacionais aplica-se a sistemática de incorporação legislativa, na medida em que se tem exigido a intermediação de um ato normativo para tornar o tratado obrigatório na ordem interna[12].

Em outros termos, deveria ser considerado um sistema misto, no qual os tratados de direitos humanos seriam incorporados automaticamente por força do § 2º do art. 5º da Constituição Federal, enquanto os tratados ditos tradicionais, por força de um silêncio do texto constitucional, deveriam sofrer a incorporação não automática.

Ainda a autora justifica que:

---

[11] Flávia Piovesan aponta que "a hierarquia constitucional dos tratados de proteção dos direitos humanos decorre da previsão constitucional do art. 5º, parágrafo 2º, à luz de uma interpretação sistemática e teleológica da Carta, particularmente da prioridade que atribui aos direitos fundamentais e ao princípio da dignidade da pessoa humana. Esta opção do constituinte de 1988 se justifica em face do caráter especial dos tratados de direitos humanos e, no entender de parte da doutrina, da superioridade desses tratados no plano internacional" (*Direitos Humanos e o Direito Constitucional Internacional*, p. 90-91).

[12] Flávia Piovesan, op cit., p. 104.

a hierarquia constitucional dos tratados de proteção dos direitos humanos decorre da previsão constitucional do art. 5º, à luz de uma interpretação sistêmica e teleológica da Carta, particularmente da prioridade que atribui aos direitos fundamentais e ao princípio da dignidade da pessoa humana. Esta opção do constituinte de 1988 se justifica em face do caráter dos tratados de direitos humanos e, no entender de parte da doutrina, da superioridade desses tratados no plano internacional[13].

Por seu turno, Heleno Taveira Torres[14] entende que a Constituição Federal disponibiliza sim um conjunto de enunciados que permitem tecer comentários sobre a recepção e a posição que devem ocupar os tratados no Direito Interno, extraindo as seguintes conclusões:

I – o tratado mantém-se como "Direito Internacional" na ordem interna. Comprovando o dualismo, afinal, dispor sobre "declarar a inconstitucionalidade de *tratado* ou lei federal" seria despiciendo se o "tratado" fosse "lei" para o Direito Interno, cabendo falar apenas em declaração de inconstitucionalidade de "leis";

II – as distribuições de competências aos juízes federais e tribunais, com exclusividade para as matérias veiculadas por tratados internacionais, na mesma linha, também seriam inúteis, bastando expressa referência à "lei federal";

III – os tratados firmados pela República são admitidos no direito interno, subordinados à Constituição e com prevalência de aplicabilidade sobre qualquer lei, complementar ou ordinária, federal, estadual, distrital ou municipal, anterior ou posterior ao seu ingresso na ordem jurídica.

Já para Francisco Rezek[15], após a inserção do § 3º ao art. 5º da Constituição Federal pela EC n. 45, a questão está resolvida:

> os tratados sobre direitos humanos que o Congresso aprove *com o rito da emenda à carta* – em cada casa dois turnos de sufrágio e o voto de três quintos do total de seus membros – integrarão em seguida a ordem jurídica no nível das normas da própria Constituição. (...) Não haverá quanto a semelhante tratado a possibilidade de denúncia pela só vontade do Executivo, nem a de que o Congresso force a denúncia mediante lei ordinária, e provavelmente nem mesmo a de que se volte atrás por meio de uma repetição, às avessas, do rito da emenda à carta, visto que ela mesma se declara imutável no que concerne a direitos dessa natureza.

Ainda quanto aos tratados internacionais de direitos humanos anteriores à EC n. 45, o autor afirma:

---

[13]   Flávia Piovesan, op cit., p. 90-91.
[14]   Heleno Taveira Torres, *Pluritributação internacional sobre a renda das empresas*, p. 576-77.
[15]   *Direito internacional público*: curso elementar, cit., p. 100-103.

Isso há de gerar controvérsia entre os constitucionalistas, mas é sensato crer que ao promulgar esse parágrafo na Emenda Constitucional 45, de 8 de dezembro de 2004, sem nenhuma ressalva abjuratória dos tratados sobre direitos humanos outrora concluídos mediante processo simples, o Congresso constituinte os elevou à categoria dos tratados de nível constitucional.

O Supremo Tribunal Federal foi instado a se pronunciar sobre a relação dos tratados internacionais sobre direitos humanos e a Constituição Federal brasileira, especificamente a questão da prisão civil do depositário infiel, por força de controle difuso de constitucionalidade.

Desta feita, observamos a mudança de interpretação da Corte Constitucional acolhendo o tratamento diferenciado aos tratados sobre direitos humanos em face a outros temas objeto de convenções internacionais, abandonando a equiparação hierárquica dos tratados a leis federais pautados em jurisprudência como do RE 80.004/SE.

Nesse sentido, transcrevemos:

O entendimento segundo o qual existe relação de paridade normativa entre convenções internacionais e leis internas brasileiras há de ser considerado, unicamente, quanto aos tratados internacionais cujo conteúdo seja materialmente estranho ao tema dos direitos humanos.

É que, como já referido, a superveniência, em dezembro de 2004, da EC n. 45 introduziu um dado juridicamente relevante, apto a viabilizar a reelaboração, por esta Suprema Corte, de sua visão em torno da posição jurídica que os tratados e convenções internacionais sobre direitos humanos assumem no plano do ordenamento positivo doméstico do Brasil. Vale dizer, essa nova percepção crítica, legitimada pelo advento da EC n. 45/2004 – que introduziu um novo paradigma no cenário nacional – estimula novas reflexões, por parte do Supremo Tribunal Federal, em torno das relações da ordem jurídica interna.

Ainda:

Em decorrência dessa reforma constitucional, e ressalvadas as hipóteses a ela anteriores (considerado, quanto a estas, o disposto no § 2º do art. 5º da Constituição), tornou-se possível, agora, **atribuir, formal e materialmente, às convenções internacionais sobre direitos humanos, hierarquia jurídico-constitucional, desde que observado, quanto ao processo de incorporação de tais convenções, o *iter* procedimental** concernente ao rito de apreciação e de aprovação das propostas de emenda à Constituição, consoante prescreve o § 3º do art. 5º da Constituição (...) É preciso ressalvar, no entanto, como precedentemente já enfatizado, as **convenções internacionais de direitos humanos celebradas antes do advento da EC n. 45/2004**, pois, quanto a elas, incide o § 2º do art. 5º da Constituição, que lhes confere **natureza materialmente constitucional**, promovendo sua integração e fazendo com que se subsumam à noção mesma de *bloco de constitucionalidade* (trechos do voto do Min. Celso de Mello no Habeas Corpus 87.585-8/TO) (grifos nossos).

Contudo, em outra manifestação da Corte:

parece mais consistente a interpretação que atribui a característica de *supralegalidade* aos tratados e convenções de direitos humanos. Essa tese pugna pelo argumento de que os tratados sobre direitos humanos seriam infraconstitucionais, porém, diante de seu caráter especial em relação aos demais atos normativos internacionais, também seriam dotados de um atributo de *supralegalidade*. Em outros termos, os tratados sobre direitos humanos não poderiam afrontar a supremacia da Constituição, mas teriam lugar especial reservado no ordenamento jurídico. Equipará-los à legislação ordinária seria subestimar o seu valor especial no contexto do sistema de proteção dos direitos da pessoa humana (trecho do voto do Min. Gilmar Mendes no RE 466.343/SP).

Tese explanada anteriormente em RHC 779.785/RJ.

Diante desse cenário, a leitura dos §§ 2º e 3º do art. 5º da Constituição Federal brasileira permite algumas conclusões:

i) Antes do pronunciamento sobre a alteração produzida pela EC n. 45, para o Supremo Tribunal Federal os tratados internacionais, independentemente do conteúdo, se de direitos humanos ou outras matérias, deveriam ser observados pela ordem constitucional brasileira como normas infraconstitucionais com o *status* de lei ordinária. Tal equiparação persiste para aqueles textos compromissivos que não versem sobre direitos humanos;

ii) A redação do § 3º do art. 5º da Constituição Federal brasileira estabelece um *quorum* de três quintos com apreciação em dois turnos pelas Casas do Congresso Nacional para que um tratado de direitos humanos seja considerado equivalente à norma constitucional (à semelhança de emenda à Constituição) quando aprovado por este meio – procedimento a ser observado para aqueles tratados em que o Brasil vier a participar da formulação ou aderir posteriormente a promulgação da EC n. 45 – nesta hipótese, assume aspecto formalmente constitucional;

iii) A manifestação do Supremo Tribunal Federal superou a controvérsia quanto à hierarquia dos tratados internacionais de direitos humanos, que persistia mesmo após a edição da EC n. 45, ao determinar o status normativo supralegal dos tratados internacionais de direitos humanos subscritos pela Brasil, estando abaixo da Constituição, porém acima da legislação interna (acórdãos nesse sentido: HC 88.240/SP, de 7-10-2008; RE 349.703/RS, de 3-12-2008). Corroborando o entendimento, o Recurso

Extraordinário 466.343 de 4-6-2009[16] observou os termos de incorporação e *status* hierárquico tendo por base a Convenção Americana de Direitos Humanos (Pacto de San José da Costa Rica).

Não obstante todo o esforço doutrinário e jurisprudencial em elucidar a inclusão do § 3º ao art. 5º do texto constitucional como norma a interpretar e dirimir o dissenso sobre a hierarquia dos tratados de direitos humanos, ainda observamos que ocorreu um desprestígio do § 2º do art. 5º da Constituição Federal, pois este prevê que:

> os direitos e garantias expressos nesta Constituição não excluem outros decorrentes do regime e dos princípios por ela adotados, ou **dos tratados internacionais em que a República Federativa do Brasil** seja parte (grifos nossos).

É possível compreender que a Constituição Cidadã recepciona direitos oriundos de tratados internacionais, independentemente de *quorum* específico (o que *a priori* está sendo afirmado pela integração dos tratados de direitos humanos em que o Brasil é parte ao *bloco de constitucionalidade*[17]).

No entanto, é de se observar que com a inclusão do § 3º ao art. 5º na CF, os direitos e as garantias oriundos de tratados internacionais de direitos humanos deverão aguardar a recepção consubstanciada no procedimento descrito para que sejam considerados como equivalentes às normas constitucionais – equiparados às Emendas à Constituição.

Nesse sentido, temos a experiência inaugural da incorporação e observância do procedimento constitucional da Convenção sobre os Direitos das Pessoas com Deficiência e seu Protocolo Facultativo, assinados em Nova York, em 30 de março de 2007, como se depreende da leitura do Decreto n. 6.949, de 25 de agosto de 2009, abaixo transcrito:

O PRESIDENTE DA REPÚBLICA, no uso da atribuição que lhe confere o **art. 84, inciso IV, da Constituição**, e

Considerando que o **Congresso Nacional aprovou, por meio do Decreto Legislativo n. 186, de 9 de julho de 2008, conforme o procedimento do § 3º do art. 5º da Constituição**, a Convenção sobre os Direitos das Pessoas com Deficiência e seu Protocolo Facultativo, assinados em Nova York, em 30 de março de 2007;

---

[16]   "PRISÃO CIVIL. Depósito. Depositário infel. Alienação Fduciária. Decretação da medida coercitiva. Inadmissibilidade absoluta. Insubsistência da previsão constitucional e das normas subalternas. Interpretação do art. 5º, inc. LXVII e §§ 1º, 2º e 3º, da CF, à luz do art. 7º, § 7, da Convenção Americana de Direitos Humanos (Pacto de San José da Costa Rica). Recurso improvido. Julgamento conjunto do RE n. 349.703 e dos HCs n. 87.585 e n. 92.566. E ilícita a prisão civil de depositário infiel, qualquer que seja a modalidade do depósito" (BRASIL. Supremo Tribunal Federal, Recurso Extraordinário n. 466.343. Relator Ministro César Peluzo, julgado em 3 de dezembro de 2008, publicado no *DJe*-104, divulgado em 4 de junho de 2009, publicado em 5 de junho de 2009.)

[17]   Bloco de constitucionalidade pode ser definido como o conjunto de normas que, juntamente com o texto escrito da Constituição de um Estado, formam um bloco normativo de *status* constitucional.

Considerando que o Governo brasileiro depositou o instrumento de ratificação dos referidos atos junto ao Secretário-Geral das Nações Unidas em 1º de agosto de 2008;

Considerando que os atos internacionais em apreço entraram em vigor para o Brasil, no plano jurídico externo, em 31 de agosto de 2008;

DECRETA:

Art. 1º Convenção sobre os Direitos das Pessoas com Deficiência e seu Protocolo Facultativo, apensos por cópia ao presente Decreto, serão executados e cumpridos tão inteiramente como neles se contém.

Art. 2º São sujeitos à aprovação do Congresso Nacional quaisquer atos que possam resultar em revisão dos referidos diplomas internacionais ou que acarretem encargos ou compromissos gravosos ao patrimônio nacional, nos termos do art. 49, inciso I, da Constituição.

Art. 3º Este Decreto entra em vigor na data de sua publicação.

Brasília, 25 de agosto de 2009; 188º da Independência e 121º da República.

3.5.1 CONTROLE DE CONVENCIONALIDADE

A hierarquia estabelecida pelo STF, quando do julgamento do Recurso Extraordinário 466.343, em que se decidiu pela ilegitimidade da prisão civil do depositário infiel, com base no Pacto de São José da Costa Rica, procedeu à distinção hierárquica entre os tratados de direitos humanos incorporados com base no § 2º do artigo 5º da CF e os que obedecerem ao rito previsto pelo § 3º do mesmo dispositivo. De acordo com o STF, os primeiros possuem *status* supralegal, enquanto os demais gozam de hierarquia constitucional. Por serem normas supralegais, os tratados de direitos humanos aprovados sem quórum qualificado ocupam posição superior à das leis e ficarão sujeitos ao chamado **controle de convencionalidade**.

A competência para o julgamento do controle de convencionalidade é também do STF, conforme acentuou o Ministro Teori Zavascki, em voto acerca da natureza do Pacto de San José da Costa Rica: "*Considerada norma de hierarquia supralegal (e não constitucional), o controle de convencionalidade deve aferir a compatibilidade entre norma supralegal e norma legal. O exercício desse controle é exercido pelo Supremo Tribunal Federal*". (STF, ADI 5.240/15, rel. Min. Teori Zavascki).

Segundo Contesse[18], a doutrina do controle de convencionalidade tem sido articulada pela Corte Interamericana de Direitos Humanos (Corte IDH) há algum tempo, com o propósito de fazer com que os órgãos judiciais internos deixem de aplicar as leis do seu próprio país contrárias à CADH, como método idôneo para robustecer a

---

[18] Jorge Contesse, ¿La última palabra?: control de convencionalidad y posibilidades de diálogo con la Corte Interamericana de Derechos Humanos. [2009]. Disponível em: https://www.law.yale.edu/system/files/documents/pdf/sela/SELA13_Contesse_CV_ Sp_20130401.pdf. Acesso em: 20 nov. 2022.

proteção dos direitos humanos na região. Sustenta Contesse que o caráter de "doutrina" judicial da Corte IDH reside no fato de que não há norma na CADH que disponha sobre esse "controle", ainda que a Convenção de Viena sobre o Direito dos Tratados, de 1969 contenha disposição de prevalência das normas internacionais sobre as locais. Na prática, esse controle de convencionalidade significa que o órgão judicial, diante de um conflito entre normas internas e a CADH, deve deixar de aplicar a legislação doméstica, em favor das normas da Convenção, "paralisando" os efeitos das normas domésticas, já que a rigor não se poderia cogitar de revogação.

Por fim, sustenta Mazzuoli[19] que somente se pode falar em controle de constitucionalidade quando a norma-parâmetro integra o texto propriamente dito da CRFB. Defende, assim, que se fale de controle de convencionalidade, concentrado ou difuso, quando a norma-parâmetro pertence a um tratado internacional de direitos humanos, e não apenas à Convenção Americana de Direitos Humanos (CADH). Quanto aos demais tratados, aos quais atribui indistintamente a hierarquia de supralegalidade, o método a ser usado para eventual invalidação das normas internas seria o do controle de supralegalidade.

Em 2022, podemos apontar quatro tratados internacionais de direitos humanos com *status* de emenda constitucional que observaram os aspectos formais previstos na Constituição da República Federativa do Brasil, artigo 5º, **parágrafo 3º**, quais sejam:

a) a Convenção Internacional Sobre os Direitos das Pessoas com Deficiência (Convenção de Nova York);

b) o Protocolo Facultativo dessa mesma Convenção Sobre os Direitos das Pessoas com Deficiência, em Nova York a 30 de março de 2007. O Governo brasileiro depositou o instrumento de ratificação dos referidos atos junto ao Secretário-Geral das Nações Unidas em 1º de agosto de 2008 e expediu o Decreto n. 6.949 de 25 de agosto de 2009;

c) o Tratado de Marraqueche para Facilitar o Acesso a Obras Publicadas às Pessoas Cegas, com Deficiência Visual ou com Outras Dificuldades para ter Acesso ao Texto Impresso, firmado em Marraqueche, em 27 de junho de 2013. O Governo brasileiro depositou, junto ao Diretor-Geral da Organização Mundial da Propriedade Intelectual, em 11 de dezembro de 2015, o instrumento de ratificação ao Tratado e que este entrou em vigor para a República Federativa do Brasil, no plano jurídico externo, em 30 de setembro de 2016. O Decreto n. 9.522 de 8 outubro de 2018;

d) A Convenção Interamericana contra o Racismo, a Discriminação Racial e Formas Correlatas de Intolerância, firmado pela República Federativa do

---

19   Valério Mazzuoli. *O controle de convencionalidade das leis*. São Paulo: Revista dos Tribunais, 2011, p. 73-74).

Brasil, na Guatemala, em 5 de junho de 2013. Publicado o Decreto n. 10.932, de 10 de janeiro de 2022, observando que o Governo brasileiro depositou, junto à Secretaria-Geral da Organização dos Estados Americanos, em 28 de maio de 2021, o instrumento de ratificação à Convenção e que esta entrou em vigor para a República Federativa do Brasil, no plano jurídico externo, em 27 de junho de 2021.

capítulo 4

FONTES DO DIREITO INTERNACIONAL PÚBLICO

4.1 INTRODUÇÃO

Fonte do direito representa o modo pelo qual o direito se manifesta. De outro modo, podemos perquirir o nascedouro de direito, de onde ele deriva e posteriormente fundamentará a solução de conflitos.

4.2 O ESTATUTO DA CORTE INTERNACIONAL DE JUSTIÇA

Quando da formação da Corte Internacional de Justiça, questionou-se *qual direito, quais normas* poderiam instrumentalizar o exercício da jurisdição internacional.

Assim, o Estatuto da Corte Internacional de Justiça (a Carta das Nações Unidas de 1945, da qual faz parte integrante o anexo Estatuto da Corte Internacional de Justiça, assinada em São Francisco, a 26 de junho de 1945, por ocasião da Conferência de Organização Internacional das Nações Unidas), também conhecida como a Corte de Haia, no artigo 38, arrolou formas de expressão do Direito Internacional Público que passaram a ser considerada como fontes, nas quais se buscariam as normas internacionais.

Art. 38 –

1. A Corte, cuja função é decidir de acordo com o direito internacional as controvérsias que lhe forem submetidas, aplicará:

a) as convenções internacionais, quer gerais, quer especiais, que estabeleçam regras expressamente reconhecidas pelos Estados litigantes;

b) o costume internacional, como prova de uma prática geral aceita como sendo o direito;

c) os princípios gerais de direito, reconhecidos pelas nações civilizadas;

d) sob ressalva da disposição do art. 59[1], as decisões judiciárias e a doutrina dos juristas mais qualificados das diferentes nações, como meio auxiliar para a determinação das regras de direito.

2. A presente disposição não prejudicará a faculdade da Corte de decidir uma questão *ex aequo et bono*, se as partes com isto concordarem.

A despeito do artigo 38 claramente firmar as convenções internacionais, o costume internacional e os princípios gerais de direito como fontes do Direito Internacional; devemos considerar o período em que o Estatuto foi revisto – após a Segunda Guerra Mundial, com a formação da Organização das Nações Unidas – e observar que a enumeração de fontes não é exaustiva. Além de inconteste que também o art. 38 em tela não aponta um tratamento hierárquico entre as fontes ou normas de Direito Internacional.

Para uma visão didática das principais fontes do Direito Internacional na atualidade, reportamos a divisão elaborada por Francisco Rezek utilizando como critério a forma de expressão do Direito Internacional:

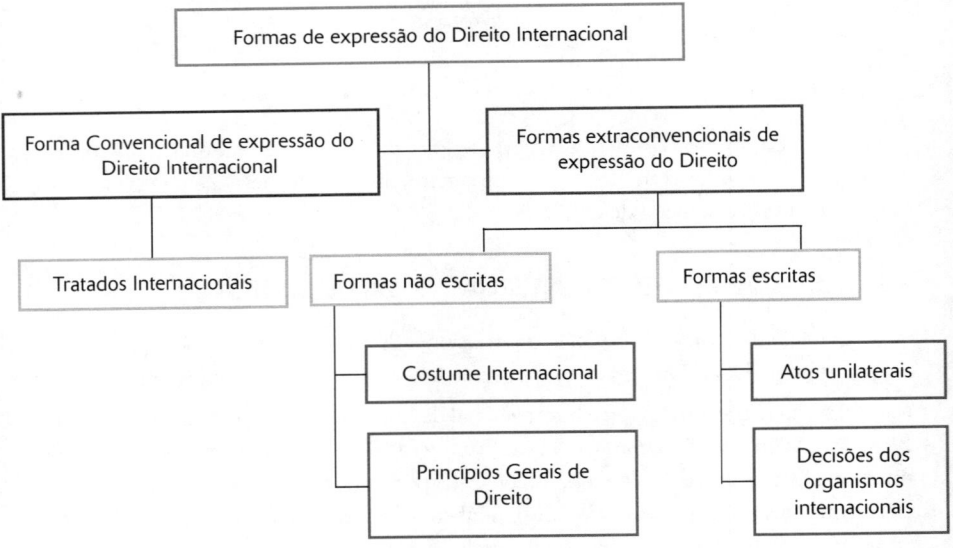

4.3 ATOS UNILATERAIS

O art. 38 do Estatuto da Corte de Haia não menciona os atos unilaterais entre as possíveis fontes do Direito Internacional. Contudo, todo ato unilateral eventual-

---

[1]   Estatuto da Corte Internacional de Justiça, artigo 59 – "A decisão da Corte só será obrigatória para as partes litigantes e a respeito do caso em questão".

mente pode ser revestido de caráter normativo, quando forem dotados de um mínimo de abstração e generalidade.

O ato normativo unilateral será considerado como fonte do Direito Internacional quando puder ser invocado por outros Estados ou sujeitos de Direito Internacional como prova de alguma reivindicação ou demonstração de licitude de determinado procedimento. O ato unilateral é oriundo da vontade de uma soberania, eventualmente voltando-se para o exterior por força de seu conteúdo.

Os atos unilaterais são práticas correntes na vida política dos Estados, especialmente com o início do fenômeno da globalização, em que respostas rápidas se fazem necessárias. Têm a finalidade de criar obrigações jurídicas para aquele Estado que os formulou, quando há ausência de normas convencionais e consuetudinárias sobre o fato que os gerou. São considerados pela mais moderna doutrina e pela jurisprudência internacional como fontes formais de direito não enumeradas no artigo 38 do Estatuto da Corte Internacional de Justiça, desde que não violem princípios de *jus cogens*, o que acarretaria responsabilidade internacional. Devido à infinidade de formas pelas quais podem ser formulados, esforços de diversos organismos internacionais estão sendo concentrados na tentativa de regulamentá-los, a fim de proporcionar maior segurança jurídica nas relações internacionais. Desde 1996, a Comissão de Direito Internacional das Nações Unidas vem produzindo relatórios que analisam diversos aspectos desses atos jurídicos, tais como as condições de validade, o fundamento, as causas de nulidade e a forma de interpretação, o que culminará na formulação de princípios reitores dos atos unilaterais em sentido estrito.

A Comissão de Direito Internacional da Organização das Nações Unidas verificou os pontos relativos ao Direito dos Tratados que teriam aplicação comum aos atos jurídicos unilaterais dos Estados e constatou que as condições de validade dos atos unilaterais são as seguintes: a) que o ato unilateral tenha sido emitido por um sujeito que tenha capacidade para formulá-lo; b) que seu conteúdo seja materialmente possível e não se encontre proibido por uma norma de direito internacional geral (*jus cogens*); c) que a vontade expressada por seu autor corresponda à sua vontade real, e que a mesma não se encontre afetada por defeitos ou vícios.

4.4 DECISÕES DOS ORGANISMOS INTERNACIONAIS

As decisões dos organismos internacionais, assim como os atos unilaterais, não fazem parte do rol de fontes do Direito Internacional, descrito pelo art. 38 do Estatuto da Corte Internacional de Justiça; contudo, a partir da segunda metade do século XX, com a consolidação da presença e atuação das organizações internacionais na sociedade internacional, é inegável o efeito jurídico de suas decisões.

As decisões dos organismos internacionais podem assumir diferentes nomenclaturas, como: resoluções, recomendações, declarações, diretrizes etc. Os efeitos das decisões e seu exato significado variarão conforme a estrutura organizacional e a finalidade do organismo internacional.

Precisamente quanto aos efeitos, devemos ressaltar que podem obrigar a totalidade dos membros da organização em se tratando de assuntos formais ou procedimentais, mas, em regra, no tocante às decisões materiais, obrigarão a todos apenas na hipótese de unanimidade nas votações ou, se decisões majoritárias, obrigarão os membros favoráveis à medida.

As decisões das organizações internacionais satisfazem todas as condições para dependerem do Direito Internacional e têm o seu fundamento nas cartas constitutivas das organizações, que são tratados multilaterais.

4.5 COSTUME INTERNACIONAL

O costume internacional é definido como prova de uma prática geral aceita como sendo direito, do qual decorrem dois elementos:

i) Elemento material ou objetivo: consiste na prática reiterada ao longo do tempo de uma ação ou mesmo omissão (abrange o fazer ou não fazer) de uma pessoa de Direito Internacional Público;

ii) Elemento subjetivo (*opinio juris*): abrange a convicção de que assim se procede por ser correto, necessário, justo, em outros termos, uma prática de bom direito.

A importância do costume internacional transparece na solução de litígios em que o ônus da prova da existência da norma jurídica cabe a quem alega. A prova poderá ser formada por dois modos:

i) Atos estatais: textos legais ou decisões judiciárias da ordem jurídica nacional; e,

ii) No plano internacional: através de jurisprudência internacional ou, ainda, o texto dos tratados ou os textos preparatórios dos tratados.

A prova da existência do costume internacional cabe a quem a invocar. A prova pode ser constatada através dos textos legais, dos atos estatais nas decisões do Poder Judiciário dos Estados, na jurisprudência internacional ou até mesmo nos tratados que incorporaram e codificaram os costumes internacionais[2] em seus textos.

4.6 PRINCÍPIOS GERAIS DE DIREITO

A expressão "princípios gerais de direito" apresenta dificuldades quanto a sua definição. Originariamente, significa "princípios aceitos por todas as nações *in foro domestico*".

---

[2]   Importante salientar que para a maioria dos autores a codificação do direito internacional, ou seja, o fenômeno de positivação de normas jurídicas de caráter essencialmente costumeiro, começa a ocorrer somente no âmbito das organizações internacionais, em especial, no seio da Liga das Nações e da Organização das Nações Unidas. Parte do problema de um direito internacional "não codificado" refletia-se, de igual modo, nas normas que seriam aplicadas pela Corte que estava por surgir. Sobre o tema, historicamente, reporta-se a DE VISSCHER, Charles. La codification du droit international. Recueil des cours de l'Académie, 1925. Para o profícuo trabalho da Comissão de Direito Internacional, reporta-se a BRIGGS, Herbert W. Reflections on the codification of international law by the International Law Commission and by other agencies. Recueil des cours de l'Académie, 1969.

Alguns autores, como Jorge Miranda, defendem que os princípios consubstanciariam o *jus cogens* internacional. O entendimento prevalente é que os princípios norteiam a interpretação e assimilação das normas de Direito Internacional pelos partícipes do concerto mundial.

Os princípios têm maior grau de generalização, e apesar de informarem o Direito Internacional como fontes não escritas, a partir do final do século XX estão positivados em vários textos internacionais; por exemplo: Carta da Organização das Nações Unidas (arts. 1º e 2º) e Convenção de Viena sobre o Direito dos Tratados de 1969 (art. 53).

Alguns princípios reconhecidos:

a) proibição do uso ou ameaça de força;
b) solução pacífica das controvérsias;
c) não intervenção nos assuntos internos dos Estados;
d) dever de cooperação internacional;
e) igualdade de direitos e autodeterminação dos povos;
f) igualdade soberana dos Estados;
g) boa-fé no cumprimento das obrigações internacionais.

4.7 TRATADOS INTERNACIONAIS

Segundo Francisco Rezek, tratado internacional é todo acordo formal concluído entre sujeitos de Direito Internacional Público e destinado a produzir efeitos jurídicos.

Em razão da importância dos tratados internacionais como fonte escrita do Direito Internacional em que ocorre manifestação expressa do consentimento entre os participantes da formação do vínculo normativo internacional, a seguir abordaremos aspectos mais detalhados do denominado Direito dos Tratados[3].

---

[3] Direito dos Tratados: como negociam as partes, que textos são elaborados, como manifestam o consentimento definitivo, vícios na manifestação do consentimento, vigência do tratado e seus efeitos, e formas de alteração e extinção do tratado internacional.

capítulo 5

TRATADOS INTERNACIONAIS

5.1 INTRODUÇÃO

Originariamente, os tratados internacionais eram pautados quanto a sua elaboração e efeitos no costume internacional e em princípios gerais do livre consentimento, da boa-fé e a regra do *pacta sunt servanda.*

A partir das transformações na sociedade internacional, com a consolidação das organizações internacionais como sujeitos de Direito Internacional buscou-se a codificação do direito dos tratados. Isso resultou na Convenção de Viena sobre Direito dos Tratados de 1969, aplicável aos tratados entre Estados (art. 1º da Convenção – *Âmbito da presente Convenção*) e, posteriormente, a Convenção de Viena sobre o Direito dos Tratados entre Estados e organizações Internacionais ou entre Organizações Internacionais de 1986 (Art. 1º – *Âmbito da presente Convenção. A presente Convenção aplica-se: a) a tratados entre um ou mais Estados e uma ou mais organizações internacionais, e b) a tratados entre organizações internacionais*).

De modo a facilitar o estudo da formação do texto compromissivo do tratado, bem como o conhecimento das expressões técnicas que o circundam, adotaremos como parâmetro a Convenção de Viena de 1969. O Estado brasileiro tornou-se signatário da Convenção de Viena sobre Direito dos Tratados de 1969 com o Decreto n. 7.030, de 14 de dezembro de 2009.

O PRESIDENTE DA REPÚBLICA, no uso da atribuição que lhe confere o **art. 84, inciso IV, da Constituição**, e

Considerando que o Congresso Nacional aprovou, por meio do Decreto Legislativo n. 496, de 17 de julho de 2009, a Convenção de Viena sobre o Direito dos Tratados, concluída em 23 de maio de 1969, **com reserva aos Artigos 25 e 66**;

Considerando que o Governo brasileiro depositou o instrumento de ratificação da referida Convenção junto ao Secretário-Geral das Nações Unidas em 25 de setembro de 2009;

DECRETA:

Art.1º A Convenção de Viena sobre o Direito dos Tratados, concluída em 23 de maio de 1969, com reserva aos Artigos 25 e 66, apensa por cópia ao presente Decreto, será executada e cumprida tão inteiramente como nela se contém.

Art. 2º São sujeitos à aprovação do Congresso Nacional quaisquer atos que possam resultar em revisão da referida Convenção ou que acarretem encargos ou compromissos gravosos ao patrimônio nacional, **nos termos do art. 49, inciso I, da Constituição**.

Art. 3º Este Decreto entra em vigor na data de sua publicação.

Brasília, 14 de dezembro de 2009; 188º da Independência e 121º da República.

Para esta Convenção, tratado significa *um acordo internacional concluído por escrito entre Estados e regido pelo Direito Internacional, quer conste de um instrumento único, quer de dois ou mais instrumentos conexos, qualquer que seja sua denominação específica* (art. 2º. Expressões empregadas. 1.a).

Resumidamente, o *conceito* de tratado envolve, no dizer de Jorge Miranda[1]:

a) um acordo de vontades;

b) a necessidade de as partes serem todas sujeitos de Direito Internacional e de agirem nessa qualidade;

c) a regulamentação pelo Direito Internacional;

d) a produção de efeitos com relevância nas relações internacionais – sejam estritos efeitos nessas relações, sejam efeitos nas ordens internas das partes.

Quanto à *terminologia*, a denominação dos tratados é irrelevante para que possam alcançar suas finalidades. Sendo assim, assumem as seguintes denominações: tratados, acordos, convenções, ajustes, pactos, ligas, estatuto, protocolo, ou outras formas – todas atinentes a prática ou uso nas relações internacionais.

A própria Constituição Federal brasileira de 1988 utiliza invariavelmente e sem distinções as expressões "tratados", "tratados internacionais", "acordos firmados pela União", "atos internacionais" (vide arts. 5º, § 2º; 102, III, *b*; 105, III, *a*; 178, *caput*; 84, VIII; e, 49, I, da CF).

---

[1]   Jorge Miranda, *Curso de Direito Internacional Público*, cit., p. 56-57.

5.2 ESTRUTURA DO TRATADO

a) **Preâmbulo**: consiste na primeira parte do tratado; em regra, enuncia o rol de partes pactuantes e estabelece os princípios e os motivos que fomentaram a elaboração do acordo internacional.

Na ocorrência de dúvidas quanto à interpretação de algum dispositivo do tratado, o preâmbulo assumirá o papel de auxiliar e indicar critérios para uma adequada aplicação do texto normativo, integrando o teor compromissivo.

b) **Dispositivo**: é o corpo principal do tratado internacional em regra escrito em linguagem jurídica, estruturado no formato de artigos ou cláusulas, assemelhado à redação de normas.

c) **Anexos**: os anexos não constituem parte obrigatória do tratado internacional. Porém, sempre que houver necessidade de complementação do texto principal, do dispositivo, poderão ser elaborados. Os anexos adotarão qualquer linguagem técnica e farão parte do conteúdo obrigatório e normativo do tratado.

5.3 IDIOMAS

A determinação dos idiomas oficiais de um tratado internacional é de grande importância; geralmente predeterminados durante as negociações e futuramente positivados no corpo do compromisso internacional, os idiomas oficiais constituem critério facilitador da comunicação entre as partes signatárias dos tratados internacionais e também evitam discrepâncias quanto à interpretação em razão de futuras traduções, coibindo litígios baseados nas línguas estrangeiras e nacional. A adoção da(s) língua(s) oficial(ais) torna o documento (tratado internacional) autêntico naquela versão.

5.4 ELABORAÇÃO E EXPRESSÃO DO CONSENTIMENTO DOS TRATADOS INTERNACIONAIS[2]

a) **Negociação**: segundo André Gonçalves Pereira e Fausto Quadros[3], a negociação é a primeira fase da conclusão dos tratados. É nesta fase que o texto do tratado vai ser concebido, elaborado e redigido.

A negociação é normalmente levada a termo através de *plenipotenciários*, munidos de plenos poderes, os quais constam de documento emanado geralmente pelo Chefe do Estado.

---

[2] O art. 11 da Convenção de Viena estabelece os meios de manifestação de consentimento em obrigar-se por um tratado internacional: "O consentimento de um Estado em obrigar-se por um tratado pode manifestar-se pela assinatura, troca de instrumentos constitutivos do tratado, ratificação, aceitação, aprovação ou adesão, ou por quaisquer outros meios, se assim acordado".

[3] André Gonçalves Pereira e Fausto Quadros, *Manual de Direito Internacional Público*, p. 187.

Neste sentido, a Convenção de Viena de 1969 elucida no art. 2º, 1, c:

> "plenos poderes" significam um documento expedido pela autoridade competente de um Estado e pelo qual são designadas uma ou várias pessoas para representar o Estado na negociação, adoção ou autenticação do texto de um tratado, para manifestar o consentimento do Estado em obrigar-se por um tratado ou para praticar qualquer outro ato relativo a um tratado.

b) **Assinatura – Artigo 12 da Convenção de Viena de 1969**: firma que põe termo a negociação fixando e autenticando sem dúvida o texto do compromisso, exteriorizando o consentimento das pessoas jurídicas de direito das gentes.

Guido Soares[4] esclarece que a assinatura é momento relevante para os tratados internacionais, pois assinala a sua conclusão.

Assinatura, adoção, conclusão ou firma são, do ponto de vista jurídico, sinônimos perfeitos e significam o término da fase anterior das negociações e o momento em que o tratado internacional tem seu texto acabado, não mais se permitindo sua modificação, bem como indicam os Estados que se encontram originalmente obrigados pelo tratado internacional e que participaram de sua feitura.

c) **Ratificação – Artigo 14 da Convenção de Viena de 1969**: é o modo pelo qual o sujeito de Direito Internacional, partícipe do tratado internacional, manifesta unilateralmente sua vontade em definitivo de obrigar-se segundo os termos do compromisso internacional.

No Brasil, a ratificação é o ato pelo qual o presidente da República, autorizado pelo Congresso Nacional, confirma um tratado e declara que este deverá produzir os seus devidos efeitos, sendo que os produzirá na ordem internacional a partir da notificação dada a outro país signatário ou depositário, quer dizer, mediante o conhecimento pela outra parte, por meio da troca de instrumentos de ratificação, pois estes atos marcam o momento em que se conforma o consenso.

Deve-se observar que o ato de ratificação é irretratável, cabendo apenas a denúncia do tratado caso o Estado deseje posteriormente afastar-se do compromisso assumido.

A partir da ratificação, ou da troca de instrumentos de ratificação, no âmbito internacional, pelos Estados-partes do tratado, imediatamente este inicia a produção de efeitos na órbita internacional, a despeito do aguardo de procedimentos internos dos partícipes, que poderão ter diferentes mecanismos de incorporação dos tratados em consonância aos ordenamentos jurídicos nacionais.

---

[4]   Guido Fernando Silva Soares, *Curso de Direito Internacional Público*, p. 67-68.

O tratado pós-ratificação adquire força jurídica obrigatória e vinculante, e qualquer violação do tratado significa violação de obrigações assumidas internacionalmente, portanto, passíveis de responsabilização do Estado violador.

d) **Adesão ou acessão – Artigo 15 da Convenção de Viena de 1969**: é o modo pelo qual o sujeito de Direito Internacional manifesta unilateralmente sua vontade em definitivo de aderir a um tratado internacional multilateral já constituído.

Caso o tratado multilateral permita futuras adesões, o Estado-parte que assim proceder integrará o sistema de direitos e deveres já instituídos no tratado.

e) **Reserva – Artigo 19 e s. da Convenção de Viena de 1969**: consiste em uma declaração unilateral, qualquer que seja a sua redação ou denominação, feita por um Estado ao assinar, ratificar, aceitar ou aprovar um tratado, ou a ele aderir, com o objetivo de excluir ou modificar o efeito jurídico de certas disposições de tratado em sua aplicação a esse Estado (Convenção de Viena de 1969, art. 2º, 1, *d*).

5.5 VÍCIOS DO CONSENTIMENTO

Em razão das múltiplas formas de manifestação do consentimento e considerando que este é a base para a elaboração e geração de efeitos dos tratados internacionais, a Convenção de Viena sobre Direito dos Tratados de 1969 estabeleceu várias causas e respectivas consequências na ocorrência de erro, dolo, corrupção do agente negociador, coação sobre o negociador e sobre o Estado, conforme o quadro a seguir:

Causas do Vício de Consentimento	Efeitos
Erro – Art. 48 da Convenção de Viena de 1969	Anulabilidade da cláusula (por meio de arguição pelo Estado prejudicado).
Dolo – Art. 49 da Convenção de Viena de 1969	Anulabilidade da cláusula (por meio de arguição pelo Estado prejudicado).
Corrupção – Art. 50 da Convenção de Viena de 1969	Anulabilidade da cláusula (por meio de arguição pelo Estado prejudicado).
Coação sobre o negociador – Art. 51 da Convenção de Viena de 1969	Nulidade de pleno direito.
Coação sobre o Estado – Art. 52 da Convenção de Viena de 1969	Nulidade de pleno direito.

• Consentimento expresso com agravo do direito público interno, ilícito cometido pelo Chefe do Poder Executivo: mantém efeitos no âmbito internacional e acarreta obrigações ao Estado-parte – Art. 46 da Convenção de Viena de 1969.
• Não consta do rol de vícios que levam à nulidade ou anulabilidade no âmbito internacional.

5.6 VIGÊNCIA DO TRATADO

Ao abordar a vigência dos tratados internacionais, devemos distinguir a vigência interna segundo a ordem jurídica nacional (vide item 3.3, sobre o Direito Internacional e a Constituição Federal de 1988), da vigência abordada pela Convenção de Viena de 1969 sobre Direito dos Tratados que observa o início dos efeitos do tratado internacional na ordem jurídica internacional.

O início da vigência do tratado internacional ocorrerá conforme a previsão expressa em cláusula ou artigo do próprio tratado que poderá determinar: i) uma vigência imediata a partir da aposição das assinaturas ou do depósito do instrumento de ratificação; ii) uma vigência diferida com o tratado expressando, por exemplo, uma condição para o início dos efeitos.

Vigência em consonância ao texto do tratado – art. 24 da Convenção de Viena de 1969	Um tratado entra em vigor na forma e na data previstas no tratado ou acordadas pelos Estados negociadores.

NESSE SENTIDO, ILUSTRAMOS:

A CONVENÇÃO DE VIENA SOBRE DIREITO DOS TRATADOS DE 1969 PREVÊ SOBRE A ENTRADA EM VIGOR:

Artigo 84

Entrada em Vigor

1. A presente Convenção entrará em vigor no trigésimo dia que se seguir à data do depósito do trigésimo quinto instrumento de ratificação ou adesão.

2. Para cada Estado que ratificar a Convenção ou a ela aderir após o depósito do trigésimo quinto instrumento de ratificação ou adesão, a Convenção entrará em vigor no trigésimo dia após o depósito, por esse Estado, de seu instrumento de ratificação ou adesão.

A CONVENÇÃO AMERICANA DE DIREITOS HUMANOS DE 1969 (PACTO DE SAN JOSÉ DA COSTA RICA, POR SEU TURNO, ESTABELECE:

ARTIGO 74

1. Esta Convenção fica aberta à assinatura e à ratificação ou adesão de todos os Estados-Membros da Organização dos Estados Americanos.

2. A ratificação desta Convenção ou a adesão a ela efetuar-se-á mediante depósito de um instrumento de ratificação ou de adesão na Secretaria-Geral da Organização dos Estados Americanos. Esta Convenção entrará em vigor logo que onze Estados houverem depositado os seus respectivos instrumentos de ratificação ou de adesão. Com referência a qualquer outro Estado que a ra-

tificar ou que a ela aderir ulteriormente, a Convenção entrará em vigor na data do depósito do seu instrumento de ratificação ou de adesão.

3. O Secretário-Geral informará todos os Estados-membros da Organização sobre a entrada em vigor da Convenção.

5.7 EXTINÇÃO DOS TRATADOS INTERNACIONAIS

Os tratados internacionais podem ser extintos na sua totalidade em razão da vontade comum dos pactuantes ou pela vontade unilateral através da denúncia. A Convenção de Viena sobre Direito dos Tratados de 1969 prevê as seguintes hipóteses:

Convenção de Viena	Forma de extinção	Manifestação
Art. 54, *a*	Em conformidade com as disposições do tratado.	Extinção predeterminada no tratado pela vontade comum.
Art. 54, *b*	A qualquer momento, pelo consentimento de todas as partes, após consulta com os outros Estados contratantes.	Extinção superveniente pela vontade comum.
Art. 55	Redução das partes num tratado multilateral aquém do número necessário para sua entrada em vigor.	Não é forma automática de extinção do tratado, este deve prever um número mínimo de partes sem o qual haverá extinção do pacto.
Art. 59	Poderá ser extinto um tratado se todas as suas partes concluírem um tratado posterior sobre o mesmo assunto.	Ocorrerá por vontade comum das partes desde que o tratado posterior assim estabeleça.
Art. 56	Denúncia: é ato unilateral de manifestação de vontade de deixar de ser parte no tratado internacional. A parte denunciante deverá notificar com pelo menos 12 meses de antecedência a sua intenção de denunciar o tratado.	A hipótese de denúncia ou retirada deve estar expressa no tratado. Resulta da vontade unilateral.

O tema dos tratados internacionais pode ser aprofundado em diversas obras de Direito Internacional Público, das quais relacionamos alguns autores: Celso Albuquerque Mello, Guido Fernando Silva Soares, Hildebrando Accioly e G. E. do Nascimento Silva, Flávia Piovesan, Francisco Rezek, Valério de Oliveira Mazzuoli, Sebastião Roque, dentre outros.

capítulo 6

ESTADOS

6.1 INTRODUÇÃO

A conceituação de Estado guarda acirradas divergências e, a despeito das inúmeras pesquisas sobre o tema, não foi alcançada a unicidade conceitual. Deste modo, traremos à baila algumas opiniões que de forma alguma pretendem esgotar a matéria, mas tão somente demonstrar a diversidade de conceitos conforme o ângulo de abordagem do Estado e de seus problemas.

Hans Kelsen, ao buscar o estabelecimento do Direito como ciência, abordou o tema da identidade do Estado e, mais especificamente, ao analisar o Estado como ordem jurídica, destacou que:

> nem toda ordem jurídica é um Estado. Nem a ordem jurídica pré-estadual da sociedade primitiva, nem a ordem jurídica internacional supraestadual (ou interestadual) representam um Estado. Para ser um Estado, a ordem jurídica necessita de ter o caráter de uma organização no sentido estrito da palavra, quer dizer, tem de instituir órgãos funcionando segundo o princípio da divisão do trabalho para criação e aplicação das normas que a formam; tem de apresentar um certo grau de centralização[1].

Ademais, Kelsen repudia o dualismo de Direito e Estado dizendo que:

---

[1]   Hans Kelsen. *Teoria Pura do Direito*, p. 316 e 353, respectivamente.

uma vez reconhecido que o Estado, como ordem de conduta humana, é uma ordem de coação relativamente centralizada, e que o Estado como pessoa jurídica é a personificação desta ordem coerciva, desaparece o dualismo de Estado e Direito.

Em outros termos, todo Estado tem que ser um Estado de Direito porque necessariamente é uma ordem jurídica, seja ela fundada em princípios democráticos ou sequer autocráticos, o que importa é que a comunidade organizada terá um ordenamento que consistirá em ordem coerciva de conduta; corroborando, então, para a tese de que o Estado, juridicamente, é o próprio Direito, independentemente de valores morais ou de justiça.

Dalmo de Abreu Dallari esclarece que perante a diversidade de conceitos (jurídicos, filosóficos, sociológicos etc.) caberia à Teoria do Estado a missão de integrar os resultados fornecidos e oferecer um conceito uniforme e universal. No entanto, essa missão se depara com dois grandes obstáculos:

i) a dificuldade de se alcançar um conceito que seja aceito como "científico"; e

ii) a existência de profundas divergências dentro do âmbito da Teoria do Estado.

Mesmo assim, é esboçado um conceito considerando os elementos componentes, objetivos e o funcionamento do Estado, qual seja: "O Estado é uma ordem jurídica soberana, que tem por fim o bem comum de um povo situado em determinado território"[2].

Para José Afonso da Silva, o Estado é uma ordenação que tem por fim específico e essencial a regulamentação global das relações sociais entre os membros de uma dada população sobre um dado território, na qual a palavra ordenação expressa a ideia de poder soberano, institucionalizado.

O Estado, como se nota, constitui-se de quatro elementos essenciais: um poder soberano de um povo situado num território com certas finalidades[3]. Já a elaboração da Constituição do Estado vem a ser a etapa de institucionalização dos novos poderes requerida pela natureza de todo poder, compreende a expedição do estatuto jurídico que deverá reger o Estado[4].

Já Celso Ribeiro Bastos entende que o Estado, enquanto sociedade política, é resultante:

de uma longa evolução na maneira de organização do poder. Ele surge com as transformações por que passa a sociedade política por volta do século XVI.

---

2   Dalmo de Abreu Dallari. *O futuro do Estado*, p. 55-56.
3   José Afonso da Silva. *Curso de Direito Constitucional Positivo*, p. 89-90.
4   Neste sentido, Luis Carlos Sachica: "*La seguiente fase de la constitución del Estado, que comprende la expedición del estatuto jurídico que deberá regirlo, sobre la base de la legitimidad republicana*" (in *Esquemas para una Teoría del Poder Constituyente*, p. 44).

Nessa altura, uma série de fatores, que vinham amadurecendo ao longo dos últimos séculos do período medieval, torna possível – e mesmo necessária – a concentração do poder numa única pessoa. É esta característica a principal nota formadora do Estado moderno.

Ainda, ressaltando a dificuldade de encontrar uma definição para Estado; Celso Ribeiro Bastos formula a seguinte definição de Estado: como:

> organização política sob a qual vive o homem moderno resultante de um povo vivendo sobre um território delimitado e governado por leis que se fundam num poder não sobrepujado por nenhum outro externamente e supremo internamente[5].

Feitas essas considerações iniciais, passemos aos aspectos de maior relevo sobre os Estados em sua faceta internacional, como sujeitos de Direito Internacional.

6.2 BREVE REFLEXÃO SOBRE A SOBERANIA

Para identificar um Estado como pessoa jurídica de direito das gentes não basta um território delimitado com população estável e sujeita à autonomia de um governo, pois estes caracteres são encontráveis em estados que compõem uma federação.

O Estado é identificado quando seu governo não se subordina a qualquer autoridade que lhe seja superior, não reconhece, em última análise, nenhum poder maior de que dependam a definição e o exercício de suas competências e só se põe de acordo com seus homólogos na construção da ordem internacional e na fidelidade aos parâmetros dessa ordem, a partir da premissa de que aí vai um esforço horizontal e igualitário de coordenação no interesse coletivo.

De outro modo, é possível afirmar que a soberania é atributo fundamental do Estado, fazendo-o titular de competências que, precisamente porque existe uma ordem jurídica internacional, não são ilimitadas; mas nenhuma outra entidade as possui superiores.

A soberania é hoje uma afirmação do Direito Internacional positivo. Muito mais do que uma ideia doutrinária, a Carta da ONU afirma em seu art. 2, § 1, que a organização "é baseada no princípio da igualdade soberana de todos os seus membros". A Carta da OEA estatui no art. 3, f, que "a ordem internacional é constituída essencialmente pelo respeito à personalidade, soberania e independência dos Estados". Toda a jurisprudência internacional, compreendida a Corte de Haia, é carrega-

---

5   Celso Ribeiro Bastos. *Curso de Direito Constitucional*, p. 6-8.

da de afirmações relativas à soberania dos Estados e à igualdade soberana que rege sua convivência[6].

A título de reflexão propomos a consideração:

> Há que se reconhecer a presença de novos atores dotados de personalidade jurídica internacional, como: as organizações não governamentais – reflexo da estruturação da sociedade civil – distintas das organizações interestatais, do feitio da Organização das Nações Unidas; a presença das multinacionais no cenário global; e, ainda, cercado de controvérsias, o indivíduo.
>
> A globalização, sob vários vértices, intima a todos para a adoção de novas posturas, o reconhecimento de pautas comuns, mundiais. Aqui se verifica a ampliação dos direitos, não apenas os de primeira e segunda geração – sob a égide da liberdade e da igualdade, mas a realização dos direitos de terceira geração, consubstanciados no vocábulo solidariedade, vivificando o que se denominou direitos difusos, bem como os direitos de quarta geração, lançados por Paulo Bonavides, como o direito ao desenvolvimento, o direito *dos povos*.
>
> Nesse sentido, não se poderia olvidar a configuração do Estado e a *nova* soberania. Diz-se *nova* por reconhecermos que a interdependência das nações afastou há muito a noção de soberania absoluta, como poder incontrastável do Estado a que nada se submete, somente quando no exercício de sua autonomia interna e externa, por expressa manifestação de vontade. Prevalece, portanto, a **noção de soberania limitada, não pela dependência externa – de outros Estados, etc. – e sim limitada pela própria evolução do Estado, democrático e de direito, isto é, a soberania encontrou obstáculos internamente na ampliação das liberdades públicas do cidadão e externamente na evolução do Direito Internacional e do Direito Internacional dos Direitos Humanos**[7]. (grifo nosso)

6.3 RECONHECIMENTO DE ESTADO

Parcela da doutrina internacionalista, durante determinado período, defendeu a tese de que para que um Estado exista como tal haveria a necessidade de manifestação dos outros membros da sociedade internacional, reconhecendo o novo Estado como uma entidade soberana, dotada de personalidade jurídica internacional. Contudo, atualmente este entendimento não prospera.

---

6   Dados extraídos da obra de Francisco Rezek, *Direito Internacional Público*: curso elementar, cit., p. 215-216.

7   Carla Noura Teixeira. *Direito Internacional para o Século XXI*, p. 30-31.

A natureza do ato de reconhecimento de um Estado, por meio de manifestação unilateral de outro Estado, é declaratória e não constitutiva, isto é, o Estado existe independentemente da manifestação de juízo ou opinião de terceiros.

Nesse sentido, a Carta da Organização dos Estados Americanos, art. 13:

> A existência política do Estado é independente do seu reconhecimento pelos outros Estados. Mesmo antes de ser reconhecido, o Estado tem o direito de defender a sua integridade e independência, de promover a sua conservação e prosperidade, e, por conseguinte, de se organizar como melhor entender, de legislar sobre os seus interesses, de administra os seus serviços e de determinar a jurisdição e a competência dos seus tribunais. O exercício desses direitos não tem outros limites senão o exercício dos direitos de outros Estados, conforme o direito internacional.

O tema do reconhecimento de Estado aqui cinge a construção jurídico-normativa do Direito Internacional, não observando os aspectos das Relações Internacionais influenciados por outros fatores de interesse e tensões regentes da geopolítica e da política internacional.

O reconhecimento do Estado pode ocorrer de duas formas: expressa ou tácita. O reconhecimento expresso decorre de modo formal, ou seja, por meio de uma declaração ou notificação pública. O reconhecimento tácito poderá se dar de três formas: diplomática, *de jure* ou *de facto*. A diplomática será o envio ou recepção de agentes diplomáticos pelos Estados. O reconhecimento *de jure* ocorre quando há uma formalização de tratado com o novo Estado. O *de facto* será a cooperação internacional.

6.4 RECONHECIMENTO DE GOVERNO[8]

O reconhecimento de governo abrange uma presunção de que com a existência do Estado, através da reunião de elementos constitutivos, estará o direito fundamental a ter ou escolher este ou aquele regime político, sem interferências do exterior; e, estando esse regime vigorando pacificamente, normalmente, novos governos que surjam não necessitam de reconhecimento.

O problema do reconhecimento de governo não transparece na hipótese de transições pacíficas ou ordenadas de governo, e sim, quando ocorre uma revolução, uma mudança constitucional com ruptura. Segundo Jorge Miranda, neste quesito, o único critério aceitável para o reconhecimento de governo vem a ser o da efetividade (verificar se o governo está ou não dotado das qualidades e, mais do que isso, dos meios idôneos para agir como tal), não o de qualquer juízo sobre a natureza do regime em apreço ou sobre o sentido da nova Constituição.

---

[8]   Dados extraídos da obra de Jorge Miranda, *Curso de Direito Internacional Público*, cit., p. 217-221.

O tema ganha vulto no início do século XX com a observação de vários movimentos revolucionários de independência e de rupturas de ordem constitucional. Desenvolveram-se as teorias/doutrinas abaixo resumidas:

Doutrina Tobar – desenvolvida por Carlos Tobar, Ministro das Relações Exterio-res do Equador, em 1907.

• Objetivo: diminuir as revoluções que eram tão frequentes na época sob o argumento de que não deveria ser reconhecido o governo que fosse oriundo de golpe de estado ou revoluções.

• Tese: os governos só deveriam ser reconhecidos se possuíssem legitimidade constitucional, através de representantes livremente eleitos pela população. Buscava assim proteger o princípio da legitimidade democrática através da ratificação popular e desenvolve a Teoria das Condicionalidades de modo a procurar evitar o reconhecimento de regimes acidentais, decorrentes de revoluções e golpes de Estado, até que o novo governo pudesse demonstrar sua aprovação popular.

Doutrina Estrada – desenvolvida por Genaro Estrada, secretário de Estado das Relações Exteriores do México, em 1930.

• Objetivo: declarar que o ato de reconhecer ou não um novo governo seria ato de ingerência nos assuntos internos do Estado.

• Tese: Estrada observou na época que as potências europeias se utilizavam do artifício de reconhecer o novo governo para, então, reconhecer ou não um novo Estado. Isto porque o governo era um dos requisitos a serem preenchidos para que o Estado conseguisse o seu reconhecimento pela comunidade internacional e, assim, tornar-se sujeito de direito perante o direito internacional.

Os princípios da não intervenção e da liberdade soberana são a base dessa doutrina, que ressalta que nenhum Estado deve se pronunciar sobre um novo governo em outro Estado. Nesse cenário, o Estado estrangeiro não possui poder para declarar se há ou não legitimidade no novo grupo político.

A Resolução 2625 (XV) da Assembleia Geral da ONU afirma que: "Todo Estado tem o direito inalienável de escolher seu próprio sistema político, econômico, social e cultural sem nenhuma forma de ingerência da parte de outro Estado". De acordo com essa doutrina, a única alternativa que o Estado reconhecedor teria em relação àqueles que passaram por rupturas políticas profundas é optar por manter ou não relações diplomáticas com o novo governo.

Para Francisco Rezek[9] as práticas contemporâneas de reconhecimento de um novo governo não possuem mais como base a legitimidade deste, mas, sim, se esse novo

---

[9]   Francisco Rezek. *Direito Internacional Público*: curso elementar. 17. ed. São Paulo: Saraiva, 2020.

governo é efetivo. Entende-se que ter um governo efetivo em um Estado é saber se ele possui controle sobre seu território, se honra os tratados e demais normas do Direito Internacional e outros requisitos que a sociedade possa considerar importante.

6.5 SUCESSÃO DE ESTADOS[10]

No âmbito internacional há o princípio da continuidade do Estado. Isso significa dizer que o Estado, pelo fato de existir, tende a continuar existindo – ainda que sob outra roupagem política e até mesmo quando ocorram modificações expressivas na determinação da titularidade da soberania.

Esta concepção considera preponderantemente os caracteres físicos do Estado, quais sejam: a comunidade humana posicionada em determinada área territorial.

Por outro lado, em razão das subsequentes alterações na geografia global, com o surgimento, desaparecimento ou transformação de Estados, o Direito Internacional tem se debruçado sobre o fenômeno de sucessão de Estados.

Vejamos as espécies de sucessão e seus efeitos, segundo a discriminação elaborada por Francisco Rezek, lembrando que na análise de casos concretos sempre novos ângulos poderão surgir:

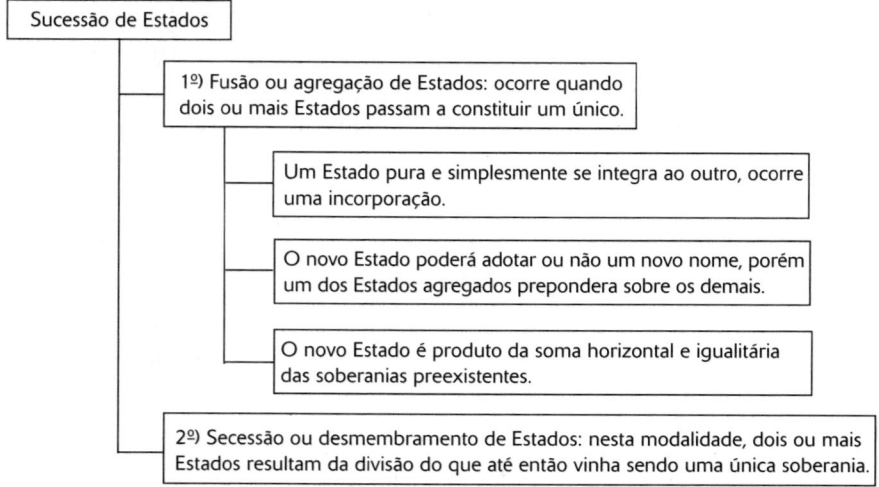

6.6 RESPONSABILIDADE INTERNACIONAL DO ESTADO

A análise do tema de responsabilidade envolve quatro elementos:

---

[10] Dados extraídos da obra de Francisco Rezek, op cit., p. 281-286.

i) uma conduta;

ii) a imputabilidade;

iii) o dano; e,

iv) o nexo de causalidade.

Nesse campo, uma ação ou omissão, atribuível a certo sujeito, que cause dano a terceiro em razão da relação entre a conduta e o dano.

No tocante à responsabilidade internacional do Estado, sucintamente devemos considerar que, não importando a sucessão de governos, a responsabilidade do Estado subsiste.

Vejamos algumas configurações de condutas que levam à responsabilização do Estado segundo Jorge Miranda[11]:

a) Responsabilidade por ação e responsabilidade por omissão;

b) Responsabilidade direta – derivada de ação ou omissão dos próprios órgãos ou agentes do Estado; e responsabilidade indireta – decorrente de ação ou omissão de órgãos ou agentes de outras entidades públicas – Estados federados em Estados federais, regiões autônomas, autarquias locais etc. – e até de particulares;

c) Responsabilidade por atos de Direito Internacional ou regidos pelo Direito Internacional – sejam atos unilaterais, tratados ou outros atos – e responsabilidade por atos de Direito interno – sejam de função legislativa (lei contrária a tratado, nacionalização sem indenização), função administrativa (expropriação sem indenização, maus-tratos da polícia) ou da função jurisdicional (morosidade ou denegação de justiça, decisão ilegal);

d) Responsabilidade por atos no interior do território (é a regra) e por atos no território doutro Estado (*máxime*, território ocupado);

e) Responsabilidade em tempo de paz e responsabilidade em tempo de guerra ou por causa da guerra (dos beligerantes, do Estado neutro por incumprimento de dever de neutralidade, do Estado que intervém em guerras civis).

6.7 RELAÇÕES DIPLOMÁTICAS E CONSULARES

6.7.1 Relações diplomáticas

No âmbito da positivação de normas internacionais relativas às relações diplomáticas, com o intuito de estimular e garantir o desempenho de missões diplomáticas

---

[11]   Jorge Miranda, *Curso de Direito Internacional Público*, p. 321-322.

e o desenvolvimento de relações amistosas entre as nações, foi celebrada a Convenção de Viena sobre Relações Diplomáticas, de 18 de abril de 1961.

O Brasil é signatário desta Convenção, aprovada pelo Decreto Legislativo n. 103, de 18 de novembro de 1964, e promulgada pelo Decreto n. 56.435, de 8 de junho de 1965 – o depósito do instrumento brasileiro de ratificação na ONU foi realizado em 25 de março de 1965 e a vigência teve início em 24 de abril de 1965.

Sem afastar as normas de Direito Internacional consuetudinário que regem questões não expressamente reguladas na Convenção, foram estabelecidos vários fundamentos, dentre eles:

• o estabelecimento de relações diplomáticas entre Estados e o envio de missões diplomáticas têm por base o consentimento mútuo (art. 2º);

• a pessoa do agente diplomático é inviolável (art. 29); a residência particular do agente diplomático goza da mesma inviolabilidade e proteção que os locais da Missão (art. 30);

Artigo 29

A pessoa do agente diplomático é inviolável. Não poderá ser objeto de nenhuma forma de detenção ou prisão. O Estado acreditado tratá-lo-á com o devido respeito e adotará todas as medidas adequadas para impedir qualquer ofensa à sua pessoa, liberdade ou dignidade.

Artigo 30

A residência particular do agente diplomático goza da mesma inviolabilidade e proteção que os locais da missão.

2. Seus documentos, sua correspondência e, sob reserva do disposto no parágrafo 3 do artigo 31, seus bens gozarão igualmente de inviolabilidade.

• o agente diplomático gozará da imunidade de jurisdição penal do Estado acreditado e também da imunidade de jurisdição civil e administrativa, respeitadas as condições descritas no art. 31 da Convenção.

Artigo 31

1. O agente diplomático gozará de imunidade de jurisdição penal do Estado acreditado. Gozará também da imunidade de jurisdição civil e administrativa, a não ser que se trate de:

a) uma ação real sobre imóvel privado situado no território do Estado acreditado, salvo se o agente diplomático o possuir por conta do Estado acreditado para os fins da missão.

b) uma ação sucessória na qual o agente diplomático figure, a título privado e não em nome do Estado, como executor testamentário, administrador, herdeiro ou legatário.

c) uma ação referente a qualquer profissão liberal ou atividade comercial exercida pelo agente diplomático no Estado acreditado fora de suas funções oficiais.

2. O agente diplomático não é obrigado a prestar depoimento como testemunha.

3. O agente diplomático não está sujeito a nenhuma medida de execução a não ser nos casos previstos nas alíneas "a", "b" e "c" do parágrafo 1 deste artigo e desde que a execução possa realizar-se sem afetar a inviolabilidade de sua pessoa ou residência.

4. A imunidade de jurisdição de um agente diplomático no Estado acreditado não o isenta da jurisdição do Estado acreditante.

6.7.2 Relações consulares

A Convenção de Viena sobre Relações Consulares foi celebrada em 24 de abril de 1963 e assinada pelo Brasil em 24 de abril de 1963, aprovada pelo Decreto Legislativo n. 6, de 5 de abril de 1967, e promulgada pelo Decreto n. 61.078, de 26 de julho de 1967 – o depósito do instrumento brasileiro de ratificação na ONU foi realizado em 11 de maio de 1967, entrando em vigor no Brasil em 10 de junho de 1967.

Com a finalidade de assegurar o eficaz desempenho das funções das repartições consulares, perseverando no formato de privilégios e imunidades, a Convenção traz vários pontos a ressaltar, dentre eles:

• a afirmação do consentimento para relações diplomáticas entre dois Estados implicará o consentimento para relações consulares (art. 2º, 1);

• a concessão de facilidades à repartição consular em suas atividades (art. 28);

• a inviolabilidade dos locais consulares (art. 31) e dos arquivos e documentos consulares (art. 33);

Artigo 31

Inviolabilidade dos locais consulares

1. Os locais consulares serão invioláveis na medida do previsto pelo presente artigo.

2. As autoridades do Estado receptor não poderão penetrar na parte dos locais consulares que a repartição consular utilizar exclusivamente para as necessidades de seu trabalho, a não ser com o consentimento do chefe da repartição consular, da pessoa por ele designada ou do chefe da missão diplomática do Estado que envia. Todavia, o consentimento do chefe da repartição consular poderá ser presumido em caso de incêndio ou outro sinistro que exija medidas de proteção imediata.

3. Sem prejuízo das disposições do parágrafo 2 do presente artigo, o Estado receptor terá a obrigação especial de tomar as medidas apropriadas para proteger os locais consulares contra qualquer invasão ou dano, bem como para impedir que se perturbe a tranquilidade da repartição consular ou se atente contra sua dignidade.

4. Os locais consulares, seus móveis, os bens da repartição consular e seus meios de transporte não poderão ser objeto de qualquer forma de requisição para fins de defesa nacional ou de utilidade pública.

Se, para tais fins, for necessária a desapropriação, tomar-se-ão as medidas apropriadas para que não se perturbe o exercício das funções consulares, e pagar-se-á ao Estado que envia uma indenização rápida, adequada e efetiva.

Artigo 33

Inviolabilidade dos arquivos e documentos consulares

Os arquivos e documentos consulares serão sempre invioláveis, onde quer que estejam.

• os funcionários consulares e os empregados consulares não estão sujeitos à jurisdição das autoridades judiciárias e administrativas do Estado receptor pelos atos realizados no exercício das funções consulares (art. 43, 1, exceções previstas no art. 43, 2);

Artigo 43

Imunidade de Jurisdição

1. Os funcionários consulares e os empregados consulares não estão sujeitos à Jurisdição das autoridades judiciárias e administrativas do Estado receptor pelos atos realizados no exercício das funções consulares.

2. As disposições do parágrafo 1 do presente artigo não se aplicarão entretanto no caso de ação civil:

a) que resulte de contrato que o funcionário ou empregado consular não tiver realizado implícita ou explicitamente como agente do Estado que envia; ou

b) que seja proposta por terceiro como consequência de danos causados por acidente de veículo, navio ou aeronave, ocorrido no Estado receptor.

• a inviolabilidade pessoal dos funcionários consulares é relativa, pois, em caso de crime grave e em decorrência de decisão de autoridade judiciária competente, poderão ser detidos ou presos preventivamente (art. 41).

Artigo 41

Inviolabilidade pessoal dos funcionários consulares

1. Os funcionários consulares não poderão ser detidos ou presos preventivamente, exceto em caso de crime grave e em decorrência de decisão de autoridade judiciária competente.

2. Exceto no caso previsto no parágrafo 1 do presente artigo, os funcionários consulares não podem ser presos nem submetidos a qualquer outra forma de limitação de sua liberdade pessoal, senão em decorrência de sentença judiciária definitiva.

3. Quando se instaurar processo penal contra um funcionário consular, este será obrigado a comparecer perante as autoridades competentes. Todavia, as diligências serão conduzidas com as deferências devidas à sua posição oficial e, exceto no caso previsto no parágrafo 1 deste artigo, de maneira a que perturbe o menos possível o exercício das funções consulares. Quando, nas circunstâncias previstas no parágrafo 1 deste artigo, for necessário decretar a prisão preventiva de um funcionário consular, o processo correspondente deverá iniciar-se sem a menor demora.

6.8 DIMENSÃO PESSOAL DO ESTADO

Um dos elementos imanentes e responsável pela continuidade do Estado é o povo. Sendo assim, há grande determinação no cenário internacional no combate ao fenômeno da apatridia, principalmente após a Declaração Universal dos Direitos do Homem de 1948, que estabeleceu a nacionalidade como um direito humano.

Nesse cenário, transcrevemos trechos de alguns textos internacionais:

• Convenção para a Redução da Apatridia (ONU): art. 8º "os Estados contratantes não destituirão uma pessoa de sua nacionalidade se isto causar sua apatridia".

• Declaração Universal dos Direitos do Homem: art. 15 "1. Toda pessoa tem direito a uma nacionalidade. 2. Ninguém poderá ser privado arbitrariamente de sua nacionalidade e a ninguém será negado o direito de trocar de nacionalidade".

• Declaração Americana dos Direitos do Homem (1948): art. 19 "Toda pessoa tem direito à nacionalidade que legalmente lhe corresponda, podendo mudá-la se assim o desejar, pela de qualquer outro país que estiver disposto a concedê-la";

• No mesmo sentido, a Convenção Americana sobre Direitos Humanos (São José de Costa Rica, 1969), art. 20 "1. Toda pessoa tem direito a uma nacionalidade. 2. Toda pessoa tem direito à nacionalidade do Estado em cujo território houver nascido, se não tiver direito à outra. 3. A ninguém se deve privar arbitrariamente de sua nacionalidade nem do direito de mudá-la".

6.8.1 Nacionalidade

A nacionalidade pode ser definida como um vínculo jurídico-político que liga o indivíduo ao Estado, ou, em outras palavras, o elo entre a pessoa física e um determinado Estado.

Não há que se confundir a nacionalidade – vínculo jurídico que une o indivíduo ao Estado – e a cidadania, uma vez que esta representa um conteúdo adicional de caráter político, que faculta à pessoa certos direitos políticos.

Nesse sentido, a Constituição Federal brasileira de 1988 estabelece:

i) quanto à nacionalidade – direito fundamental – art. 12[12], enuncia quem são brasileiros, como se adquire e quando se perde a nacionalidade brasileira;

---

[12]   Constituição da República Federativa do Brasil de 1988 – DA NACIONALIDADE:
"Art. 12. São brasileiros:
I – natos:
a) os nascidos na República Federativa do Brasil, ainda que de pais estrangeiros, desde que estes não estejam a serviço de seu país;
b) os nascidos no estrangeiro, de pai brasileiro ou mãe brasileira, desde que qualquer deles esteja a serviço da República Federativa do Brasil;
c) os nascidos no estrangeiro de pai brasileiro ou de mãe brasileira, desde que sejam registrados em repartição brasileira competente ou venham a residir na República Federativa do Brasil e optem, em qualquer tempo, depois de atingida a maioridade, pela nacionalidade brasileira; (Redação dada pela Emenda Constitucional n. 54, de 2007)
II – naturalizados:

ii) quanto à cidadania – dos direitos políticos – arts. 14 e 15[13], cuida dos direitos de votar e ser eleito – expressões da cidadania.

---

a) os que, na forma da lei, adquiram a nacionalidade brasileira, exigidas aos originários de países de língua portuguesa apenas residência por um ano ininterrupto e idoneidade moral;
b) os estrangeiros de qualquer nacionalidade, residentes na República Federativa do Brasil há mais de quinze anos ininterruptos e sem condenação penal, desde que requeiram a nacionalidade brasileira. (Redação dada pela Emenda Constitucional de Revisão n. 3, de 1994)
§ 1º Aos portugueses com residência permanente no País, se houver reciprocidade em favor de brasileiros, serão atribuídos os direitos inerentes ao brasileiro, salvo os casos previstos nesta Constituição. (Redação dada pela Emenda Constitucional de Revisão n. 3, de 1994)
§ 2º A lei não poderá estabelecer distinção entre brasileiros natos e naturalizados, salvo nos casos previstos nesta Constituição.
§ 3º São privativos de brasileiro nato os cargos:
I – de Presidente e Vice-Presidente da República;
II – de Presidente da Câmara dos Deputados;
III – de Presidente do Senado Federal;
IV – de Ministro do Supremo Tribunal Federal;
V – da carreira diplomática;
VI – de oficial das Forças Armadas;
VII – de Ministro de Estado da Defesa. (Incluído pela Emenda Constitucional n. 23, de 1999)
§ 4º Será declarada a perda da nacionalidade do brasileiro que:
I – tiver cancelada sua naturalização, por sentença judicial, em virtude de atividade nociva ao interesse nacional;
II – adquirir outra nacionalidade, salvo nos casos: (Redação dada pela Emenda Constitucional de Revisão n. 3, de 1994)
a) de reconhecimento de nacionalidade originária pela lei estrangeira; (Incluído pela Emenda Constitucional de Revisão n. 3, de 1994)
b) de imposição de naturalização, pela norma estrangeira, ao brasileiro residente em estado estrangeiro, como condição para permanência em seu território ou para o exercício de direitos civis; (Incluído pela Emenda Constitucional de Revisão n. 3, de 1994)".

13   Constituição da República Federativa do Brasil de 1988 – DOS DIREITOS POLÍTICOS:
"Art. 14. A soberania popular será exercida pelo sufrágio universal e pelo voto direto e secreto, com valor igual para todos, e, nos termos da lei, mediante:
I – plebiscito;
II – referendo;
III – iniciativa popular.
§ 1º O alistamento eleitoral e o voto são:
I – obrigatórios para os maiores de dezoito anos;
II – facultativos para:
a) os analfabetos;
b) os maiores de setenta anos;
c) os maiores de dezesseis e menores de dezoito anos.
§ 2º Não podem alistar-se como eleitores os estrangeiros e, durante o período do serviço militar obrigatório, os conscritos.
§ 3º São condições de elegibilidade, na forma da lei:
I – a nacionalidade brasileira;
II – o pleno exercício dos direitos políticos;
III – o alistamento eleitoral;
IV – o domicílio eleitoral na circunscrição;
V – a filiação partidária;
VI – a idade mínima de:
a) trinta e cinco anos para Presidente e Vice-Presidente da República e Senador;
b) trinta anos para Governador e Vice-Governador de Estado e do Distrito Federal;
c) vinte e um anos para Deputado Federal, Deputado Estadual ou Distrital, Prefeito, Vice-Prefeito e juiz de paz;
d) dezoito anos para Vereador.
§ 4º São inelegíveis os inalistáveis e os analfabetos.

6.8.2 Lei n. 13.445/2017 – Lei de Migração

A Lei de Migração brasileira – Lei n. 13.445/2017 – veio a retirar da ordem jurídica brasileira a Lei n. 6.815/80 que delineava a situação jurídica do estrangeiro no Brasil, criou o Conselho Nacional de Imigração e determinava outras providências, como: vistos; entrada no território nacional; asilo; expulsão; deportação; extradição; bem como um rol de direitos e deveres ao estrangeiro.

A Lei n. 13.445/2017 dispõe sobre os direitos e os deveres do migrante e do visitante, regula a sua entrada e estada no País e estabelece princípios e diretrizes para as políticas públicas para o emigrante (art. 1º). Para tal, no § 1º do art. 1º enumera e define:

II – imigrante: pessoa nacional de outro país ou apátrida que trabalha ou reside e se estabelece temporária ou definitivamente no Brasil;

III – emigrante: brasileiro que se estabelece temporária ou definitivamente no exterior;

IV – residente fronteiriço: pessoa nacional de país limítrofe ou apátrida que conserva a sua residência habitual em município fronteiriço de país vizinho;

---

§ 5º O Presidente da República, os Governadores de Estado e do Distrito Federal, os Prefeitos e quem os houver sucedido, ou substituído no curso dos mandatos poderão ser reeleitos para um único período subsequente. (Redação dada pela Emenda Constitucional n. 16, de 1997)

§ 6º Para concorrerem a outros cargos, o Presidente da República, os Governadores de Estado e do Distrito Federal e os Prefeitos devem renunciar aos respectivos mandatos até seis meses antes do pleito.

§ 7º São inelegíveis, no território de jurisdição do titular, o cônjuge e os parentes consanguíneos ou afins, até o segundo grau ou por adoção, do Presidente da República, de Governador de Estado ou Território, do Distrito Federal, de Prefeito ou de quem os haja substituído dentro dos seis meses anteriores ao pleito, salvo se já titular de mandato eletivo e candidato à reeleição.

§ 8º O militar alistável é elegível, atendidas as seguintes condições:

I – se contar menos de dez anos de serviço, deverá afastar-se da atividade;

II – se contar mais de dez anos de serviço, será agregado pela autoridade superior e, se eleito, passará automaticamente, no ato da diplomação, para a inatividade.

§ 9º Lei complementar estabelecerá outros casos de inelegibilidade e os prazos de sua cessação, a fim de proteger a probidade administrativa, a moralidade para exercício de mandato considerada vida pregressa do candidato, e a normalidade e legitimidade das eleições contra a influência do poder econômico ou o abuso do exercício de função, cargo ou emprego na administração direta ou indireta. (Redação dada pela Emenda Constitucional de Revisão n. 4, de 1994)

§ 10. O mandato eletivo poderá ser impugnado ante a Justiça Eleitoral no prazo de quinze dias contados da diplomação, instruída a ação com provas de abuso do poder econômico, corrupção ou fraude.

§ 11. A ação de impugnação de mandato tramitará em segredo de justiça, respondendo o autor, na forma da lei, se temerária ou de manifesta má-fé.

§ 12. Serão realizadas concomitantemente às eleições municipais as consultas populares sobre questões locais aprovadas pelas Câmaras Municipais e encaminhadas à Justiça Eleitoral até 90 (noventa) dias antes da data das eleições, observados os limites operacionais relativos ao número de quesitos. (Incluído pela Emenda Constitucional n. 111, de 2021)

§ 13. As manifestações favoráveis e contrárias às questões submetidas às consultas populares nos termos do § 12 ocorrerão durante as campanhas eleitorais, sem a utilização de propaganda gratuita no rádio e na televisão. (Incluído pela Emenda Constitucional n. 111, de 2021)

Art. 15. É vedada a cassação de direitos políticos, cuja perda ou suspensão só se dará nos casos de:

I – cancelamento da naturalização por sentença transitada em julgado;

II – incapacidade civil absoluta;

III – condenação criminal transitada em julgado, enquanto durarem seus efeitos;

IV – recusa de cumprir obrigação a todos imposta ou prestação alternativa, nos termos do art. 5º, VIII;

V – improbidade administrativa, nos termos do art. 37, § 4º.

V – visitante: pessoa nacional de outro país ou apátrida que vem ao Brasil para estadas de curta duração, sem pretensão de se estabelecer temporária ou definitivamente no território nacional;

VI – apátrida: pessoa que não seja considerada como nacional por nenhum Estado, segundo a sua legislação, nos termos da Convenção sobre o Estatuto dos Apátridas, de 1954, promulgada pelo Decreto n. 4.246, de 22 de maio de 2002, ou assim reconhecida pelo Estado brasileiro.

A lógica subjacente às novas tratativas do tema migratório é permeada pela explícita assunção de princípios já constantes de tratados internacionais em que o Estado brasileiro é signatário. É o que se depreende da leitura dos arts. 3º e 4º:

Art. 3º A política migratória brasileira rege-se pelos seguintes princípios e diretrizes:

I – universalidade, indivisibilidade e interdependência dos direitos humanos;

II – repúdio e prevenção à xenofobia, ao racismo e a quaisquer formas de discriminação;

III – não criminalização da migração;

IV – não discriminação em razão dos critérios ou dos procedimentos pelos quais a pessoa foi admitida em território nacional;

V – promoção de entrada regular e de regularização documental;

VI – acolhida humanitária;

VII – desenvolvimento econômico, turístico, social, cultural, esportivo, científico e tecnológico do Brasil;

VIII – garantia do direito à reunião familiar;

IX – igualdade de tratamento e de oportunidade ao migrante e a seus familiares;

X – inclusão social, laboral e produtiva do migrante por meio de políticas públicas;

XI – acesso igualitário e livre do migrante a serviços, programas e benefícios sociais, bens públicos, educação, assistência jurídica integral pública, trabalho, moradia, serviço bancário e seguridade social;

XII – promoção e difusão de direitos, liberdades, garantias e obrigações do migrante;

XIII – diálogo social na formulação, na execução e na avaliação de políticas migratórias e promoção da participação cidadã do migrante;

XIV – fortalecimento da integração econômica, política, social e cultural dos povos da América Latina, mediante constituição de espaços de cidadania e de livre circulação de pessoas;

XV – cooperação internacional com Estados de origem, de trânsito e de destino de movimentos migratórios, a fim de garantir efetiva proteção aos direitos humanos do migrante;

XVI – integração e desenvolvimento das regiões de fronteira e articulação de políticas públicas regionais capazes de garantir efetividade aos direitos do residente fronteiriço;

XVII – proteção integral e atenção ao superior interesse da criança e do adolescente migrante;

XVIII – observância ao disposto em tratado;

XIX – proteção ao brasileiro no exterior;

XX – migração e desenvolvimento humano no local de origem, como direitos inalienáveis de todas as pessoas;

XXI – promoção do reconhecimento acadêmico e do exercício profissional no Brasil, nos termos da lei; e

XXII – repúdio a práticas de expulsão ou de deportação coletivas.

Art. 4º Ao migrante é garantida no território nacional, em condição de igualdade com os nacionais, a inviolabilidade do direito à vida, à liberdade, à igualdade, à segurança e à propriedade, bem como são assegurados:

I – direitos e liberdades civis, sociais, culturais e econômicos;

II – direito à liberdade de circulação em território nacional;

III – direito à reunião familiar do migrante com seu cônjuge ou companheiro e seus filhos, familiares e dependentes;

IV – medidas de proteção a vítimas e testemunhas de crimes e de violações de direitos;

V – direito de transferir recursos decorrentes de sua renda e economias pessoais a outro país, observada a legislação aplicável;

VI – direito de reunião para fins pacíficos;

VII – direito de associação, inclusive sindical, para fins lícitos;

VIII – acesso a serviços públicos de saúde e de assistência social e à previdência social, nos termos da lei, sem discriminação em razão da nacionalidade e da condição migratória;

IX – amplo acesso à justiça e à assistência jurídica integral gratuita aos que comprovarem insuficiência de recursos;

X – direito à educação pública, vedada a discriminação em razão da nacionalidade e da condição migratória;

XI – garantia de cumprimento de obrigações legais e contratuais trabalhistas e de aplicação das normas de proteção ao trabalhador, sem discriminação em razão da nacionalidade e da condição migratória;

XII – isenção das taxas de que trata esta Lei, mediante declaração de hipossuficiência econômica, na forma de regulamento;

XIII – direito de acesso à informação e garantia de confidencialidade quanto aos dados pessoais do migrante, nos termos da Lei n. 12.527, de 18 de novembro de 2011;

XIV – direito a abertura de conta bancária;

XV – direito de sair, de permanecer e de reingressar em território nacional, mesmo enquanto pendente pedido de autorização de residência, de prorrogação de estada ou de transformação de visto em autorização de residência; e

XVI – direito do imigrante de ser informado sobre as garantias que lhe são asseguradas para fins de regularização migratória.

§ 1º Os direitos e as garantias previstos nesta Lei serão exercidos em observância ao disposto na Constituição Federal, independentemente da situação migratória, observado o disposto no § 4º deste artigo, e não excluem outros decorrentes de tratado de que o Brasil seja parte.

A seguir, colacionamos alguns pontos da legislação, de relevo para futuro aprofundamento:

• Arts. 6º ao 18 – dos Vistos e modalidades de vistos:

I – O **visto de visita** (art. 13) poderá ser concedido ao visitante que venha ao Brasil para estada de curta duração, sem intenção de estabelecer residência, nos casos de: turismo; negócios; trânsito; atividades artísticas ou desportivas; e outras hipóteses definidas em regulamento. Deve ser observada a vedação de que o beneficiário de visto de visita exerça atividade remunerada no Brasil;

II – O **visto temporário** (art. 14) poderá ser concedido ao imigrante que venha ao Brasil com o intuito de estabelecer residência por tempo determinado e que se enquadre em pelo menos uma das seguintes hipóteses: i) **o visto temporário tenha como finalidade**: a) pesquisa, ensino ou extensão acadêmica; b) tratamento de saúde; c) acolhida humanitária; d) estudo; e) trabalho; f) férias-trabalho; g) prática de atividade religiosa ou serviço voluntário; h) realização de investimento ou de atividade com relevância econômica, social, científica, tecnológica ou cultural; i) reunião familiar; j) atividades artísticas ou desportivas com contrato por prazo determinado; ii) **o imigrante seja beneficiário de tratado em matéria de vistos; iii) outras hipóteses definidas em regulamento**;

    III – Visto diplomático;

    IV – Visto oficial;

    V – Visto de cortesia.

Os **vistos diplomático, oficial e de cortesia** (Art. 15) serão concedidos, prorrogados ou dispensados na forma da Lei n. 13.445/2017 e de regulamento.

Os vistos diplomático e oficial (Art. 16) poderão ser concedidos a autoridades e funcionários estrangeiros que viajem ao Brasil em missão oficial de caráter transitório ou permanente, representando Estado estrangeiro ou organismo internacional reconhecido. **Importante ressaltar que o disposto na legislação trabalhista brasileira não se aplica ao titular dos vistos diplomático e oficial** (Art. 16, § 1º), bem como os vistos diplomático e oficial poderão ser estendidos aos dependentes das autoridades e funcionários estrangeiros (Art. 16, § 2º).

Devemos observar que os vistos diplomático e oficial poderão ser transformados em autorização de residência, o que importará cessação de todas as prerrogativas, privilégios e imunidades decorrentes do respectivo visto.

A remuneração do titular de visto diplomático ou oficial (Art. 17) dar-se-á por Estado estrangeiro ou organismo internacional, ressalvado o disposto em tratado que contenha cláusula específica sobre o assunto. Contudo, **o dependente de titular de visto diplomático ou oficial poderá exercer atividade remunerada no Brasil, sob o amparo da legislação trabalhista brasileira, desde que seja nacional de país que assegure reciprocidade de tratamento ao nacional brasileiro, por comunicação diplomática** (Art. 17, Parágrafo único).

No tocante ao visto de cortesia é de se observar que **o empregado particular titular de visto de cortesia** somente poderá exercer atividade remunerada para o titular de visto diplomático, oficial ou de cortesia ao qual esteja vinculado, **sob o amparo da legislação trabalhista brasileira** (Art. 18).

● Art. 26 – traz de forma inovadora seção acerca Da Proteção do Apátrida e da Redução da Apatridia. O dispositivo favorece o processo simplificado de naturalização tão logo seja reconhecida a situação de apatridia.

Durante a tramitação do processo de reconhecimento [14] da condição de apátrida incidem todas as garantias e mecanismos protetivos e de facilitação da inclusão social relativos à Convenção sobre o Estatuto dos Apátridas de 1954, promulgada pelo Decreto n. 4.246, de 22 de maio de 2002, à Convenção relativa ao Estatuto dos Refugiados, promulgada pelo Decreto n. 50.215, de 28 de janeiro de 1961, e à Lei n. 9.474, de 22 de julho de 1997 (§ 2º do art. 26).

- Arts. 46 a 62 – **Das Medidas de Retirada Compulsória** – traz de antemão a ressalva de que "a aplicação deste Capítulo observará o disposto na Lei n. 9.474, de 22 de julho de 1997, e nas disposições legais, tratados, instrumentos e mecanismos que tratem da proteção aos apátridas ou de outras situações humanitárias (art. 46)". Assim, observa as hipóteses de repatriação, deportação e expulsão.

Art. 49. A repatriação consiste em medida administrativa de devolução de pessoa em situação de impedimento ao país de procedência ou de nacionalidade.

---

[14] Compilamos duas Ementas de Acórdãos do Supremo Tribunal Federal demonstrando a relevância da observância dos requisitos da Lei de Migração, dos tratados internacionais sobre o tema que envolvam o país requerente e o Brasil, bem como o arcabouço constitucional, para além dos aspectos formais:
Decisão de Extradição Negada
Extradição. 2. Pedido de extradição formulado pelo Estado do Chile em face de cidadã chilena. 3. Fatos praticados antes de a extraditanda completar 18 (dezoito) anos. Ausência de preenchimento dos requisitos da dupla tipicidade e dupla punibilidade. Art. 27 do Código Penal. Art. 84, II, da Lei 13.445/2017. Art. 10 do Acordo de Extradição entre os Estados-partes do Mercosul. 4. Impossibilidade da extradição. 5. Extradição julgada improcedente.
(Ext 1636, Relator(a): GILMAR MENDES, Segunda Turma, julgado em 8-2-2021, PROCESSO ELETRÔNICO DJe-036 DIVULG 25-02-2021 PUBLIC 26-02-2021)
Decisão de Extradição Concedida
Ementa: EXTRADIÇÃO INSTRUTÓRIA E EXECUTÓRIA. GOVERNO DO URUGUAI. PEDIDO INSTRUÍDO COM OS DOCUMENTOS NECESSÁRIOS À SUA ANÁLISE. ATENDIMENTO AOS REQUISITOS DA LEI DE MIGRAÇÃO (LEI 13.445/2017) E DO ACORDO DE EXTRADIÇÃO ENTRE OS ESTADOS-PARTES DO MERCOSUL (DECRETO 4.975/2004.). POSSIBILIDADE DE ENTREGA DO SÚDITO ALIENÍGENA AO ESTADO REQUERENTE. IMPUTAÇÃO DOS DELITOS DE ROUBO, ASSOCIAÇÃO CRIMINOSA E ESTELIONATO. DUPLA TIPICIDADE CONFIGURADA E VERIFICAÇÃO DOS DEMAIS REQUISITOS AUTORIZADORES DA EXTRADIÇÃO. PEDIDO DEFERIDO, OBSERVADO O DISPOSTO NOS ARTS. 95 E 96 DA LEI 13.445/2017. 1. O presente pedido extradicional encontra respaldo na Carta da República, que, em seu artigo 5º, inciso LII, autoriza – como regra – a extradição de estrangeiros, condição suportada pelo extraditando, que é cidadão uruguaio. O requerimento veio instruído com os documentos necessários à sua análise, tendo sido observados os requisitos da Lei de Migração (Lei 13.445, de 24 de maio de 2017) e do Acordo de Extradição entre os Estados-Partes do Mercosul, de 30 de janeiro de 2004. 2. Os fatos delituosos imputados ao extraditando correspondem, no direito pátrio, aos crimes de roubo, associação criminosa e estelionato (arts. 157, *caput*, e §§ 1º e 2º; 288; e 171). Observou-se, assim, o requisito da dupla tipicidade, previsto no art. 82, II, da Lei 13.445/2017. Demais requisitos que autorizam a extradição, mostram-se igualmente preenchidos. 3. Pedido deferido, ficando condicionada a entrega (a) à decisão discricionária do Presidente da República; (b) à formalização, pelo Estado requerente, dos compromissos previstos no art. 96 da Lei 13.445/2017; e (c) à conclusão dos processos penais a que o extraditando eventualmente responde no Brasil ou ao cumprimento das respectivas penas, na forma do art. 95, *caput*, da Lei 13.445/2017.
(Ext 1597, Relator(a): ALEXANDRE DE MORAES, Primeira Turma, julgado em 29-11-2019, ACÓRDÃO ELETRÔNICO *DJe*-275 DIVULG 11-12-2019 PUBLIC 12-12-2019)

> Art. 50. A deportação é medida decorrente de procedimento administrativo que consiste na retirada compulsória de pessoa que se encontre em situação migratória irregular em território nacional.

> Art. 54. A expulsão consiste em medida administrativa de retirada compulsória de migrante ou visitante do território nacional, conjugada com o impedimento de reingresso por prazo determinado.

• Arts. 81 a 89 – **Das Medidas de Cooperação** – especial atenção ao tema da extradição e também à hipótese de transferência de pessoa condenada (arts. 103 a 105).

> Art. 81. A extradição é a medida de cooperação internacional entre o Estado brasileiro e outro Estado pela qual se concede ou solicita a entrega de pessoa sobre quem recaia condenação criminal definitiva ou para fins de instrução de processo penal em curso.
>
> § 1º A extradição será requerida por via diplomática ou pelas autoridades centrais designadas para esse fim.
>
> § 2º A extradição e sua rotina de comunicação serão realizadas pelo órgão competente do Poder Executivo em coordenação com as autoridades judiciárias e policiais competentes.

• Arts. 63 a 76 – Da Opção de Nacionalidade e Naturalização – inova a Lei de Migração ao adentrar em tema de natureza constitucional de especial manifestação de ordem soberana por parte do Estado brasileiro.

Nacionalidade
Art. 63. O filho de pai ou de mãe brasileiro nascido no exterior e que não tenha sido registrado em repartição consular poderá, a qualquer tempo, promover ação de opção de nacionalidade.
Parágrafo único. O órgão de registro deve informar periodicamente à autoridade competente os dados relativos à opção de nacionalidade, conforme regulamento.
Naturalização
Art. 64. A naturalização pode ser: I – ordinária (arts. 65 e 66);   II – extraordinária (art. 67);   III – especial (arts. 68 e 69); ou   IV – provisória (art. 70).

capítulo 7

ORGANISMOS INTERNACIONAIS

7.1 INTRODUÇÃO

A ampliação do rol de sujeitos reconhecidamente internacionais é fenômeno recente, apenas no século XX teremos a criação de organizações verdadeiramente vocacionadas ao concerto mundial. Exemplo luminar foi a formação da Organização Internacional do Trabalho – OIT[1], em 1919, pelo Tratado de Versalhes; o tratado constitutivo sofreu sucessivas emendas em 1922, 1934 e 1945; finalmente, seu texto foi revisto na 29ª Conferência Internacional do Trabalho, em Montreal, no ano de 1946, mantendo como anexo a Declaração de Filadélfia (1944). Da leitura do preâmbulo[2] do tratado constitutivo se depreende o escopo de paz universal e duradoura, assentada sobre a justiça social; em outros termos, é reconhecida pelos Estados, mem-

---

[1] O Brasil é membro da OIT e ratificou o instrumento de emenda da Constituição da OIT em 13-4-1948, por meio do Decreto n. 25.696, de 20-10-1948.

[2] Trecho do preâmbulo da Constituição da Organização Internacional do Trabalho: "*Considerando que existem condições de trabalho que implicam para grande número de indivíduos, miséria e privações, e que o descontentamento que daí decorre põe em perigo a paz e a harmonia universais, e considerando que é urgente melhorar essas condições no que se refere, por exemplo, à regulamentação das horas de trabalho, à fixação de uma duração máxima do dia e da semana de trabalho, ao recrutamento da mão-de-obra, à luta contra o desemprego, à garantia de um salário que assegure condições de existência convenientes, à proteção dos trabalhadores contra as moléstias graves ou profissionais e os acidentes do trabalho, à proteção das crianças, dos adolescentes e das mulheres, às pensões de velhice e de invalidez, à defesa dos interesses dos trabalhadores empregados no estrangeiro, à afirmação do princípio 'para igual trabalho, mesmo salário', à afirmação do princípio de liberdade sindical, à organização do ensino profissional a técnico, e outras medidas análogas; [...]*".

bros da sociedade internacional, a premência de normatização de temas universais, temas que extrapolam a ordem jurídica estatal, especificamente as condições e o regime de trabalho.

Nas frequentes definições de organização internacional, são perceptíveis dois elementos: i) primeiro, é o elemento da permanência verificável no uso do vocábulo *organização*, demonstrando o intuito de estabilidade; e ii) o outro elemento é a *internacionalidade* também observada nos textos constitutivos das organizações por força da opção dos Estados-membros. Da junção desses elementos, resulta o grande diferencial das organizações internacionais, qual seja: sua *autonomia* em relação aos Estados partícipes, inclusive, vários textos internacionais atestam a independência das organizações[3].

Qualquer organização internacional terá como elemento material o agrupamento de Estado e, eventualmente, de outros sujeitos de Direito Internacional; e, como elemento formal, a personalidade jurídica internacional conferida pelo tratado--instituição, isto é, o tratado que criou o organismo internacional.

As organizações internacionais podem ser analisadas como:

a) Agrupamento de sujeitos de Direito Internacional;
b) Criadas, ordinariamente, por tratado;
c) Para a prossecução de determinados fins internacionalmente relevantes;
d) Com duração mais ou menos longa;
e) Com órgãos próprios (distintos dos órgãos dos Estados);
f) Dotados de personalidade internacional;
g) E com capacidade correspondente aos seus fins.

Vale considerar os aportes de HERZ e HOFFMAN[4] no sentido do papel das Organizações Internacionais em prol da governança global:

> A rede de organizações internacionais faz parte de um conjunto maior de instituições que garantem uma certa medida de governança global. 2 Normas, regras, leis, procedimentos para a resolução de disputas, ajuda humanitária, a utilização de força militar, programas de assistência ao desenvolvimento, mecanismos para coletar informações são algumas das práticas que produzem a governança global.

> O caráter permanente das Organizações Intergovernamentais Internacionais (OIGs) as diferencia de outras formas de cooperação internacional com um nível mais baixo de institucionalização. As organizações internacionais são constituídas por aparatos burocráticos, têm orçamentos e estão alojadas em

---

[3]   Carla Noura Teixeira. *Direito Internacional para o Século XXI*, p. 63-65.
[4]   Mônica Herz; Andrea Ribeiro Hoffman. *Organizações Internacionais*: história e práticas. Rio de Janeiro: Elsevier, 2004, p. 15.

prédios. As OIGs empregam servidores públicos internacionais, mas devemos salientar que outros atores fazem parte do vasto conjunto envolvido no processo de governança global, como grupos de especialistas, redes globais envolvendo indivíduos, agências governamentais, corporações e associações profissionais.

O relatório da Comissão sobre Governança Global, publicado em 1996, definiu governança como "a totalidade das diversas maneiras pelas quais os indivíduos, as instituições, públicas e privadas, administram seus problemas comuns". Essa definição aponta claramente que a governança, entendida como os meios e processos pelos quais uma organização ou sociedade se dirigem, é construída simultaneamente pelo Estado e pelos atores não governamentais. O conceito se distingue da ideia de governo já que as medidas em pauta não são garantidas por uma autoridade formal. Trata-se assim de um conceito mais amplo, que envolve a cooperação, regras e normas que permitem a resolução de problemas em diversas áreas de convivência. É nesse ínterim que exsurge a relevância das Organizações Internacionais.

7.2 ORGANIZAÇÃO DAS NAÇÕES UNIDAS (ONU)

Todo o arcabouço contextual pós-1945 contribuiu para que novos sujeitos ingressassem de forma ativa e em definitivo no cenário internacional. Em primeiro plano, os organismos internacionais surgiram como um novo e atuante foro de debates de matérias de alcance internacional.

A criação das Nações Unidas e sua estrutura formada por agências especializadas vêm inaugurar uma nova dinâmica na ordem internacional, direcionando condutas fundadas em pontos basilares como a manutenção da paz e segurança internacional; o desenvolvimento de relações amistosas entre os Estados; o alcance da cooperação internacional no plano econômico, social e cultural; o alcance de um padrão internacional de saúde; a proteção ao meio ambiente; a criação de uma nova ordem econômica internacional e a proteção internacional dos direitos humanos[5].

A Organização das Nações Unidas nasceu oficialmente em 24 de outubro de 1945, quando 51 Estados-membros ratificaram a sua Carta. A sede das Nações Unidas está localizada em Nova Iorque, nos Estados Unidos, e, na Europa, fica em Genebra, na Suíça. A ONU possui escritórios em outras cidades espalhadas pela Terra.

No ano de 2022 a ONU conta com 193 Estados-membros. A Carta da ONU é o tratado que institui a organização internacional. Os objetivos da criação da ONU estão descritos no artigo 1º e os princípios que norteiam as condutas das Nações Unidas, no artigo 2º.

---

[5]   Flávia Piovesan. *Direitos Humanos e o Direito Constitucional Internacional*, p. 139-140.

7.2.1 Estrutura organizacional[6]

As Nações Unidas foram organizadas em diversos órgãos. Os principais são: a Assembleia Geral, o Conselho de Segurança, a Corte Internacional de Justiça, o Conselho Econômico e Social e o Conselho de Tutela e o Secretariado, em consonância ao art. 7º da Carta da ONU.

a) **Assembleia Geral**: é composta por todos os Estados-membros da ONU. Cada membro da Assembleia Geral tem direito a um voto (artigo 18 da Carta da ONU).

A Assembleia Geral é o principal órgão deliberativo, formulador de políticas e representativo da ONU. Todos os 193 Estados-membros da ONU estão representados na Assembleia Geral, tornando-a o único órgão da ONU com representação universal. Todos os anos, em setembro, todos os membros da ONU se reúnem no Salão da Assembleia Geral em Nova York para a sessão anual da Assembleia Geral e debate geral, ao qual muitos chefes de estado comparecem e discursam. As decisões sobre questões importantes, como paz e segurança, admissão de novos membros e questões orçamentárias, requerem uma maioria de dois terços da Assembleia Geral. As decisões sobre outras questões são tomadas por maioria simples. A Assembleia Geral, todos os anos, elege um Presidente da AG para cumprir um mandato de um ano.

b) **Conselho de Segurança**: é formado por quinze membros, sendo cinco Estados-membros permanentes e a Assembleia Geral elege os outros dez membros por períodos de dois anos.

---

6   Dados extraídos do sítio https://www.un.org/en/about-us.

Os cinco membros permanentes são a China, os Estados Unidos, a Rússia, a França e o Reino Unido da Grã-Bretanha. O Conselho de Segurança tem como principal função assegurar pronta e eficaz ação das Nações Unidas na manutenção da paz e da segurança internacionais.

Importante observar o conteúdo do artigo 27 da Carta da ONU, que determina o sistema de votação do Conselho de Segurança. Cada membro do Conselho de Segurança terá um voto, as decisões em questões processuais serão tomadas pelo voto afirmativo de nove membros; porém, as decisões do Conselho de Segurança sobre quaisquer outros assuntos serão tomadas pelo voto afirmativo de nove membros, inclusive os votos afirmativos de todos os membros permanentes.

Essa regra exige a unanimidade dos cinco membros permanentes para as decisões consideradas de maior vulto, sendo denominada de *poder de veto*; de outro modo, se um membro permanente não apoiar uma decisão, poderá emitir um voto negativo; ou ainda, caso não queira bloquear nem tampouco apoiar a decisão, poderá se abster de votar.

O Artigo 29 da Carta das Nações Unidas determina que o Conselho de Segurança pode estabelecer órgãos subsidiários conforme necessário para o desempenho de suas funções. Isso também se reflete na Regra 28 das Regras de Procedimento Provisórias do Conselho.

Todos os comitês e grupos de trabalho existentes são compostos pelos quinze membros do Conselho. Como se depreende dos Comitês abaixo:

• *Comitê Antiterrorista*

Orientado pelas Resoluções 1373 (2001) e 1624 (2005) do Conselho de Segurança, o CTC trabalha para reforçar a capacidade dos Estados-membros das Nações Unidas de prevenir atos terroristas dentro de suas fronteiras e entre regiões. Foi criado após os ataques terroristas de 11 de setembro nos Estados Unidos.

• *Comitê de Não Proliferação*

Em 28 de abril de 2004, o Conselho de Segurança das Nações Unidas adotou por unanimidade a Resolução 1540 (2004) sob o Capítulo VII da Carta das Nações Unidas, que afirma que a proliferação de armas nucleares, químicas e biológicas e seus meios de lançamento constituem uma ameaça à paz e segurança internacionais.

• *Comitê do Estado-Maior Militar*

O Comitê do Estado-Maior Militar ajuda a planejar as medidas militares da ONU e regulamentar os armamentos.

• *Comitês de Sanções*

A utilização de sanções obrigatórias destina-se a exercer pressão sobre um Estado ou entidade para que cumpra os objetivos fixados pelo Conselho de Segurança sem recorrer ao uso da força. As sanções, portanto, oferecem ao Conselho de Segurança um importante instrumento para fazer cumprir suas decisões. O caráter universal das Nações Unidas a torna um órgão especialmente apropriado para estabelecer e monitorar tais medidas.

- *Comitês Permanentes e Órgãos* Ad Hoc

Os Comitês Permanentes são abertos e geralmente foram estabelecidos para tratar de certas questões processuais, como a admissão de novos membros. Comitês *ad hoc* são estabelecidos por tempo limitado e para tratar de um assunto específico.

Por seu turno, as comissões permanentes são presididas pelo Presidente do Conselho, rotativamente mensalmente, outras comissões e grupos de trabalho são presididos ou co-presididos por membros designados do Conselho que são anunciados anualmente por Nota do Presidente do Conselho Conselho de Segurança.

O mandato dos órgãos subsidiários, sejam eles comitês ou grupos de trabalho, pode abranger desde questões processuais (por exemplo, documentação e procedimentos, reuniões fora do quartel-general) até questões substantivas (por exemplo, regimes de sanções, contraterrorismo, operações de manutenção da paz).

O Tribunal Penal Internacional para a ex-Jugoslávia (ICTY) e o Tribunal Penal Internacional para o Ruanda (ICTR) são órgãos subsidiários do Conselho de Segurança nos termos do artigo 29º da Carta. Como tal, dependem da ONU em questões administrativas e financeiras, embora, como instituições judiciais, sejam independentes de qualquer Estado ou grupo de Estados, incluindo seu órgão-mãe, o Conselho de Segurança.

c) **Conselho Econômico e Social**: é composto por 54 membros eleitos pela Assembleia Geral por período de três anos.

Dentre as principais funções do Conselho consta a elaboração de estudos e relatórios a respeito de assuntos internacionais de caráter econômico, social, cultural, educacional, sanitário e conexos, e poderá fazer recomendações a respeito de tais assuntos à Assembleia Geral aos membros das Nações Unidas e às entidades especializadas interessadas.

É o principal órgão de coordenação, revisão de políticas, diálogo sobre políticas e recomendações sobre questões econômicas, sociais e ambientais, bem como a implementação de metas de desenvolvimento acordadas internacionalmente. Serve como mecanismo central para as atividades do sistema ONU e suas **agências especializadas nas áreas econômica, social e ambiental, supervisionando órgãos subsidiários e especializados**[7]. É a plataforma central das Nações Unidas para reflexão, debate e pensamento inovador sobre o desenvolvimento sustentável.

---

[7]   Indicamos a consulta ao *site* https://www.un.org/en/about-us/un-system em que é apresentado o Sistema ONU. A Organização das Nações Unidas faz parte do sistema ONU, que, além da própria ONU, compreende diversos fundos, programas e agências especializadas, cada uma com sua própria área de atuação, liderança e orçamento. Os programas e fundos são financiados por meio de contribuições voluntárias e não fixas.

• **Fundos e Programas:**

– O Programa das Nações Unidas para o Desenvolvimento (PNUD), com sede na cidade de Nova York (EUA) trabalha em cerca de 170 países e territórios ajudando a erradicar a pobreza, reduzir as desigualdades e construir resiliência para que os países possam sustentar o progresso.

– O Programa das Nações Unidas para o Meio Ambiente (PNUMA), com sede em Nairóbi (Quênia) estabelecido em 1972, é a voz do meio ambiente dentro do sistema das Nações Unidas. O PNUMA atua como catalisador, defensor, educador e facilitador para promover o uso racional e o desenvolvimento sustentável do meio ambiente global.

– O Fundo de População das Nações Unidas (UNFPA), com sede na cidade de Nova York (EUA), é a principal agência da ONU para criar um mundo onde toda gravidez é desejada, todo nascimento é seguro e o potencial de todo jovem é realizado.

– O Programa das Nações Unidas para Assentamentos Humanos (UN-HABITAT), com sede em Nairóbi (Quênia), tem como missão promover o desenvolvimento social e ambientalmente sustentável dos assentamentos humanos e a obtenção de moradia adequada para todos.

– O Fundo das Nações Unidas para a Infância (UNICEF), com sede na cidade de Nova York (EUA), trabalha em 190 países e territórios para salvar a vida de crianças, defender seus direitos e ajudá-las a realizar seu potencial, desde a primeira infância até a adolescência.

– O Programa Mundial de Alimentos, com sede em Roma (Itália) visa erradicar a fome e a desnutrição. A maior agência humanitária do mundo, o WFP ajuda quase 100 milhões de pessoas em aproximadamente 88 países com assistência todos os anos por meio de alimentos ou distribuições em dinheiro e muito mais. O Programa Mundial de Alimentos recebeu o Prêmio Nobel da Paz em 2020.

• **Agências Especializadas da ONU:**

Devemos atentar que "As agências especializadas da ONU são organizações internacionais autônomas que trabalham com as Nações Unidas. Todos foram colocados em relacionamento com a ONU por meio de acordos negociados. Alguns existiam antes da Primeira Guerra Mundial. Alguns estavam associados à Liga das Nações. Outros foram criados quase simultaneamente com a ONU. Outros foram criados pela ONU para atender a necessidades emergentes".

– FAO – com sede em Roma (Itália), a Organização para Alimentação e Agricultura lidera os esforços internacionais para combater a fome. É um fórum para

---

As agências especializadas são organizações internacionais independentes financiadas por contribuições voluntárias e fixas. A ONU coordena seu trabalho com essas entidades separadas do sistema ONU, que cooperam com a Organização para ajudá-la a atingir seus objetivos.

negociar acordos entre países desenvolvidos e em desenvolvimento e uma fonte de conhecimento técnico e informações para ajudar no desenvolvimento.

– ICAO – com sede em Montreal (Canadá), a Organização Internacional de Aviação Civil desenvolve padrões para o transporte aéreo global e auxilia seus 192 Estados-Membros a compartilhar os céus do mundo para seu benefício socioeconômico.

– IFAD – com sede em Roma (Itália), o Fundo Internacional para o Desenvolvimento Agrícola, desde que foi criado em 1977, concentrou-se exclusivamente na redução da pobreza rural, trabalhando com populações rurais pobres em países em desenvolvimento para eliminar a pobreza, a fome e a desnutrição; aumentar sua produtividade e renda; e melhorar a qualidade de suas vidas.

– OIT – com sede em Genebra (Suíça), a Organização Internacional do Trabalho promove os direitos trabalhistas internacionais formulando padrões internacionais sobre a liberdade de associação, negociação coletiva, abolição do trabalho forçado e igualdade de oportunidades e tratamento.

– FMI, com sede em Washington, DC (EUA), o Fundo Monetário Internacional promove o crescimento econômico e o emprego, fornecendo assistência financeira temporária aos países para ajudar a facilitar o ajuste do balanço de pagamentos e assistência técnica. O FMI tem – no ano de 2022 – US$ 28 bilhões em empréstimos pendentes para 74 nações.

– IMO – com sede em Londres (Reino Unido), a Organização Marítima Internacional criou uma estrutura regulatória de navegação abrangente, abordando questões de segurança e meio ambiente, questões legais, cooperação técnica, segurança e eficiência.

– UIT – com sede em Genebra (Suíça), a União Internacional de Telecomunicações é a agência especializada das Nações Unidas para tecnologias de informação e comunicação. Tem o compromisso de conectar todas as pessoas do mundo – onde quer que morem e sejam quais forem seus meios. Através do seu trabalho, protege e apoia o direito fundamental de todos de se comunicar.

– UNESCO – com sede em Paris (França), a Organização das Nações Unidas para a Educação, Ciência e Cultura concentra-se em tudo, desde o treinamento de professores para ajudar a melhorar a educação em todo o mundo até proteger importantes locais históricos e culturais em todo o mundo.

– UNIDO – com sede em Viena (Áustria), a Organização das Nações Unidas para o Desenvolvimento Industrial é a agência especializada das Nações Unidas que promove o desenvolvimento industrial para a redução da pobreza, globalização.

– OMT – com sede em Madri (Espanha), a Organização Mundial do Turismo é a agência das Nações Unidas responsável pela promoção do turismo responsável, sustentável e universalmente acessível.

– UPU – com sede em Berna (Suíça), a União Postal Universal é o principal fórum de cooperação entre os agentes do setor postal. Ajuda a garantir uma rede verdadeiramente universal de produtos e serviços atualizados.

- OMS (WHO) – com sede na Genebra (Suíça), a Organização Mundial da Saúde é a autoridade diretora e coordenadora da saúde internacional dentro do sistema das Nações Unidas. O objetivo da OMS é a obtenção por todos os povos do mais alto nível possível de saúde. A saúde, conforme definida na Constituição da OMS, é um estado de completo bem-estar físico, mental e social e não apenas a ausência de doença ou enfermidade.
- OMPI – com sede em Genebra (Suíça), a Organização Mundial da Propriedade Intelectual protege a propriedade intelectual em todo o mundo por meio de 23 tratados internacionais.
- OMM – com sede Genebra (Suíça), a Organização Meteorológica Mundial facilita o livre intercâmbio internacional de dados e informações meteorológicas e a promoção de seu uso na aviação, navegação, segurança e agricultura, entre outras coisas.
- Banco Mundial – com sede em Washington, DC (EUA), o Banco Mundial se concentra na redução da pobreza e na melhoria dos padrões de vida em todo o mundo, fornecendo empréstimos a juros baixos, crédito sem juros e doações a países em desenvolvimento para educação, saúde, infraestrutura e comunicações, entre outras coisas. O Banco Mundial trabalha em mais de 100 países.
  - Banco Internacional para Reconstrução e Desenvolvimento (BIRD)
  - Centro Internacional para Resolução de Disputas sobre Investimentos (ICSID)*
  - Associação Internacional de Desenvolvimento (IDA)
  - Corporação Financeira Internacional (IFC)
  - Agência Multilateral de Garantia de Investimentos (MIGA)*
    * O Centro Internacional para Resolução de Disputas sobre Investimentos (ICSID) e a Agência Multilateral de Garantia de Investimentos (MIGA) não são agências especializadas de acordo com os Artigos 57 e 63 da Carta, mas fazem parte do Grupo do Banco Mundial[8].

d) **Conselho de Tutela**: cuida do sistema internacional de tutela para a administração e fiscalização dos territórios que possam ser colocados sob tal sistema em consequência de futuros acordos individuais; tem como objetivos básicos: favorecer a paz e a segurança internacionais; fomentar o progresso político, econômico, social e educacional dos habitantes dos territórios tutelados; estimular o respeito aos direitos humanos; e, assegurar igualdade de tratamento nos domínios social, econômico e comercial.

O Conselho será composto por membros que administrem territórios, os cinco membros permanentes do Conselho de Segurança que não estiverem administrando território tutelado e quantos outros membros necessários, eleitos por um período de três anos pela Assembleia Geral.

O Conselho de Tutela suspendeu suas operações em 1º de novembro de 1994, um mês após a independência de Palau, o último território sob tutela das Nações Unidas.

---

8   Informações retiradas de https://www.un.org/en/about-us/un-system.

Por uma resolução adotada em 25 de maio de 1994, o Conselho alterou seu regulamento interno para eliminar a obrigação de se reunir anualmente e concordou em se reunir sempre que necessário – por sua decisão ou por decisão de seu Presidente, ou a pedido da maioria dos seus membros da Assembleia Geral ou do Conselho de Segurança.

e) **Secretariado**: o Secretariado será composto por um Secretário-Geral e do pessoal exigido pela Organização. O Secretário é o principal funcionário administrativo da Organização, indicado pela Assembleia Geral mediante a recomendação do Conselho de Segurança.

O Secretariado compreende o Secretário-Geral e dezenas de milhares de funcionários internacionais da ONU que realizam o trabalho diário da ONU conforme mandato da Assembleia Geral e outros órgãos principais da Organização. O Secretário--Geral é o Diretor Administrativo da Organização, nomeado pela Assembleia Geral por recomendação do Conselho de Segurança para um mandato renovável de cinco anos. O Secretário-Geral também é um símbolo dos ideais da Organização e um defensor de todos os povos do mundo, especialmente os pobres e vulneráveis. Os funcionários da ONU são recrutados internacional e localmente e trabalham em postos de serviço e em missões de manutenção da paz em todo o mundo.

f) **Corte Internacional de Justiça**: é o braço jurisdicional da ONU. É composto por 15 membros, eleitos pela Assembleia Geral e pelo Conselho de Segurança. Os juízes cumprem mandato de nove anos.

Todos os membros das Nações Unidas são parte do Estatuto da Corte Internacional de Justiça (tratado internacional que estrutura a Corte Internacional de Justiça). Um Estado que não for membro das Nações Unidas poderá tornar-se parte no Estatuto da Corte Internacional de Justiça, desde que cumpridas as condições da Assembleia Geral e tenha recomendação do Conselho de Segurança.

A atuação da Corte é mista, observa funções consultiva e jurisdicional. O artigo 96 da Carta estabelece que a Assembleia Geral ou o Conselho de Segurança poderá solicitar parecer consultivo da Corte sobre qualquer questão jurídica.

Ponto de destaque na recente estruturação dos trabalhos desenvolvidos pela Organização das Nações Unidas foi a formação do Conselho de Direitos Humanos das Nações Unidas (*United Nations Human Rights Council* – UNHRC) como sucessor da Comissão das Nações Unidas para os Direitos Humanos (*United Nations Commission on Human Rights* – UNCHR).

Atua como parte do corpo de apoio à Assembleia Geral das Nações Unidas. O Conselho é baseado em Genebra e sua principal finalidade é aconselhar a Assembleia Geral sobre situações em que os direitos humanos são violados. À Assembleia Geral, por sua vez, compete fazer recomendações ao Conselho de Segurança.

7.3 ORGANIZAÇÃO INTERNACIONAL DO TRABALHO (OIT)

A Organização Internacional do Trabalho foi criada pelo Tratado de Paz de Versalhes em 1919. Em princípio, a OIT era constituída por 29 Estados-membros fundadores e mais 13 aderentes. Hoje tem um alcance, em média, de mais de 140 países partes. De forma inconteste, a OIT é o órgão máximo do Direito Internacional do Trabalho.

A estrutura da OIT é de basicamente três órgãos:

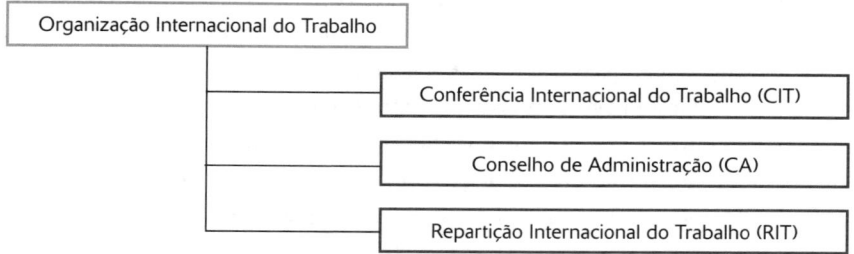

a) **Conferência Internacional do Trabalho (CIT)**: órgão máximo da OIT tem competência para elaborar as normas regulamentadoras do Direito Internacional do Trabalho por meio de dois atos: convenções e recomendações. Função predominantemente normativa. Cada Estado-membro da OIT é representado por um agente do governo, outro dos empregados e outros dos empregadores.

• **Convenções**: são tratados internacionais multilaterais promovidos pela OIT. Somente após a ratificação internacional e posterior incorporação do tratado, em consonância às normas descritas na ordem jurídica interna dos Estados signatários, a OIT poderá exigir o cumprimento de suas normas.

• **Recomendações**: não são tratados, logo não se coadunam ao procedimento de incorporação dos tratados para que iniciem seus efeitos. A recomendação tem o condão de decisão de organismo internacional, contudo as recomendações oriundas da OIT apenas sugerem aos Estados-membros a adoção de medidas positivas ou negativas no cenário do direito do trabalho, acatar ou não o conteúdo das recomendações dependerá de um juízo de conveniência dos Estados-membros.

b) **Conselho de Administração (CA)**: administra e organiza as reuniões inclusive da CIT. É constituído por 28 representantes de governo, 14 de empregados e 14 de empregadores.

c) **Repartição Internacional do Trabalho (RIT)**: é a secretaria técnico-administrativa da OIT.

7.4 ORGANIZAÇÃO MUNDIAL DO COMÉRCIO (OMC)[9]

A Organização Mundial do Comércio foi criada em janeiro de 1995 como resultado das negociações da Rodada do Uruguai (1986-1993) do GATT (Acordo Geral sobre Tarifas e Comércio).

A OMC se baseia em princípios de comércio internacional desenvolvidos ao longo dos anos e consolidados em acordos comerciais estabelecidos em oito rodadas de negociações multilaterais no âmbito do GATT.

---

[9]   Dados extraídos da obra de Ligia Maura Costa, *Manual Prático da Rodada Uruguai OMC*.

As principais funções da OMC são:

1) Facilitar a implementação, administração e operação do Acordo constitutivo da OMC e dos Acordos Comerciais Multilaterais e Plurilaterais;

2) Tornar-se foro para negociações referentes a todos os assuntos de seus vários Anexos, como também foro de negociação entre seus membros em outras áreas;

3) Administrar o entendimento sobre solução de controvérsia (regras e procedimentos que regulamentam as resoluções de disputas e de controvérsias);

4) Administrar o mecanismo de exame das políticas comerciais;

5) Cooperar com o Fundo Monetário Internacional (FMI) e com o Banco Internacional de Reconstrução e Desenvolvimento (BIRD) para alcançar coerência na determinação de políticas econômicas globais;

6) Fornecer assistência técnica e cursos de formação para os países em desenvolvimento e promover a cooperação com outras organizações internacionais.

Basicamente, a OMC apresenta a seguinte estrutura:

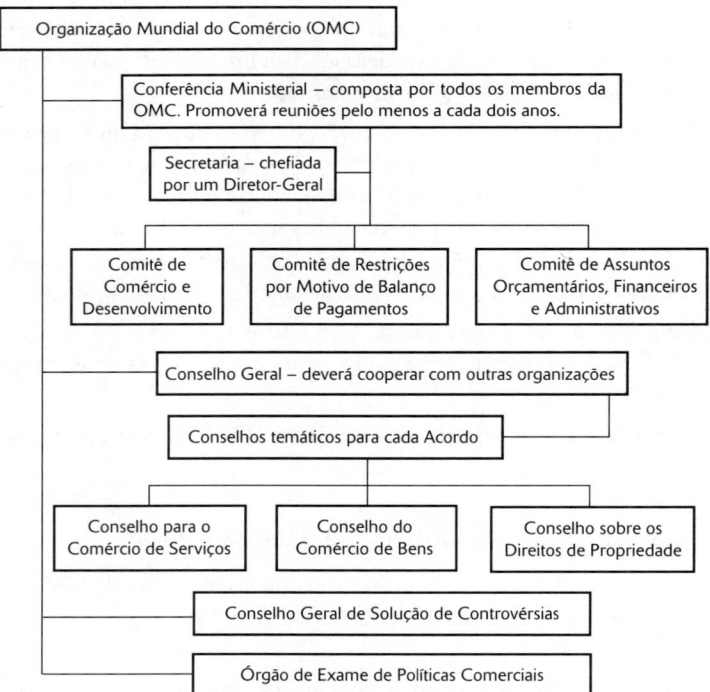

7.5. ORGANIZAÇÃO MUNDIAL DA SAÚDE (OMS)

O Decreto n. 26.042, de 17 de dezembro de 1948, promulgou os Atos firmados em Nova York a 22 de julho de 1946, por ocasião da Conferência Internacional de Saúde, sendo depositado no Secretariado da Organização das Nações Unidas, a 1º de junho de 1948, o instrumento brasileiro de ratificação, determinantes da Constituição da Organização Mundial da Saúde (OMS). O objetivo da OMS (Art. 1º) será a aquisição, por todos os povos, do nível de saúde mais elevado que for possível.

O tratado constitutivo da Organização Mundial da Saúde[10] firma no preâmbulo os princípios regentes da Organização, afirmando:

A saúde é um estado de completo bem-estar físico, mental e social, e não consiste apenas na ausência de doença ou de enfermidade.

Gozar do melhor estado de saúde que é possível atingir constitui um dos direitos fundamentais de todo o ser humano, sem distinção de raça, de religião, de credo político, de condição econômica ou social.

A saúde de todos os povos é essencial para conseguir a paz e a segurança e depende da mais estreita cooperação dos indivíduos e dos Estados.

Os resultados conseguidos por cada Estado na promoção e proteção da saúde são de valor para todos.

O desigual desenvolvimento em diferentes países no que respeita à promoção de saúde e combate às doenças, especialmente contagiosas, constitui um perigo comum.

O desenvolvimento saudável da criança é de importância basilar; a aptidão para viver harmoniosamente num meio variável é essencial a tal desenvolvimento.

A extensão a todos os povos dos benefícios dos conhecimentos médicos, psicológicos e afins é essencial para atingir o mais elevado grau de saúde.

Uma opinião pública esclarecida e uma cooperação ativa da parte do público são de uma importância capital para o melhoramento da saúde dos povos.

Os Governos têm responsabilidade pela saúde dos seus povos, a qual só pode ser assumida pelo estabelecimento de medidas sanitárias e sociais adequadas.

Para o alcance de seus objetivos a OMS apresenta a seguinte estrutura:

---

[10] "Art. 2º Para conseguir o seu objetivo, as funções da Organização serão:
a) Atuar como autoridade diretora e coordenadora dos trabalhos internacionais no domínio da saúde;
b) Estabelecer e manter colaboração efetiva com as Nações Unidas, organismos especializados, administrações sanitárias governamentais, grupos profissionais e outras organizações que se julgue apropriado;
c) Auxiliar os Governos, a seu pedido, a melhorar os serviços de saúde;

Artigo 9

O funcionamento da Organização é assegurado por:
a) A Assembleia Mundial da Saúde (daqui em diante denominada Assembleia da Saúde);
b) O Conselho Executivo (daqui em diante denominado Conselho);
c) O Secretariado.

Assembleia Mundial da Saúde **Artigo 10**	Conselho Executivo **Artigo 24**	Secretariado **Artigo 30**
A Assembleia da Saúde é composta por delegados representando os Estados-membros.	O Conselho será composto por dezoito pessoas indicadas por outros tantos Estados-membros. A Assembleia da Saúde, tendo em conta uma distribuição geográfica equitativa, elegerá os Estados-membros, com direito a indicar uma pessoa para fazer parte do Conselho. Cada um destes Estados-membros nomeará para o Conselho uma pessoa tecnicamente qualificada no domínio da saúde, que poderá ser acompanhada por substitutos e conselheiros.	O Secretariado compreenderá o diretor-geral e o pessoal técnico e administrativo de que a Organização necessite.

d) Fornecer a assistência técnica apropriada e, em caso de urgência, a ajuda necessária, a pedido dos Governos ou com o seu consentimento;

e) Prestar ou ajudar a prestar, a pedido das Nações Unidas, serviços sanitários e facilidades a grupos especiais, tais como populações de territórios sob tutela;

f) Estabelecer e manter os serviços administrativos e técnicos julgados necessários, compreendendo os serviços de epidemiologia e de estatística;

g) Estimular e aperfeiçoar os trabalhos para eliminar doenças epidémicas, endémicas e outras;

h) Promover, em cooperação com outros organismos especializados, quando for necessário, a prevenção de danos por acidente;

i) Promover, em cooperação com outros organismos especializados, quando for necessário, o melhoramento da alimentação, da habitação, do saneamento, do recreio, das condições económicas e de trabalho e de outros fatores de higiene do meio ambiente;

j) Promover a cooperação entre os grupos científicos e profissionais que contribuem para o progresso da saúde;

k) Propor convenções, acordos e regulamentos e fazer recomendações respeitantes a assuntos internacionais de saúde e desempenhar as funções que neles sejam atribuídas à Organização, quando compatíveis com os seus fins;

l) Promover a saúde e o bem-estar da mãe e da criança e favorecer a aptidão para viver harmoniosamente num meio variável;

m) Favorecer todas as atividades no campo da saúde mental, especialmente as que afetam a harmonia das relações humanas;

n) Promover e orientar a investigação no domínio da saúde;

o) Promover o melhoramento das normas de ensino e de formação prática do pessoal sanitário, médico e de profissões afins;

p) Estudar e relatar, em cooperação com outros organismos especializados, quando for necessário, as técnicas administrativas e sociais referentes à saúde pública e aos cuidados médicos sob os pontos de vista preventivo e curativo, incluindo os serviços hospitalares e a segurança social;

q) Fornecer informações, pareceres e assistência no domínio da saúde;

r) Ajudar a formar entre todos os povos uma opinião pública esclarecida sobre assuntos de saúde;

s) Estabelecer e rever, conforme for necessário, a nomenclatura internacional das doenças, das causas de morte e dos métodos de saúde pública;

t) Estabelecer normas para métodos de diagnóstico, conforme for necessário;

u) Desenvolver, estabelecer e promover normas internacionais com respeito aos alimentos, aos produtos biológicos, farmacêuticos e semelhantes;

v) Dum modo geral, tomar as medidas necessárias para alcançar os fins da Organização.

capítulo 8

INTEGRAÇÃO REGIONAL

8.1 INTRODUÇÃO

Faz-se importante uma breve referência às diversas formas das fases de integração isoladas pela doutrina, em ordem crescente, mas não necessariamente obrigatórias: zona de livre comércio, união aduaneira, mercado comum, mercado interno (mercado único), união econômica, união econômica e monetária e união política.

A zona de livre comércio foi a forma mais simples do processo de integração, dentro da qual foi estabelecida uma livre circulação de mercadorias, sem restrições quantitativas e sem direitos aduaneiros.

A característica peculiar era a inexistência de uma pauta comum sobre o comércio com países terceiros em relação ao mercado, o que originava problemas sobre o controle de tráfego dos produtos estrangeiros no interior do mercado, que entravam normalmente por intermédio dos países de pauta econômica mais favorável.

A união aduaneira foi a fase seguinte de avanço no processo de integração, na qual já existia a previsão de uma pauta aduaneira comum sobre comércio com outros países. Prosseguindo, os Estados alcançaram a forma de mercado comum, onde, além da circulação de produtos, existia a circulação dos fatores produtivos – pessoas, serviços e capitais –, o que implicou a necessidade da adoção de políticas comuns, a coordenação ou harmonização das legislações fiscais, societárias, trabalhistas etc.

Como definiu a Corte de Justiça Europeia, no Processo n. 15/81, em decisão de 5 de maio de 1982:

A noção de mercado comum visa à eliminação de todos os entraves intracomunitários com vistas à fusão dos mercados nacionais num mercado único que funcione em condições tão próximas quanto possível das de um verdadeiro mercado interno.

O mercado interno surgiu, assim, como a eliminação de fronteiras, barreiras físicas, técnicas e aduaneiras entre os Estados-membros, que ainda persistiam na etapa anterior, na formação de um espaço livre, como se fosse o mercado interno de um dos Estados-membros. A união econômica encontra-se prevista como um estágio aperfeiçoado desse mercado único, na qual as políticas econômicas, financeiras e monetárias dos Estados-membros devem ser conduzidas sob a autoridade comum.

Ulteriormente, ter-se-á a união econômica e monetária, que se caracterizará pela fixação dos câmbios com conversibilidade obrigatória e ilimitada das diferentes moedas nacionais, o que exigirá três elementos essenciais: moeda única, política monetária unificada e controle unitário sobre as reservas e taxas de câmbio.

Por fim, a sonhada união política (federativa, como nominam alguns comentaristas), sob a forma de Estados unidos. Evidentemente, esse foi, e está sendo, o modelo de processo de integração seguido pela União Europeia, e, por isso mesmo, nada impede que um bloco de Estados "queime" algumas dessas etapas e se projete para fases sucessivas, ou mesmo estabeleça etapas alternativas para o processo em tela[1].

8.2 UNIÃO EUROPEIA

8.2.1 Breve histórico

a) Período inicial

- Declaração Schuman
- Tratado CECA, 18-4-1951 (Paris)
- Tratado de Roma – CEE e CEEA ou EURATOM, 25-3-1957
- Unificação das instituições Europeias. Em 16-2-1978 foi adotada a denominação unívoca: "Comunidade Europeia".

A declaração, preparada por Jean Monet em 9 de maio de 1950 e proferida pelo ministro das Relações Exteriores francês, Robert Schuman, veio a assentar – o que foi reconhecido posteriormente – o primeiro passo europeu no processo integracionista.

A conhecida Declaração Schuman trouxe em seu conteúdo, dentre outros elementos, a proposta de "colocar o conjunto da produção franco-alemã do carvão e do

---

[1]   Dados extraídos da obra de Heleno Taveira Torres, *Pluritributação internacional sobre a renda das empresas*, p. 724-25.

aço sob o controle duma Alta Autoridade comum, numa organização aberta a todos os outros países da Europa", e ainda continha a assertiva de que "a Europa não se construirá de uma assentada, nem surgirá como um conjunto acabado; construir-se-á através de realizações concretas que criem, em primeiro lugar, uma solidariedade de facto"[2].

É conclusivo que a Declaração Schuman possuía objetivos políticos (obter a pacificação franco-alemã e criar uma federação europeia) e econômicos (a reconstrução da Europa a partir do setor siderúrgico).

Consolidando essa lógica, em 18 de abril de 1951 foi assinado em Paris o tratado que institui a Comunidade Europeia do Carvão e do Aço (CECA), o qual entrou em vigor em 25 de julho de 1952, possuindo como fundadores seis Estados: a França, a Alemanha, a Itália e os três países que compunham o Benelux – Bélgica, Países Baixos e Luxemburgo.

Estabelecia ainda o Tratado CECA, no bojo do artigo 7º, as instituições da Comunidade responsáveis pelo alcance dos objetivos relacionados[3]: uma Alta-Autoridade assistida por um Comitê Consultivo; uma Assembleia Comum; um Conselho Especial de Ministros e o Tribunal de Justiça.

O Tratado CECA descreve as atribuições das instituições comunitárias:

Art. 3º – As instituições da Comunidade devem, no âmbito das respectivas atribuições e no interesse comum:

a) velar pelo abastecimento regular no mercado comum, tendo em conta as necessidades de países terceiros;

b) garantir a todos os utilizadores do mercado comum, colocados em condições comparáveis, igual acesso às fontes de produção;

---

[2]   Dados extraídos da obra de Jorge de Jesus Ferreira Alves, *Lições de Direito Comunitário*, p. 25.

[3]   Tratado CECA: "Art. 3º – As instituições da Comunidade devem, no âmbito das respectivas atribuições e no interesse comum:
a) velar pelo abastecimento regular no mercado comum, tendo em conta as necessidades de países terceiros;
b) garantir a todos os utilizadores do mercado comum, colocados em condições comparáveis, igual acesso às fontes de produção;
c) velar pelo abastecimento dos mais baixos preços, em condições tais que não conduzam a qualquer aumento correlativo dos preços praticados pelas mesmas empresas noutras transações nem do nível geral dos preços noutro período, permitindo, ao mesmo tempo, as necessárias amortizações e proporcionando aos capitais investidos possibilidades normais de remuneração;
d) velar pela manutenção de condições que incentivem as empresas a desenvolver e a melhorar os seus potenciais de produção e a promover uma política de exploração racional dos recursos naturais, de forma a evitar o seu esgotamento imponderado;
e) promover, em cada uma das indústrias submetidas à sua jurisdição, a melhoria das condições de vida e de trabalho dos trabalhadores, de modo a permitir a sua igualação no progresso;
f) promover o desenvolvimento do comércio internacional e velar pelo respeito de limites equitativos nos preços praticados nos mercados externos;
g) promover a expansão regular e a modernização da produção, bem como a melhoria da qualidade, de modo a excluir quaisquer medidas de proteção relativamente a indústrias concorrentes que se não justifiquem por uma ação ilegítima levada a cabo por elas ou em seu favor".

c) velar pelo abastecimento dos mais baixos preços, em condições tais que não conduzam a qualquer aumento correlativo dos preços praticados pelas mesmas empresas noutras transações nem do nível geral dos preços noutro período, permitindo, ao mesmo tempo, as necessárias amortizações e proporcionando aos capitais investidos possibilidades normais de remuneração;

d) velar pela manutenção de condições que incentivem as empresas a desenvolver e a melhorar os seus potenciais de produção e a promover uma política de exploração racional dos recursos naturais, de forma a evitar o seu esgotamento imponderado;

e) promover, em cada uma das indústrias submetidas à sua jurisdição, a melhoria das condições de vida e de trabalho dos trabalhadores, de modo a permitir a sua igualização no progresso;

f) promover o desenvolvimento do comércio internacional e velar pelo respeito de limites equitativos nos preços praticados nos mercados externos;

g) promover a expansão regular e a modernização da produção, bem como a melhoria da qualidade, de modo a excluir quaisquer medidas de proteção relativamente a indústrias concorrentes que se não justifiquem por uma ação ilegítima levada a cabo por elas ou em seu favor".

Os mesmos seis países-membros da CECA, após reunião da Conferência dos Ministros dos Negócios Estrangeiros em Messina, na Sicília, em 1955, propiciaram a criação de duas novas organizações: a Comunidade Econômica Europeia (CEE) e a Comunidade Europeia de Energia Atômica (CEEA ou Euratom); os respectivos tratados foram assinados em Roma, em 25 de março de 1957, tendo entrado em vigor a partir de 1º de janeiro de 1958.

No mesmo dia da assinatura do Tratado de Roma foi também assinada uma Convenção relativa a certas instituições comuns às Comunidades Europeias. Cada uma das Comunidades – CECA, CEE e Euratom – possuía instituições próprias[4], e a Convenção em tela oportunizou a fusão orgânica das instituições políticas comunitárias: a Assembleia e o Tribunal de Justiça. A partir de então os poderes atribuídos a estes órgãos nos três tratados passaram a ser exercidos de forma única.

No entanto, só em 8 de abril de 1965 foi assinado outro tratado – Tratado de Bruxelas[5] – que instituiu um Conselho único e uma Comissão única das Comunidades Europeias, atentando para as competências e atribuições de cada instituição em consonância aos respectivos tratados (CECA, CEE e Euratom), entrando em vigor a partir de 1º de julho de 1967.

---

[4]   Instituições da CECA, art. 7º: a Alta-Autoridade, a Assembleia, o Conselho de Ministros e o Tribunal de Justiça. Instituições da CEE, art. 4º: a Assembleia, o Conselho, a Comissão e o Tribunal de Justiça. Instituições da Euratom ou CEEA, art. 3º: a Assembleia, o Conselho, a Comissão e o Tribunal de Justiça.

[5]   "O Tratado de Bruxelas fundiu em única administração as três Comunidades, dotando-as de único orçamento, com exceção das receitas operacionais da CECA. Anexo a este Tratado foi celebrado Protocolo Único sobre Privilégios e Imunidades, substituindo os Protocolos específicos de cada Comunidade.
       A unificação das Comunidades, contudo, não se completou com o Tratado Bruxelas, restando ainda muito trabalho a ser feito. (...) a fusão dos executivos teve efeitos limitados, na medida em que os três Tratados permanecem separados e o executivo único, para fins de aplicação, é o executivo respectivamente da CECA, da CEE e da CEEA, sendo necessário ir mais adiante, alcançando a fusão dos Tratados, dentro do escopo mais amplo de progressão do mercado comum para a União Europeia, conforme estipula o Tratado de União, de 1992" (Paulo Borba Casella, *União Europeia, instituições e ordenamento jurídico*, p. 160).

Apenas em 16 de fevereiro de 1978 o Parlamento Europeu adotou uma resolução sobre a denominação única para a Comunidade, sendo indicada, conforme publicado no Jornal Oficial C-63 de 13 de março de 1978, a expressão "Comunidade Europeia" como apropriada para designar o conjunto das instituições criadas pelos tratados que estabeleceram as três Comunidades Europeias, bem como o agrupamento dos Estados-membros.

b) Ampliações da Comunidade

1º) 22 de janeiro de 1972, Bruxelas: Dinamarca, Irlanda e Reino Unido (de 1º-1-1973 até 1977, período de transição).

2º) 28 de maio de 1979, Atenas: Grécia (1º-1-1981).

3º) 12 de junho de 1985, Madri: Espanha. Mesma data em Lisboa: Portugal (1º-1-1986).

4º) 24 de junho de 1994: Suécia, Áustria e Finlândia (1º-1-1995).

5º) 1º de maio de 2004 – dez novos Estados: Eslovênia, Hungria, Eslováquia, República Checa, Polônia, Lituânia, Letônia, Estônia, Chipre e Malta.

Em 22 de janeiro de 1972, na cidade de Bruxelas, foram celebrados os atos de adesão à Comunidade Europeia de quatro novos membros: Dinamarca, Irlanda, Noruega e Reino Unido. A adesão da Dinamarca, da Irlanda e do Reino Unido tornou-se efetiva a partir de 1º de janeiro de 1973, havendo previsão de um período de transição com termo final para 1977. Já a Noruega não ingressou na Comunidade por força do resultado negativo de referendo realizado em 23 de setembro de 1972.

Contudo, a partir do ingresso dos novos Estados-membros à Comunidade, ocorreu um fenômeno denominado "afluxo europeu". Este período foi caracterizado pelo complexo trabalho de integração do ordenamento jurídico comunitário aos ordenamentos jurídicos nacionais, perpassando necessariamente pela interpretação e aplicação por todas as instâncias judiciais de cada Estado-membro, bem como a correspondente delimitação legislativa, administrativa e regulamentar, entre matérias de competência comunitária e matérias de competência nacional, fator nem sempre pacífico[6].

A segunda ampliação da Comunidade ocorreu com o ingresso da Grécia por meio da assinatura do tratado de adesão em Atenas, em 28 de maio de 1979, que entrou em vigor em 1º de janeiro de 1981.

Após seis anos ocorreria a terceira ampliação, mediante o ingresso de dois países: Espanha e Portugal. A entrada da Espanha foi firmada pelo tratado de adesão à Comunidade assinado em Madri em 12 de junho de 1985, acompanhada de profun-

---

[6]   Dados extraídos da obra de Paulo Borba Casella, *União Europeia, instituições e ordenamento jurídico*, p. 164.

das mudanças em razão da inserção do direito comunitário em paralelo ao ordenamento jurídico espanhol. Também na mesma data, Portugal assinou o tratado de adesão em Lisboa, passando a integrar a Comunidade. Esses países foram efetivados a partir de 1º de janeiro de 1986.

Por seu turno, em 24 de junho de 1994, foram celebrados os atos de adesão de ingresso da Suécia, Áustria e Finlândia. Mais uma vez, nesse mesmo ano, mediante referendo nacional, a Noruega rejeitou a adesão à Comunidade. Por outro lado, a partir de 1º de janeiro de 1995, Suécia, Áustria e Finlândia passaram a ser membros da União Europeia.

Por fim, em 1º de maio de 2004 ingressaram dez novos Estados à até então "Europa dos 15". A adesão abrangeu Estados da Europa do Leste e Central como Eslovênia, Hungria, Eslováquia, República Checa e Polônia; três membros da antiga União das Repúblicas Socialistas Soviéticas (URSS); e ainda, duas ilhas mediterrâneas Chipre e Malta. No ano de 2007 ocorreu o ingresso da Romênia, e em 2013, a adesão da Croácia[7]. Em 2022 a União Europeia conta com 27 Estados-membros. Existem 7 países candidatos à adesão, que se encontram na fase de "transposição" (ou integração) da legislação europeia para o direito nacional, quais sejam: Albânia, Moldávia, Montenegro, Macedônia do Norte, Sérvia, Turquia e Ucrânia.

c) Ato Único Europeu

O Ato Único Europeu introduziu profundas transformações, sendo necessário situá-lo como:

> ato jurídico, especificamente um tratado, assinado no Luxemburgo, em 17 de fevereiro de 1986, por nove Estados-membros, e em Haia, em 28 de fevereiro de 1986, pela Dinamarca, Grécia e Itália, cuja entrada em vigor se deu em 1º de julho de 1987[8], após ratificação por todos os Estados-membros, nos termos de seu art. 33, § 1º, "em conformidade com suas respectivas normas constitucionais internas", modificando e completando o Tratado de Paris que criara a CECA, e os Tratados de Roma, que criaram a Euratom e a CEE[9].

As razões que levaram à adoção do Ato Único, a despeito do difícil consenso entre os Estados-membros[10], podem ser resumidas em:

---

[7] Informações no sítio https://european-union.europa.eu/.

[8] "A entrada em vigor, prevista para 1º de janeiro de 1987, teve atraso de seis meses, em razão da rejeição do Ato Único pela Corte Suprema Irlandesa e das negociações então encetadas para superar o impasse assim criado." Dados extraídos da obra de Paulo Borba Casella, *União Europeia, instituições e ordenamento jurídico*, p. 175.

[9] Paulo Borba Casella, *União Europeia, instituições e ordenamento jurídico*, p.175.

[10] "Essas negociações, em que aos dez países componentes das Comunidades se associaram Portugal e Espanha, representados desde o início na conferência em posição de observadores, foram reveladoras da disparidade

i) evolução do funcionamento das instituições comunitárias com a mudança ocorrida no Parlamento Europeu, passando a ser eleito por sufrágio universal direto; e

ii) evolução econômica da Comunidade Europeia, com o lançamento das bases para a união econômica e monetária.

Os princípios básicos que nortearam a adoção do Ato Único foram:

i) dar prosseguimento ao esforço de construção da União Europeia;

ii) promover a implementação dessa união graças às três Comunidades e à cooperação dos Estados em matéria de política exterior;

iii) promover a democracia;

iv) valorizar o papel do Parlamento Europeu;

v) agir com coesão e solidariedade;

vi) promover a melhoria da situação econômica e social;

vii) realizar progressivamente a união econômica e monetária, encetada em 1972.

d) Tratados de Maastricht e Amsterdã

O Tratado de Maastricht, somado à iniciativa do Ato Único Europeu, direcionou o avanço da Comunidade para a formação da verdadeira União Europeia (UE). Esta é fundamentada nas Comunidades Europeias (CE, CECA e Euratom), e completada pelas políticas e formas de cooperação instauradas pelo Tratado de Maastricht, também denominado Tratado da União Europeia (TUE).

As bases jurídicas da União Europeia são o TUE, assinado em Maastricht, em 7 de fevereiro de 1992, entrando em vigor em 1º de novembro de 1993, assim como o Tratado de Amsterdã, assinado em 2 de outubro de 1997, entrando em vigor em 1º de maio de 1999[11].

A estrutura da União Europeia é composta de três pilares:

i) o primeiro pilar é constituído pela Comunidade Europeia (CE), no âmbito do qual os Estados-membros, por meio das instituições comunitárias, exercem conjuntamente a sua soberania nos domínios visados por esses mesmos tratados;

---

de perspectivas dos Estados-membros quanto aos objectivos da integração comunitária e ao próprio entendimento da União Europeia. A própria deliberação de reunir a conferência intergovernamental foi tomada com o voto negativo de três dentre eles – a Dinamarca, O Reino Unido e a Grécia –, os quais, todavia, não deixaram de participar nas subsequentes negociações, seguros como estavam da exigência de unanimidade contida no artigo 236.

As posições dos diferentes países tenderam, aliás, a dispor-se ao longo de um espectro em que no extremo oposto ao dos Estados reticentes se situou a Itália, em opção isolada pela visão do Tratado projectado pelo Parlamento Europeu; e isto explica as peripécias finais, como o desdobramento da assinatura por duas capitais (a Itália, resignada a aceitar as insuficiências da reforma, e a Grécia e a Dinamarca, animadas do sentimento oposto de que se fora longe demais, juntando a sua relutante aprovação em Haia, em 28 de fevereiro de 1986, à dos restantes nove países – incluindo já Portugal e Espanha, cujo tratado de adesão iniciara entretanto a sua vigência –, que fora dada em Luxemburgo, em 17 do mesmo mês)". Dados extraídos da obra de Paulo de Pitta e Cunha, *Integração europeia*: estudos de economia, política e direito comunitários, p. 392.

11 Dados extraídos da obra de Paulo Borba Casella, *União Europeia, instituições e ordenamento jurídico*, p. 183.

ii) o segundo pilar é formado pela Política Externa e de Segurança Comum (PESC);

iii) o terceiro pilar é constituído pela cooperação nos domínios de Justiça e de Assuntos Internos (JAI).

e) Declaração Laeken de 2001

A Declaração Laeken de 2001 propõe um caminho para a União Europeia por meio de uma Constituição para os cidadãos europeus, demonstrando a necessidade de unificação dos tratados institucionais da UE ou mesmo a simplificação dos seus conteúdos.

A título de considerações iniciais, a Declaração de Laeken afirma que a Europa se encontra em uma encruzilhada. Em outros termos:

> A União Europeia é um êxito. Há já mais de meio século que a Europa vive em paz. Juntamente com os Estados Unidos da América e o Japão, a União é uma das três regiões mais prósperas do planeta. Graças à solidariedade mútua e à repartição equitativa dos frutos do desenvolvimento econômico, registrou-se um forte aumento do nível de vida das regiões mais desfavorecidas da União, o que lhes permitiu recuperar em grande parte o seu atraso.
>
> Volvidos cinquenta anos desde a sua criação, a União encontra-se, porém, numa encruzilhada, num momento crucial de sua existência. A unificação da Europa está iminente. A União está prestes a alargar-se a mais de dez novos Estados-membros, principalmente da Europa Central e Oriental, e a virar assim definitivamente uma das páginas mais negras da história europeia: a Segunda Guerra Mundial e a divisão artificial da Europa que se lhe seguiu. A Europa está finalmente em vias de se transformar, sem derrame de sangue, numa grande família; esta verdadeira mutação requer obviamente uma abordagem diferente da que foi adotada há cinquenta anos, quando seis países tomaram a iniciativa.

Alguns pontos destacam-se como sensíveis à evolução do intento europeu, a saber:

i) uma melhor repartição e definição das competências na UE;

ii) a simplificação dos instrumentos da União;

iii) mais democracia, transparência e eficácia na EU;

iv) a criação de uma Constituição Europeia.

f) Tratado de Lisboa

O Tratado de Lisboa entrou em vigor no dia 1º de dezembro de 2009, pondo termo a vários anos de negociações sobre questões institucionais. Entre seus principais pontos, o Tratado de Lisboa altera, sem substituir, os tratados da União Europeia e da Comunidade Europeia atualmente em vigor.

O Tratado tem por objetivo conferir à União o quadro jurídico e os instrumentos necessários para fazer face a desafios futuros e responder às expectativas dos cidadãos.

Podemos ressaltar quatro aspectos:

i) **Uma Europa mais democrática e transparente**, com um papel reforçado para o Parlamento Europeu e os parlamentos nacionais, mais oportunidades para que os cidadãos façam ouvir a sua voz e uma definição mais clara de quem faz o quê nos níveis europeu e nacional.

ii) **Uma Europa mais eficiente**, com regras de votação e métodos de trabalho simplificados, instituições modernas e um funcionamento mais racional adaptados a uma União Europeia com 27 Estados-membros e maior capacidade de intervenção nas áreas prioritárias de hoje.

iii) **Uma Europa de direitos e valores, liberdade, solidariedade e segurança**, com a defesa dos valores da União, a introdução da Carta dos Direitos Fundamentais no direito primário europeu, a criação de novos mecanismos de solidariedade e a garantia de melhor proteção para os cidadãos europeus.

iv) **A Europa assume maior protagonismo na cena mundial** por meio da articulação dos diferentes instrumentos de política externa da União, tanto na elaboração como na adoção de novas políticas. O Tratado de Lisboa permite à Europa assumir uma posição clara nas relações com os seus parceiros e tirar maior partido das suas vantagens econômicas, humanitárias, políticas e diplomáticas, a fim de promover os interesses e valores europeus em todo o mundo, no respeito pelos interesses individuais dos Estados-membros em matéria de política externa.

g) Brexit

Em 23 de junho de 2016, os cidadãos do Reino Unido votaram a favor da saída do seu país da União Europeia (UE). Em 29 de março de 2017, o Reino Unido ativou o artigo 50º do Tratado de Lisboa, notificando assim formalmente o Conselho Europeu da sua intenção de sair da UE.

Até o fechamento da edição desta obra, a situação do Reino Unido é incerta, de possível prorrogação do período de transição para saída da UE.

8.2.2 Estrutura institucional da União Europeia

Artigo 4º

1. A realização das tarefas confiadas à Comunidade é assegurada por:
– Um Parlamento Europeu;
– Um Conselho;
– Uma Comissão;
– Um Tribunal de Justiça;

– Um Tribunal de Contas.

Cada Instituição actua nos limites das atribuições e competências que lhe são conferidas pelo presente Tratado.

O Conselho e a Comissão são assistidos por um Comitê Econômico e Social e por um Comitê das Regiões, com funções consultivas (Tratado que institui a Comunidade (Econômica) Europeia – Tratado de Roma).

O tratado que institui a Comunidade (Econômica) Europeia, também conhecido como Tratado de Roma, relaciona no seu artigo 4º supracitado as instituições às quais a Comunidade confia a realização de tarefas múltiplas. Na Parte V, referente às instituições da Comunidade, o Título I traz as Disposições Institucionais, sendo subdividido em cinco seções que descrevem a composição e a competência, respectivamente, do Parlamento Europeu, do Conselho, da Comissão, do Tribunal de Justiça e do Tribunal de Contas.

8.2.3 Fontes jurídicas

1) Os Tratados Constitucionais da Comunidade (que são atos dos Estados--membros);

2) Os atos legislativos das instituições políticas da Comunidade;

3) As decisões das Cortes de Justiça (e os princípios gerais do direito e os direitos fundamentais reconhecidos e desenvolvidos por aquela Corte)"[12].

a) Normas primárias

O direito primário é formado pelos tratados e outros acordos com estatuto semelhante e é negociado diretamente entre os governos dos Estados-membros, sendo posteriormente sujeitos a ratificação pelos Parlamentos nacionais. O mesmo procedimento é aplicável a eventuais alterações aos tratados.

Assim, constituem os textos-base da formação comunitária europeia: o Tratado de Paris, que estabeleceu a Comunidade Europeia do Carvão e do Aço em 1951; o Tratado de Roma, estatuindo a Comunidade Econômica Europeia em 1957; e o Tratado de Roma, estabelecendo a Comunidade Europeia da Energia Atômica (Euratom) em 1957.

Os tratados que instituem as Comunidades Europeias foram revistos várias vezes através dos seguintes atos: Ato Único Europeu (1987); Tratado da União Europeia ou Tratado de Maastricht (1992); e o Tratado de Amsterdã, que entrou em vigor em 1º de maio de 1999[13].

---

[12]   John Tillotson, *European Community law*: text, cases & materials, *apud* Cláudio Finkelstein, *Integração regional*. O processo de formação de mercado de bloco, p. 123.

[13]   Dados extraídos do *site*: www.eur-lex.pt.

b) Comentários sobre as espécies normativas derivadas

Artigo 249

Para o desempenho das suas atribuições e nos termos do presente tratado, o Parlamento Europeu em conjunto com o Conselho e a Comissão adoptam regulamentos e directivas, tomam decisões e formulam recomendações ou pareceres.

O regulamento tem carácter geral. É obrigatório em todos os seus elementos e directamente aplicável em todos os Estados-membros.

A directiva vincula o Estado-membro destinatário quanto ao resultado a alcançar, deixando, no entanto, às instâncias nacionais a competência quanto à forma e aos meios.

A decisão é obrigatória em todos os seus elementos para os destinatários que designar.

As recomendações e os pareceres não são vinculativos (Tratado que institui a Comunidade Europeia).

Vale frisar, então, que o direito comunitário tem dupla origem: "É, em suas bases, de natureza convencional, quanto ao direito originário, decorrente de convenções internacionais, e unilateral, quanto ao direito derivado, por meio de atos normativos emanados das instituições comunitárias"[14].

8.3 MERCOSUL[15]

8.3.1 Noções introdutórias

O Mercado Comum do Sul, ou Mercosul[16], é o resultado de um processo que se iniciou em meados dos anos 1980, com as primeiras tentativas de aproximação e estabelecimento de cooperação econômica entre o Brasil e a Argentina.

A despeito desse fato, no âmbito internacional, a busca da integração econômica, política, social e cultural dos povos visando uma comunidade latino-americana de nações – positivada no parágrafo único do art. 4º da Constituição Federal brasileira de 1988 – é ideal há muito perseguido.

Vários tratados deram ênfase à integração regional, dentre eles: a Carta da Organização dos Estados Americanos (OEA), assinada em 30 de abril de 1948; a criação da Comissão Econômica para a América Latina (CEPAL), em junho de 1948; já na década de 1950, Brasil, Argentina, Chile e Uruguai reúnem-se para projetar um tratado para a formação de um Mercado Comum Latino-Americano

14 Paulo Borba Casella, *União Europeia, instituições e ordenamento jurídico*, p. 121.
15 Informações no *site*: http://www.mercosul.gov.br/.
16 Maiores informações no sítio https://www.mercosur.int/pt-br/. Acesso em 15 de novembro de 2022.

(TM60); a edição do Tratado de Montevidéu (TM80), em 12 de agosto de 1980, que estabeleceu a Associação Latino-Americana de Integração (ALADI); em 1985 é firmada a Declaração de Iguaçu, que preconiza as tratativas que levariam ao Mercosul; em sequência a vários tratados com o escopo integracionista, em 6 de junho de 1990 é assinado o Estatuto das Empresas Binacionais Brasilo-Argentinas.

Após quase meio século, finalmente em 26 de março de 1991 os presidentes do Cone Sul, Argentina, Brasil, Paraguai e Uruguai, assinaram o Tratado de Assunção, dando início à formação do Mercosul.

Em função de que o Tratado de Assunção está aberto à adesão de outros Estados-membros da Associação Latino-Americana de Integração (ALADI), a Venezuela* se constituiu no primeiro Estado Latinoamericano em aderir ao tratado constitutivo, em 2006; e, mais recentemente, a Bolívia, em 2015. Contudo, a República Bolivariana da Venezuela se encontra suspensa de todos os direitos e obrigações inerentes à sua condição de Estado Parte do MERCOSUL, em conformidade com o disposto no segundo parágrafo do artigo 5º do Protocolo de Ushuaia.

8.3.2 Formação do Mercosul

A República Federativa do Brasil, a República Argentina, a República do Paraguai e a República Oriental do Uruguai, com o objetivo preestabelecido quando da formação da Associação Latino-Americana de Integração (ALADI), firmaram em 26 de março de 1991 o Tratado de Assunção, que, deve-se atentar, não institui o plano de um Mercado Comum do Sul, mas tendente a sua formação, conforme seu artigo 1º: "Os Estados-partes decidem constituir um Mercado Comum, que deverá estar estabelecido a 31 de dezembro de 1994, e que se denominará 'Mercado Comum do Sul' (Mercosul)".

O Tratado de Assunção trouxe como objetivos:

i) a livre circulação dos bens, serviços e fatores produtivos entre os países, eliminando-se, para tanto, os direitos alfandegários e restrições não tarifárias à circulação de mercadorias;

ii) o estabelecimento de uma tarifa externa comum (TEC) e a adoção de uma política comercial comum em relação a terceiros Estados ou agrupamentos de Estados;

iii) as políticas macroeconômicas e setoriais serão coordenadas entre os Estados-partes – de comércio exterior, agrícola, industrial, fiscal, monetário, cambial e de capitais, serviços, alfandegária, de transportes e comunicações, e outras que se acordem – o que irá assegurar condições adequadas de concorrência entre os Estados-partes;

iv) os Estados-partes deverão harmonizar suas legislações para lograr o fortalecimento do processo de integração. Ademais, o Tratado de Assunção, de modo a conduzir o período de transição de 1991 a 1994, apontou o Regime Geral de Origem, um sistema de Solução de Controvérsias e Cláusulas de Salvaguarda, constantes dos anexos II, III e IV.

Ainda, no que concerne ao estabelecimento das relações com terceiros Estados, o Tratado de Assunção, no seu artigo 4º, assegurou condições equitativas de comércio, determinando, de modo peculiar, o uso das legislações nacionais. Já os Estados-partes deverão coordenar suas políticas nacionais com o objetivo de elaborar normas comuns sobre concorrência desleal.

8.3.3 Estrutura do Mercosul

O Tratado de Assunção, no artigo 9º, criou dois órgãos responsáveis pela administração e execução não só do Tratado de Assunção como de quaisquer acordos específicos e decisões durante o período de transição: o Conselho do Mercado Comum e o Grupo do Mercado Comum.

O Conselho é o órgão superior do Mercado Comum, tendo como atribuição a condução política do Mercosul e a tomada de decisões para assegurar o cumprimento dos objetivos e prazos estabelecidos para a constituição definitiva do Mercosul (artigo 10º). O Conselho será formado pelos ministros das Relações Exteriores e os ministros da Economia dos Estados-partes.

O Grupo do Mercado Comum é o órgão executivo do Mercosul e é coordenado pelos Ministérios das Relações Exteriores dos países-membros, possuindo as seguintes funções:

i) velar pelo cumprimento do tratado;

ii) tomar as providências necessárias ao cumprimento das decisões adotadas pelo Conselho;

iii) propor medidas concretas tendentes à aplicação do Programa de Liberação Comercial, a coordenação de política macroeconômica e a negociação de acordos com a terceiros;

iv) fixar programas de trabalho que assegurem avanços para o estabelecimento do Mercado Comum; para tanto, o Grupo do Mercado Comum poderá constituir subgrupos de trabalho quando se fizer necessário.

Além disso, o artigo 18 do Tratado de Assunção prevê que os Estados-partes convocarão uma reunião extraordinária com o objetivo de determinar a estrutura institucional definitiva dos órgãos de administração do Mercado Comum – em razão do qual surgiu o Protocolo de Ouro Preto.

Os chefes de Estado dos quatro Estados-membros do Mercosul reuniram-se na cidade de Ouro Preto, em Minas Gerais, no Brasil, em 17 de dezembro de 1994, quando então assinaram o Protocolo Adicional ao Tratado de Assunção sobre a estrutura institucional do Mercosul. Neste protocolo consta que o Mercosul compor-se-á de seis órgãos:

I – Conselho do Mercado Comum (CMC);

II – Grupo do Mercado Comum (GMC);

III – Comissão de Comércio do Mercosul (CCM);

IV – Comissão Parlamentar Conjunta (CPC);

V – Foro Consultivo Econômico-Social (FCES); e

VI – Secretaria Administrativa do Mercosul (SAM).

Os três primeiros são os órgãos de decisão, dos quais o Conselho do Mercado Comum é o órgão máximo do Mercosul manifestando-se por meio de *decisões*. O Grupo do Mercado Comum é órgão executivo do Mercosul, manifestando-se por meio de *resoluções*. Ambos previamente descritos no Tratado de Assunção.

A Comissão do Mercado Comum é o órgão encarregado de assistir ao Grupo do Mercado Comum, devendo velar pela aplicação dos instrumentos de política comercial comum acordados pelos Estados-membros para o funcionamento da união aduaneira, bem como acompanhar e revisar os temas e matérias relacionados com as políticas comerciais comuns, com o comércio dentro do próprio Mercosul e com outros países.

É composto por quatro membros titulares e quatro membros que sofrem alternação dentre os Estados-partes, e manifesta-se por meio de *diretrizes* ou *propostas*, as primeiras obrigatórias para os membros do Mercosul.

A Comissão Parlamentar Conjunta tem a função representativa dos Parlamentos dos Estados-membros, e deve procurar acelerar o processo de harmonização das legislações, encaminhando por meio do Grupo do Mercado Comum *recomendações* ao Conselho do Mercado Comum. O Foro Consultivo Econômico-Social representa setores econômicos e sociais, é integrado por igual número de representantes dos Estados-partes e se manifesta por meio de *recomendações*.

8.3.4 Fontes jurídicas

São consideradas fontes jurídicas do Mercosul:

i) o Tratado de Assunção, seus protocolos e os instrumentos adicionais ou complementares;

ii) os acordos celebrados no âmbito do Tratado de Assunção;

iii) as decisões do Conselho do Mercado Comum, as resoluções do Grupo Mercado Comum e as diretrizes da Comissão de Comércio do Mercosul, desde a entrada em vigor do Tratado de Assunção.

Quanto às relações internacionais – como resultado da união de intentos de Argentina, Brasil, Paraguai e Uruguai –, é factível que o Mercosul é dotado de personalidade jurídica de direito internacional.

Em outros termos, o Mercosul é ente destinatário das normas jurídicas internacionais e tem atuação e competência delimitadas por elas. E ainda, no uso de suas atribuições, o Mercosul poderá praticar os atos necessários à realização de seus objetivos, em especial contratar, adquirir ou alienar bens móveis ou imóveis etc.

8.3.5 A formação de uma união aduaneira "imperfeita"

A partir da avaliação do período de transição, de 1991 a 1994, é possível descrever o Mercosul muito mais como um processo do que como propriamente um resultado: o título do documento diplomático que o lançou, o Tratado de Assunção, indica que se trata de *um* tratado "para a constituição de um mercado comum" entre os quatro membros originais, e não do tratado do "Mercado Comum do Sul".

É latente que o objetivo final do Mercosul consiste na instituição da livre circulação de bens, serviços e fatores produtivos entre os países-membros, por meio da eliminação de direitos alfandegários e de restrições não tarifárias existentes no comércio recíproco, o que só foi parcialmente alcançado no período de transição, restando a eliminação residual de alguns produtos sensíveis durante o que foi denominado de uma "segunda fase de transição", enfim, de acabamento da zona de livre comércio e de unificação de sua união aduaneira[17].

> Em outros termos, o Mercosul pretendia ser, antes de mais nada, uma zona de livre comércio, que é a primeira etapa das diferentes formas de integração entre dois ou mais países. Essa *zona de livre comércio*, que significa a livre circulação de mercadorias nos territórios dos países-membros, está sendo complementada pelo estabelecimento de uma política comercial conjunta dos países-membros em relação a terceiros países, o que implicou a definição de uma tarifa externa comum (TEC), conformando o que se denomina correntemente de *união aduaneira*, isto é, um grupo de países dotados de uma mesma estrutura tarifária em relação a terceiros países[18].

Acontece que a lista de exceções, a TEC, estendeu-se sobremaneira, acarretando entraves ao implemento do comércio internacional de forma equivalente pelos membros do Mercosul e consequentemente "esvaziando" a razão, o objetivo da união aduaneira.

Ademais há necessidade, principalmente por parte do Brasil, da adoção de medidas revisionais de normas constitucionais e infraconstitucionais à luz da teoria da integração e do direito comunitário, de modo a permitir a imediata adoção das decisões em sede do Mercosul pelos Estados-membros, pois não se pode olvidar o fato de que o Mercosul é pautado na discricionariedade dos Estados-partes, que tem na cooperação direta e no consenso as bases para a adoção de medidas tomadas nesse contexto.

---

[17] Dados extraídos da obra de Celso Bastos e Cláudio Finkelstein (coords.), *Lições do período de transitoriedade*, p. 110.
[18] Celso Bastos e Cláudio Finkelstein (coords.), op. cit., p. 111.

8.3.6 Informações do Mercosul[19]

Desde sua criação, o Mercosul tem aprovado normas de alcance regional que criam direitos e benefícios para os cidadãos dos Estados-partes, facilitando aspectos práticos de seu dia a dia. Entre os direitos e benefícios de que gozam os cidadãos do bloco, atualmente, podem-se destacar:

Acordo sobre Documentos de Viagem: os cidadãos dos Estados-partes e dos Estados Associados do Mercosul não precisam de passaporte ou visto para circular pela região, bastando a carteira de identidade nacional ou outro documento considerado válido, conforme a Decisão CMC n. 14/11.

Acordo de Residência: O Acordo, aprovado pela Decisão CMC n. 28/02, concede o direito à residência e ao trabalho para os cidadãos sem outro requisito que não a nacionalidade. Cidadãos dos Estados-partes e dos Estados Associados que integram o acordo gozam de trâmite facilitado para a solicitação de visto de residência, desde que tenham passaporte válido, certidão de nascimento e certidão negativa de antecedentes penais.

É possível requerer a concessão de "residência temporária" de até dois anos em outro país do bloco. Antes de expirar o prazo da "residência temporária", os interessados podem requerer sua transformação em residência permanente.

Acordo Multilateral de Seguridade Social: O Acordo, aprovado pela Decisão CMC n. 19/97, permite que trabalhadores migrantes e suas famílias tenham acesso aos benefícios da seguridade social, possibilitando que os cidadãos de um Estado-parte tenham contabilizado o tempo de serviço em outro Estado-parte para fins de concessão de benefícios por aposentadoria, invalidez ou morte.

Integração Educacional: O Mercosul possui protocolos para a integração educacional, os quais preveem a revalidação de diplomas, certificados, títulos e o reconhecimento de estudos nos níveis fundamental e médio, técnico e não técnico. Os protocolos abrangem, ainda, estudos de pós-graduação.

Há, também, o Sistema de Acreditação Regional de Cursos de Graduação do Mercosul (ARCU-SUL) e o Sistema Integrado de Mobilidade (SIMERCOSUL).

A fim de aprofundar a agenda cidadã da integração, foi aprovado, em 2010, o Plano de Ação para a Conformação de um **Estatuto da Cidadania**, por meio da Decisão CMC n. 64/10, que visa ampliar e consolidar o conjunto de direitos e benefícios para os cidadãos dos Estados-partes.

---

[19]   Informações extraídas do *site*: http://www.mercosul.gov.br/o-mercosul-na-vida-do-cidadao. Acesso em: 20 ago. 2019.

capítulo 9

CONFLITOS INTERNACIONAIS

9.1 INTRODUÇÃO

Conflito internacional[1] é todo desacordo sobre certo ponto de direito ou de fato, toda contradição ou oposição de teses jurídicas ou de interesses entre dois Estados. Para Francisco Rezek, são espécies de conflitos:

i) Os conflitos jurídicos: aqueles que versam sobre entendimento e aplicação do direito existente; e

ii) Os conflitos políticos: nos quais as partes se antagonizam porque uma delas pretende ver modificado o direito.

A Carta das Nações Unidas proclama no artigo 33 a solução pacífica de controvérsias, indicando formas a serem adotadas para evitar o flagelo da guerra.

ARTIGO 33 –

1. As partes em uma controvérsia, que possa vir a constituir uma ameaça à paz e à segurança internacionais, procurarão, antes de tudo, chegar a uma solução por negociação, inquérito, mediação, conciliação, arbitragem, solução judicial, recurso a entidades ou acordos regionais, ou a qualquer outro meio pacífico à sua escolha.

---

[1] Todos os dados extraídos da obra de Francisco Rezek. *Direito Internacional Público:* curso elementar, cit., p. 381-414.

2. O Conselho de Segurança convidará, quando julgar necessário, as referidas partes a resolver, por tais meios, suas controvérsias.

9.2 MEIOS DE SOLUÇÃO: DIPLOMÁTICOS, POLÍTICOS E JURISDICIONAIS

9.2.1 Meios diplomáticos

a) **O entendimento direto em sua forma simples**: o desacordo resolve-se mediante **negociação** entre os contendores, sem que terceiros intervenham a qualquer título. Tem como características o caráter avulso; ou o quadro da comunicação diplomática existente entre os dois Estados. Pode ser realizado por troca de notas.

b) **Bons ofícios**: entendimento direto entre os contendores, entretanto facilitado pela **ação amistosa de um terceiro** (prestador de bons ofícios – uma pessoa de direito internacional, um Estado ou organização). São características: o apoio instrumental do terceiro – sendo que este não propõe a solução para o conflito; a proposta de um campo neutro de negociação.

c) **Sistema de consultas**: entendimento direto programado. As partes consultam-se mutuamente sobre seus desacordos e o fazem não de improviso, mas porque previamente o haviam combinado.

d) **Mediação:** importa no **envolvimento de terceiro** no conflito; porém ele toma conhecimento do desacordo e das razões de cada um dos contendores para finalmente **propor-lhes uma solução**. A grande peculiaridade é de que o parecer ou proposta do mediador não obriga as partes.

e) **Conciliação**: uma variante da mediação, caracterizada por maior aparato formal, e consagrada por sua previsão em bom número de tratados. Não há um conciliador singular, mas uma comissão de conciliação, integrada por representantes dos Estados em conflito e elementos neutros em número total ímpar.

f) **Inquérito**: significa um procedimento preliminar de instância diplomática, política ou jurisdicional, sendo ele próprio um meio diplomático de estabelecer antecipadamente a materialidade dos fatos. Características: costuma ser conduzido por comissões semelhantes às de conciliação; tem o encargo de apurar fatos ainda ilíquidos de modo que se prepare adequadamente o ingresso numa das vias de efetiva solução do conflito.

9.2.2 Meios políticos[2]

Essa via deve ser tomada em presença de conflitos de certa gravidade que constituam pelo menos uma ameaça ao clima de paz. A Carta da ONU faculta o acesso

---

[2]   Todos os dados extraídos da obra de Francisco Rezek, op. cit., p. 393-394.

tanto dos litigantes quanto de terceiros a qualquer de seus dois órgãos políticos na tentativa de dar solução a conflitos internacionais graves.

São **órgãos políticos das Nações Unidas**: a Assembleia Geral da ONU e o Conselho de Segurança da ONU.

Há também **esquemas regionais e especializados**, isto é, organizações de alcance regional e vocação política, a saber: Liga dos Estados Árabes de 1945 e a Organização dos Estados Americanos de 1951.

9.2.3 Meios jurisdicionais

Jurisdição é o foro especializado e independente que examina litígios à luz do direito e profere decisões obrigatórias. No plano internacional, a arbitragem foi a única jurisdição conhecida no passado. Somente no século XX foram criadas as primeiras jurisdições judiciárias internacionais (Tribunais Permanentes Internacionais).

Assim, a **arbitragem** é uma via jurisdicional, porém não judiciária de solução pacífica de litígios internacionais. Contudo, para Francisco Rezek, "o foro arbitral não tem permanência, não tem profissionalidade". E acrescenta:

> o juiz é um profissional, sua atividade é constante no interior de um foro aberto, a toda hora, à demanda que possa surgir entre dois indivíduos ou instituições. O árbitro não tem esta última característica: ele é escolhido *ad hoc* pelas partes litigantes, que, já em presença do conflito, vestem-no da função jurisdicional para o fim transitório e único de determinar aquela exata matéria[3].

No cenário da arbitragem[4], alguns pontos a observar:

i) Às partes incumbe a escolha do árbitro, a descrição da matéria conflituosa, a delimitação do direito aplicável.

ii) A **Corte Permanente de Arbitragem** – não é uma corte verdadeiramente. É uma lista permanente de pessoas qualificadas para funcionar como árbitros, quando escolhidas pelos Estados litigantes.

iii) Base jurídica da arbitragem:

• **Compromisso arbitral**: um tratado bilateral em que os contendores descrevem o litígio entre eles existente; mencionam as regras do direito aplicável; designam o árbitro ou o tribunal arbitral; eventualmente, estabelecem prazos e regras de procedimento; e, por último, comprometem-se a cumprir fielmente a sentença arbitral como preceito jurídico obrigatório.

• Compromisso prévio em um **tratado geral de arbitragem** ou uma **cláusula arbitral** lançada em tratado de qualquer natureza.

---

[3] Francisco Rezek, op. cit., p. 395-396.
[4] Todos os dados extraídos da obra de Francisco Rezek, op. cit., p. 395-414.

iv) Natureza irrecorrível da sentença arbitral: a sentença arbitral é definitiva, não cabe recurso. Considerando que o árbitro não se inscreve num organograma judiciário como aquele das ordens jurídicas internas, é possível:

• Pedido de esclarecimento de ambiguidade, omissão ou contradição existente na sentença. No plano internacional tem recebido o nome de "pedido de interpretação" (Corresponde aos embargos declaratórios do direito processual brasileiro).

• Nulidade da sentença arbitral, por exemplo, pela imputação de falta grave ao árbitro do gênero do dolo ou da corrupção ou simplesmente falando de abuso ou desvio de poder.

v) Obrigatoriedade da sentença arbitral: o produto da arbitragem é uma decisão de índole jurisdicional, obrigatória. Deixar de cumpri-la significa incorrer em ato ilícito pautado no compromisso antes assumido pelas partes. É no tratado que se encontra o fundamento da obrigatoriedade da sentença (no princípio do *pacta sunt servanda*).

vi) Carência de executoriedade: a sentença arbitral *não é executória*. Isto é, seu cumprimento depende da boa-fé e da honradez das partes.

9.3 CORTES INTERNACIONAIS

Para Accioly, Nascimento e Silva e Casella:

os tribunais e as cortes internacionais são entidades judiciárias permanentes compostas de juízes independentes, cuja função é o julgamento de conflitos internacionais tendo como base o direito internacional, de conformidade com um processo preestabelecido e cujas sentenças são obrigatórias para as partes. Em princípio, as questões são submetidas aos tribunais internacionais permanentes por Estados, mas nada impede que uma ou ambas as partes sejam organizações internacionais[5].

A rigor, o recurso das Cortes Internacionais é uma opção soberana, posto que a jurisdição internacional só se exerce, equacionando conflitos entre soberanias, quando estas previamente deliberam submeter-se à autoridade das cortes.

No cenário atual, destacam-se[6]: a Corte Internacional de Justiça (CIJ), sua antecessora, a Corte Permanente de Justiça Internacional; a Corte Permanente de Arbitragem; o Tribunal Internacional do Mar; o Tribunal Penal Internacional, bem como os Tribunais penais internacionais *ad hoc* (Nuremberg e Tóquio, Ruanda e ex--Iugoslávia); os tribunais regionais, a Corte Europeia e a Corte Interamericana de Direitos Humanos.

---

5   Hildebrando Accioly; G. E. do Nascimento e Silva; Paulo Borba Casella. *Manual de Direito Internacional Público*, p. 833.

6   Idem, ibidem, p. 833.

A **Corte de Haia ou Corte Internacional de Justiça (CIJ)** é o mais importante dentre os tribunais internacionais em funcionamento e o mais antigo (fundado em 1920). Foi instalada na cidade de Haia em 1922 e denominada Corte Permanente de Justiça Internacional (CPJI).

A sua composição é formada por 15 juízes (desde o início) – eleitos pela Assembleia Geral e pelo Conselho de Segurança das Nações Unidas para mandato de 9 anos, permitida a reeleição, renovação pelo terço a cada três anos.

A Corte é dotada de vocação universal, pronta para decidir sobre demandas entre quaisquer Estados. Em 1945 – finda a Segunda Guerra Mundial – adotou o nome de Corte Internacional de Justiça (CIJ) e passou a constituir um órgão da ONU.

Dentre as competências:

i) Competência contenciosa: é exercida com a aplicação das fontes do Direito Internacional. Não é acessível, nesta função, às organizações internacionais, tampouco aos particulares.

Os Estados devem aceitar a jurisdição da Corte – o autor, na propositura da demanda; o réu estará vinculado por tratado ou pela cláusula facultativa de jurisdição obrigatória.

A cláusula facultativa de jurisdição obrigatória é a cláusula de aceitação facultativa: pode o Estado ser membro das Nações Unidas e parte no Estatuto, preferindo, contudo, não firmá-la.

O artigo 36 estabelece:

1. A competência da Corte se estende a todos os litígios que as partes a submetam e a todos os assuntos especialmente previstos na Carta das Nações Unidas ou nos tratados e convenções vigentes.

2. Os Estados-partes neste presente Estatuto que aceite a mesma obrigação, a jurisdição da Corte em todas as controvérsias de ordem jurídica que tratem sobre:

3. a interpretação de um tratado;

4. qualquer questão de direito internacional;

5. a existência de todo feito que, se for estabelecido, constituirá violação de uma obrigação internacional;

6. a natureza ou extensão da reparação que seja feita pela quebra de uma obrigação internacional.

7. A declaração a que se refere este Artigo poderá ser feita incondicionalmente ou sob condição de reciprocidade por parte de vários ou determinados Estados, ou por determinado tempo.

8. Estas declarações serão remetidas para seu depósito ao secretário Geral das Nações Unidas, que transmitirá cópias delas às partes neste Estatuto e ao Secretário da Corte.

9. As declarações feitas de acordo com o Artigo 36 do Estatuto da Corte Permanente de Justiça Internacional que estiverem ainda em vigor, serão consideradas, respeito das partes no presente Estatuto, como aceitação da jurisdição da Corte internacional de Justiça pelo período que ainda fique em vigência e conforme os termos de tais declarações.

10. Em caso de disputa sobre se a Corte tem ou não jurisdição, a Corte decidirá.

Nos termos do artigo 60, a sentença será definitiva e inapelável. Em caso de desacordo sobre o sentido ou desfecho da sentença, a Corte interpretará a solicitação de qualquer das partes.

Linhas gerais do procedimento: a) as línguas de trabalho são o francês e o inglês (artigo 39). b) Produção de provas, sustentações orais etc. dar-se-ão tal qual estabelece o artigo 43:

1. O procedimento terá duas fases: uma escrita e outra oral.

2. O procedimento escrito compreenderá a comunicação, a Corte e as partes, de memórias, contra memórias e, se for necessário, réplicas, assim como de todo o documento em apoio das mesmas.

3. A comunicação será feita por condução do Secretário, em ordem e dentro dos termos fixados pela Corte.

4. Todo documento apresentado por uma das partes será comunicado a outra mediante cópia certificada.

5. O procedimento oral consistirá na audiência que a Corte outorgue, e testemunhos, peritos, agentes, conselheiros e advogados.

ii) Competência consultiva: emissão de pareceres consultivos da Assembleia Geral ou do Conselho de Segurança da ONU. Nesse sentido, sobre as opiniões consultivas:

Artigo 65 –

1. A Corte poderá emitir opiniões consultivas sobre qualquer questão jurídica, sob solicitação de qualquer organismo autorizado para isso por Carta das Nações Unidas, ou de acordo com as disposições da mesma.

2. As questões sobre as quais seja solicitada opinião consultiva serão expostas à Corte mediante uma solicitação por escrito, em que estejam determinados os prazos exatos da questão a respeito da qual se faça a consulta. Em solicitação estarão anexados todos os documentos que possam esclarecer a questão.

capítulo 10

DOMÍNIO PÚBLICO INTERNACIONAL[1]

i) mar: a Convenção das Nações Unidas sobre o direito do Mar foi concluída em Montego Bay, na Jamaica, em 10 de dezembro de 1982. Entrou em vigor em 16 de novembro de 1994. O Brasil a ratificou em dezembro de 1988 e ajustou seu direito interno à Convenção com a edição da Lei n. 8.617, de 4 de janeiro de 1993, na qual reduziu a doze milhas a largura do mar territorial e adotou o conceito de zona econômica exclusiva para as cento e oitenta e oito milhas adjacentes.

ii) águas interiores: são águas situadas aquém da linha base do mar territorial, em razão da existência de baías, de portos e ancoradouros, ou de um litoral caracterizado por "recortes profundos e reentrâncias ou em que exista uma franja de ilha ao longo da costa na sua proximidade imediata". Sobre as águas interiores, o Estado exerce soberania ilimitada.

iii) mar territorial: a soberania do Estado costeiro estende-se além do seu território e das águas interiores, a uma zona de mar adjacente.

A Lei n. 8.617/93 dispõe:

> Art. 1º **O mar territorial brasileiro compreende uma faixa de doze milhas marítimas de largura**, medidas a partir da linha de baixa-mar do litoral continental e insular, tal como indicada nas cartas náuticas de grande escala, reconhecidas oficialmente no Brasil.

---

[1] Todos os dados extraídos da obra de Francisco Rezek. *Direito Internacional Público:* curso elementar, cit., p. 349 e s.

Parágrafo único. Nos locais em que a costa apresente recortes profundos e reentrâncias ou em que exista uma franja de ilhas ao longo da costa na sua proximidade imediata, será adotado o método das linhas de base retas, ligando pontos apropriados, para o traçado da linha de base, a partir da qual será medida a extensão do mar territorial.

Art. 2º **A soberania do Brasil estende-se ao mar territorial, ao espaço aéreo sobrejacente, bem como ao seu leito e subsolo.**

Art. 3º É reconhecido aos navios de todas as nacionalidades o **direito de passagem inocente no mar territorial brasileiro.**

§ 1º A passagem será considerada inocente desde que não seja prejudicial à paz, à boa ordem ou à segurança do Brasil, devendo ser contínua e rápida.

§ 2º A passagem inocente poderá compreender o parar e o fundear, mas apenas na medida em que tais procedimentos constituam incidentes comuns de navegação ou sejam impostos por motivos de força ou por dificuldade grave, ou tenham por fim prestar auxílio a pessoas a navios ou aeronaves em perigo ou em dificuldade grave.

§ 3º Os navios estrangeiros no mar territorial brasileiro estarão sujeitos aos regulamentos estabelecidos pelo Governo brasileiro. (grifos nossos)

O direito de passagem inocente é reconhecido em favor dos navios mercantes ou de guerra de qualquer Estado, sendo características a passagem continua e rápida. O Estado costeiro deve regulamentar a passagem inocente de modo a manter a segurança da navegação, à proteção de instalações e equipamentos diversos, à proteção do meio ambiente e à prevenção de infrações à própria disciplina de passagem.

iv) zona contígua: é uma segunda faixa adjacente ao mar territorial, e, em princípio, de igual largura, onde o Estado costeiro pode tomar medidas de fiscalização em defesa de seu território e de suas águas, no que concerne à alfândega, à imigração, à saúde, e ainda à disciplina regulamentar dos portos e do transito pelas águas territoriais.

A Lei n. 8.617/93 dispõe:

Art. 4º A zona contígua brasileira compreende uma faixa que se estende das doze às vinte e quatro milhas marítimas, contadas a partir das linhas de base que servem para medir a largura do mar territorial.

Art. 5º Na zona contígua, o Brasil poderá tomar as medidas de fiscalização necessárias para:

I – evitar as infrações às leis e aos regulamentos aduaneiros, fiscais, de imigração ou sanitários, no seu território, ou no seu mar territorial;

II – reprimir as infrações às leis e aos regulamentos, no seu território ou no seu mar territorial.

v) zona econômica exclusiva: é uma faixa adjacente ao mar territorial – que se sobrepõe a zona contígua – e cuja largura máxima é de cento e oitenta e oito milhas marítimas.

A Lei n. 8.617/93 dispõe:

> Art. 6º A **zona econômica exclusiva** brasileira compreende **uma faixa que se estende das doze às duzentas milhas marítimas**, contadas a partir das linhas de base que servem para medir a largura do mar territorial.
>
> Art. 7º Na zona econômica exclusiva, o Brasil tem **direitos de soberania para fins de exploração e aproveitamento, conservação e gestão dos recursos naturais, vivos ou não vivos, das águas sobrejacentes ao leito do mar, do leito do mar e seu subsolo, e no que se refere a outras atividades com vistas à exploração e ao aproveitamento da zona para fins econômicos.**
>
> Art. 8º Na zona econômica exclusiva, o Brasil, no exercício de sua jurisdição, tem o **direito exclusivo de regulamentar a investigação científica marinha, a proteção e preservação do meio marítimo, bem como a construção, operação e uso de todos os tipos de ilhas artificiais, instalações e estruturas.**
>
> Parágrafo único. A investigação científica marinha na zona econômica exclusiva só poderá ser conduzida por outros Estados com o consentimento prévio do Governo brasileiro, nos termos da legislação em vigor que regula a matéria.
>
> Art. 9º A realização por outros Estados, na zona econômica exclusiva, de exercícios ou manobras militares, em particular as que impliquem o uso de armas ou explosivas, somente poderá ocorrer com o consentimento do Governo brasileiro.
>
> Art. 10. É reconhecido a todos os Estados o gozo, na zona econômica exclusiva, das liberdades de navegação e sobrevoo, bem como de outros usos do mar internacionalmente lícitos, relacionados com as referidas liberdades, tais como os ligados à operação de navios e aeronaves. (grifos nossos)

vi) plataforma continental: é a parte do leito do mar adjacente à costa, cuja profundidade em geral não excede duzentos metros, e que, a uma boa distância do litoral, cede lugar às inclinações abruptas que conduzem aos fundos marinhos.

A Lei n. 8.617/93 dispõe:

> Art. 11. **A plataforma continental do Brasil compreende o leito e o subsolo das áreas submarinas que se estendem além do seu mar territorial, em toda a extensão do prolongamento natural de seu território terrestre, até o bordo exterior da margem continental, ou até uma distância de duzentas milhas marítimas das linhas de base,** a partir das quais se mede a largura do mar

territorial, nos casos em que o bordo exterior da margem continental não atinja essa distância.

Parágrafo único. O limite exterior da plataforma continental será fixado de conformidade com os critérios estabelecidos no art. 76 da Convenção das Nações Unidas sobre o Direito do Mar, celebrada em Montego Bay, em 10 de dezembro de 1982.

Art. 12. O Brasil exerce direitos de soberania sobre a plataforma continental, para efeitos de exploração dos recursos naturais.

Parágrafo único. Os recursos naturais a que se refere o *caput* são os recursos minerais e outros não vivos do leito do mar e subsolo, bem como os organismos vivos pertencentes a espécies sedentárias, isto é, àquelas que no período de captura estão imóveis no leito do mar ou no seu subsolo, ou que só podem mover-se em constante contato físico com esse leito ou subsolo.

Art. 13. Na plataforma continental, o Brasil, no exercício de sua jurisdição, tem o direito exclusivo de regulamentar a investigação científica marinha, a proteção e preservação do meio marinho, bem como a construção, operação e o uso de todos os tipos de ilhas artificiais, instalações e estruturas.

§ 1º A investigação científica marinha, na plataforma continental, só poderá ser conduzida por outros Estados com o consentimento prévio do Governo brasileiro, nos termos da legislação em vigor que regula a matéria.

§ 2º O Governo brasileiro tem o direito exclusivo de autorizar e regulamentar as perfurações na plataforma continental, quaisquer que sejam os seus fins.

Art. 14. É reconhecido a todos os Estados o direito de colocar cabos e dutos na plataforma continental.

§ 1º O traçado da linha para a colocação de tais cabos e dutos na plataforma continental dependerá do consentimento do Governo brasileiro.

§ 2º O Governo brasileiro poderá estabelecer condições para a colocação dos cabos e dutos que penetrem seu território ou seu mar territorial. (grifos nossos)

vii) alto-mar: quanto ao tema, vigora o princípio da liberdade do alto-mar, isto é, a liberdade concerne à navegação, ao sobrevoo por aviões de qualquer natureza, à colocação de cabos e dutos submarinos, à construção de ilhas artificiais e instalações congêneres, à pesca e à investigação científica.

viii) rios internacionais: rio internacional é todo curso d'água que banha mais de um Estado soberano. Atualmente destacam-se, além do constante valor econômico da navegação, a produção de energia elétrica, a irrigação, o proveito industrial direto – com o subsequente problema da poluição dos rios internacionais.

ix) espaço aéreo: o Estado exerce soberania plena sobre os ares situados acima de seu território e de seu mar territorial. Contudo, não há no espaço aéreo o direito de passagem inocente.

No entanto, é livre a navegação aérea, civil ou militar, sobre os espaços onde não incide qualquer soberania estatal: o alto-mar – incluído o Polo Norte – e o continente antártico.

• **Normas convencionais:** no âmbito da aviação civil, três tratados multilaterais chamam a atenção: a Convenção de Paris de 1919; a Convenção de Havana de 1928 e a Convenção de Varsóvia de 1929. Já ao final da Segunda Guerra Mundial, temos as Convenções de Chicago de 1944 – são três convenções principais e mais doze textos – que regem os aspectos da aviação civil internacional, excetuando-se o tema da responsabilidade civil que persiste regido pela Convenção da Varsóvia.

• **Nacionalidade das aeronaves:** todo avião utilizado em tráfego internacional deve possuir uma nacionalidade determinada por seu registro ou matrícula, tal exigência determina a responsabilidade de um Estado pelo engenho.

Em relação aos problemas de segurança no quadro da navegação aérea civil, temos: a Convenção de Tóquio de 1963, sobre infrações praticadas a bordo de aeronaves; a Convenção da Haia, de 1970, para repressão do apoderamento ilícito de aeronaves; e a Convenção de Montreal, de 1971, para repressão dos atos ilícitos contra a aviação civil. Também há o Protocolo de Montreal, de 1984, para proteção não contra ação de terroristas ou criminosos comuns, mas contra abusos do próprio Estado na preservação de sua segurança territorial.

x) espaço extra-atmosférico: o desenvolvimento desse segmento ocorreu após a corrida espacial, marcada por fatos notórios como: a colocação em órbita do primeiro satélite artificial – o *Sputnik* – pela União Soviética, em 4 de outubro de 1957; e o primeiro pouso de uma nave terrestre tripulada – por astronautas norte-americanos – na Lua, em 20 de julho de 1969.

O Tratado sobre o espaço exterior data de 1967, foi negociado no âmbito da Organização das Nações Unidas, em Nova York, e entrou em vigor em outubro do mesmo ano. Essencialmente, prescreve que o espaço extra-atmosférico e os corpos celestes são de acesso livre, insuscetíveis de apropriação ou anexação por qualquer Estado, e sua investigação e exploração devem fazer-se em benefício coletivo, com acesso geral às informações que a propósito recolham. Os Estados comprometem-se à abstenção de todo ato lesivo às iniciativas alheias nesse terreno, à ajuda mútua na proteção de astronautas em dificuldade, e à tomada de medidas cautelares contra riscos de contaminação.

capítulo 11

DIREITO INTERNACIONAL DOS DIREITOS HUMANOS

11.1 INTRODUÇÃO AO DIREITO INTERNACIONAL DOS DIREITOS HUMANOS

No concerto mundial após a Segunda Guerra Mundial, uma área que se desenvolveu apuradamente foi a do Direito Internacional dos Direitos Humanos. Tal feito se dá em decorrência da percepção de que o Estado – como definido originariamente – pode se distanciar de seu *mister*, qual seja, a promoção do bem-viver, do bem comum; também pelo fortalecimento das organizações internacionais, em espécie as organizações interestatais, com personalidade jurídica própria que passam a atuar em questões difusas e globais como meio ambiente, segurança, comércio internacional e direitos humanos.

Em paralelo à formação de sistemas globais e regionais permanentes de promoção e proteção de direitos humanos, estão: Sistema ONU (Organização das Nações Unidas), Sistema OEA (Organização dos Estados Americanos) e Sistema Europeu e Sistema Africano.

O Direito Internacional dos Direitos Humanos, segundo Norberto Bobbio, tende em duas direções: na direção de sua universalização e naquela de sua multiplicação. A universalização é o ponto de partida de profunda transformação do "direito das gentes", como foi chamado o Direito Internacional durante séculos, em direito também dos "indivíduos", dos indivíduos singulares, os quais, adquirindo pelo menos potencialmente o direito de questionarem o seu próprio Estado, vão se transformando, de cidadãos de um Estado particular, em cidadãos do mundo.

Já a multiplicação dos direitos do homem ocorreu de três modos:

a) porque aumentou a quantidade de bens considerados merecedores de tutela;

b) porque foi estendida a titularidade de alguns direitos típicos a sujeitos diversos do homem;

c) porque o próprio homem não é mais considerado como ente genérico, ou homem em abstrato, mas é visto na especificidade ou na concreticidade de suas diversas maneiras de ser em sociedade, como criança, velho, doente etc. Em substância: mais bens, mais sujeitos, mais *status* do indivíduo[1].

Esses fenômenos são latentes na observação da rede protetiva que se formou a partir da Carta das Nações Unidas; com a Declaração Universal dos Direitos do Homem de 1948; e, os dois Pactos que sucederam e explicitaram a Declaração, constituindo-se em *hard law*, o Pacto Internacional dos Direitos Civis e Políticos e o Pacto Internacional de Direitos Econômicos, Sociais e Culturais, ambos de 1966.

Afora, a fecunda elaboração legislativa da Comissão de Direitos Humanos[2], instituída pela ONU, que passou a redação de tratados com temáticas especiais: discriminação racial; tortura; mulher; crianças etc.

11.2 DESENVOLVIMENTO HISTÓRICO DOS DIREITOS HUMANOS[3]

Segundo Celso Bastos:

Dá-se o nome de liberdades públicas, de direitos humanos ou individuais àquelas prerrogativas que tem o indivíduo em face do Estado. É um dos componentes mínimos do Estado constitucional ou do Estado de Direito. Neste, o exercício dos seus poderes soberanos não vai ao ponto de ignorar que há limites para a sua atividade além dos quais se invade a esfera jurídica do cidadão.

De modo a demonstrar a formação do conteúdo e desenvolvimento dos direitos humanos, assinalamos alguns fatos históricos determinantes:

---

[1]   Norberto Bobbio. *A era dos direitos*, p. 67-68.

[2]   O Conselho de Direitos Humanos da Organização das Nações Unidas (ONU) sucedeu à Comissão de Direitos Humanos da ONU em 2006. Foi fundado em março de 2006 e é constituído de 47 Estados-membros. São eleitos pela maioria dos membros da Assembleia Geral das Nações Unidas através de votação direta e secreta. A Assembleia Geral leva em consideração "a contribuição dos Estados candidatos à promoção e proteção dos Direitos Humanos, bem como seus compromissos e promessas voluntárias a este respeito". Mais informações no *site*: <https://nacoesunidas.org/direitoshumanos/sistemaonu/>.

[3]   Dados extraídos das obras de: Celso Bastos, *Curso de Direito Constitucional*, p. 173-184; e, Norberto Bobbio, *A era dos direitos*, p. 85-89.

Período Histórico	Textos Jurídicos
Idade Média – Os reis pactuavam com seus súditos acordos, mediante os quais estes últimos confirmavam a supremacia monárquica, enquanto o rei, por sua vez, fazia algumas concessões a certos estamentos sociais.	*Magna Carta Libertatum* – foi extraída pela nobreza inglesa do Rei João Sem Terra em 1215.
Fontes inglesas	*Lei de Habeas Corpus* – 1679 (Rei Carlos II) *Bill of Rights* – 13 de fevereiro de 1689
Independência das Colônias Americanas em 1776 • Influências das Declarações Americanas são as mesmas da Declaração Francesa: Locke, Montesquieu e Rousseau.	Declaração do Estado de Virginia – art. 1º "Que todos os homens são, por natureza, igualmente livres e independentes e têm certos direitos inatos, dos quais, quando entram em estado de sociedade não podem por qualquer acordo privar ou despojar seus pósteros e que são: o gozo da vida e da liberdade com os meios de adquirir e de possuir a propriedade e de buscar e obter felicidade e segurança".
Declaração da Independência dos Estados Unidos – 4 de julho de 1776	"Sustentamos como evidentes por si mesmas as seguintes verdades: todos os homens nascem iguais e são dotados pelo Criador de certos direitos inalienáveis; entre esses direitos estão a vida, a liberdade a busca da felicidade" (trecho da Declaração de Independência).
Revolução Francesa • "Proclamando a liberdade, a igualdade e a soberania popular, a Declaração foi o atestado de óbito do Antigo Regime, destruído pela Revolução" (Georges Lefebvre, historiador).	Declaração dos Direitos do Homem e do Cidadão aprovada pela Assembleia Nacional em 26-8-1789 – universalidade e cunho racional, isto é, considerava-se válida para toda a humanidade. Art. 1º da Declaração – (...) *os homens nascem livres*.
Fins do século XVIII	O liberalismo procurou assegurar uma liberdade contra o Estado, garantindo a vida e o direito de locomoção, de expressão do pensamento e de propriedade, além de efetivar a participação do indivíduo na formação da vontade do Estado.
Séculos XIX e XX	Necessidade de enfrentar novos desafios e ameaças levou a nova concepção dos direitos humanos. No início, foram criados para proteger o indivíduo contra o Estado; hoje, já se aceita a proteção do indivíduo contra outros indivíduos ou grupos de indivíduos.

Período Histórico	Textos Jurídicos
Pós-Segunda Guerra Mundial • Segundo Norberto Bobbio "a Declaração Universal representa a consciência histórica que a humanidade tem dos próprios valores fundamentais na segunda metade do século XX: é uma síntese do passado e uma inspiração para o futuro: mas suas tábuas não foram gravadas de uma vez para sempre[4]."	Declaração Universal dos Direitos do Homem, votada pela Assembleia Geral da ONU em 1948. Trecho do Preâmbulo – "Considerando que o reconhecimento da dignidade inerente a todos os membros da família humana e de seus direitos iguais e inalienáveis constitui o fundamento da liberdade, da justiça e da paz no mundo (...)".
Século XXI – Considerações Primeiras – Parafraseando a assertiva de Louis Henkin sobre o Direito Internacional: na contemporaneidade, o Direito Internacional pode ser classificado como o Direito anterior a 11 de setembro de 2001 e posterior à Segunda Guerra Mundial e o Direito posterior aos atentados terroristas. Neste ínterim, opções distintas desfilam frente aos Estados nacionais: a consolidação do diálogo como veículo de aproximação e de busca de consenso, balizados pelas conquistas pós-1945 na arena internacional com o desenvolvimento e a multiplicação do Direito Internacional dos Direitos Humanos, ou a volta ao Estado Polícia[5].	Alerta Flávia Piovesan: "o Pós 11 de setembro aponta o desafio de que ações estatais sejam orientadas pelos princípios legados do processo civilizatório, sem dilapidar o patrimônio histórico atinente a garantias e direitos. O esforço de construção de um 'Estado de Direito Internacional', em uma arena mais democrática e participativa, há de prevalecer em face da imediata busca do 'Estado Polícia' no campo internacional, fundamentalmente guiado pelo lema da força e segurança internacional[6]."

11.2.1 Evolução dos Direitos[7]

Em razão da localização histórica dos direitos humanos, alguns autores adotaram a tese de níveis ou geração de direitos. É de lembrar que tal divisão é meramente para fins didáticos, considerando a indivisibilidade e universalidade dos direitos humanos propugnada após Declaração Universal dos Direitos Humanos de 1948.

Assim, sob a denominação de gerações ou dimensões de Direitos Humanos, descrevemos:

a) **Direitos de primeira geração (dimensão):** formaram-se com a ideia de Estado de direito, submisso a uma Constituição. São os que se fundamentam na liberdade,

---

[4]   Norberto Bobbio prossegue ao afirmar "que a comunidade internacional se encontra hoje diante não só do problema de fornecer garantias válidas para aqueles direitos, mas também de aperfeiçoar continuamente o conteúdo da Declaração, articulando-o, especificando-o, atualizando-o, de modo a não deixá-lo cristalizar--se e enrijecer-se em fórmulas tanto mais solenes quanto mais vazias" (*A era dos direitos*, p. 34).

[5]   Carla Teixeira. *Direito Internacional para o Século XXI*, p. 62.

[6]   Flavia Piovesan. *Direitos Humanos e o Direito Constitucional Internacional*, p. 15.

[7]   Dados extraídos das obras de Luiz Alberto David Araújo e Vidal Serrano Nunes Júnior, *Curso de Direito Constitucional*, p. 115-117; e, Ricardo Cunha Chimenti, Fernando Capez, Márcio F. Elias Rosa e

civil e politicamente considerada. São as liberdades públicas negativas que limitam o poder do Estado, impedindo-o de interferir na esfera individual, impõem um comportamento de abstenção do Estado. São os direitos que conformam a relação entre o Estado e o indivíduo.

Em regra, são integrados pelos direitos civis e políticos como o direito à vida, à intimidade, à inviolabilidade de domicílio etc. Resultam grandemente do pensamento jusfilosófico do final do século XVIII e século XIX.

b) Direitos de segunda geração (dimensão): representam uma evolução na proteção da dignidade da pessoa humana. Concentra-se nas necessidades do ser humano, em ótica oposta aos direitos de primeira geração impõe ao Estado uma conduta que forneça as condições materiais necessárias ao exercício de uma vida digna.

De outro modo, os direitos de segunda geração também são chamados de direitos positivos e impõem ao Estado uma conduta ativa em prol da realização de direitos sociais, econômicos e culturais.

Tem na igualdade o seu fundamento, e tiveram maior efetivação a partir do início do século XX, passando a figurar nas Constituições, de modo mais marcante, a partir da Segunda Guerra Mundial.

c) Direitos de terceira geração (dimensão): após a identificação dos direitos que traduzem o binômio de liberdade e igualdade, surge uma nova seara jurídica voltada para o pensamento do ser humano enquanto gênero, em sua essência e razão de existir.

Isto é, há um resgate do fundamento de solidariedade e fraternidade voltada para a proteção da humanidade compondo uma nova gama de direitos, como: direito à paz no mundo; direito ao desenvolvimento econômico dos países; direito à preservação ambiental, do patrimônio comum da humanidade; e, direito à comunicação. A moderna doutrina os agrupa entre os direitos difusos e coletivos, cuja concretização só é possível se houver cooperação entre os povos.

De forma resumida, é possível comparar as gerações de direitos com os princípios que fundamentaram a Revolução Francesa e detalhá-los em razão de sua multiplicação no século XXI e inserção nos textos constitucionais nacionais. Vejamos:

Marisa F. Santos, *Curso de Direito Constitucional*, p. 46-48. Estes últimos autores incluem uma quarta geração de direitos: "**Direitos de quarta geração (direito dos povos):** Paulo Bonavides (*Curso de Direito Constitucional*. São Paulo: Malheiros) aponta a existência de uma quarta geração de direitos, cuja origem é a globalização do Estado neoliberal: "A globalização política na esfera da normatividade jurídica introduz os direitos de quarta geração que aliás correspondem à derradeira fase de institucionalização do Estado social". São direitos de quarta geração o direito à democracia, o direito à informação

Geração de Direitos	Princípios da Revolução Francesa	Direitos constitucionalmente reconhecidos
1ª Geração	Liberdade	Direitos Civis e Políticos.
2ª Geração	Igualdade	Direitos Sociais, Econômicos e Culturais.
3ª Geração	Fraternidade ou Solidariedade	Direitos Difusos ou Coletivos.

Vale ressaltar que autores hodiernos apontam a criação de uma quarta geração de direitos[8] cuja origem é a globalização do Estado neoliberal: "A globalização política na esfera da normatividade jurídica introduz os direitos de quarta geração que aliás correspondem à derradeira fase de institucionalização do Estado social".

São direitos de quarta geração (dimensão) o direito à democracia, o direito à informação e o direito ao pluralismo. Deles depende a concretização da sociedade aberta do futuro, em sua dimensão de máxima universalidade, para a qual parece o mundo inclinar-se no plano de todas as relações de convivência.

A sociedade globalizada amplia horizontes materiais e intelectuais, mas também expõe o indivíduo à dominação por outros povos. É necessário que a ordem jurídica internacional o proteja porque até mesmo a soberania dos Estados sofre abalos por sua inserção no denominado mundo globalizado. Para Norberto Bobbio, são direitos de quarta geração aqueles "referentes aos efeitos cada vez mais traumáticos da pesquisa biológica que permitirá manipulações do patrimônio genético de cada indivíduo".

11.3 A INTERNACIONALIZAÇÃO DOS DIREITOS HUMANOS

A leitura do processo de internacionalização dos direitos humanos não pode se afastar da observação de Norberto Bobbio de que "Os direitos humanos nascem como direitos naturais universais, desenvolvem-se como direitos particulares, para finalmente encontrarem sua plena realização como direitos positivos universais"[9].

Significa dizer que originariamente os direitos humanos pertencem a todos enquanto entes, enquanto "ser". Em seguida, com o advento do constitucionalismo[10], movi-

---

e o direito ao pluralismo. Deles depende a concretização da sociedade aberta do futuro, em sua dimensão de máxima universalidade, para a qual parece o mundo inclinar-se no plano de todas as relações de convivência. A sociedade globalizada amplia horizontes materiais e intelectuais, mas também expõe o indivíduo à dominação por outros povos. É necessário que a ordem jurídica internacional o proteja porque até mesmo a soberania dos Estados sofre abalos por sua inserção no denominado mundo globalizado. Para Norberto Bobbio são direitos de quarta geração aqueles "referentes aos efeitos cada vez mais traumáticos da pesquisa biológica que permitirá manipulações do patrimônio genético de cada indivíduo".

[8]   Paulo Bonavides, *Curso de Direito Constitucional*, apud Ricardo Cunha Chimenti, Fernando Capez, Márcio F. Elias Rosa e Marisa F. Santos, *Curso de Direito Constitucional*, p. 46-48.

[9]   Norberto Bobbio. *A era dos direitos*, p. 30.

[10]   Jorge Miranda, ao abordar o movimento do constitucionalismo e a Constituição, entende que "para o constitucionalismo, o fim está na proteção que se conquista em favor dos indivíduos, dos homens

mento originariamente de oposição aos Estados absolutistas, teve início a reestruturação dos Estados nacionais e a redação de seus respectivos textos constitucionais, contendo limitações aos poderes do Estado e a descrição de direitos e garantias para os indivíduos de modo a coibir abusos e reger as relações entre governantes e governados.

Ocorreu, então, a incorporação por parte dos ordenamentos jurídicos nacionais de direitos intitulados direitos humanos, corroborando na prática para o seu desenvolvimento.

Por fim, após a crise do positivismo jurídico, deflagrada pelas atrocidades cometidas no palco da Segunda Guerra Mundial, sob as vestes de atos de Estado, fundadas no ordenamento jurídico nacional, a sociedade internacional reuniu-se sob a égide de recém-instituído organismo internacional – a Organização das Nações Unidas – e editou normas, segundo o Direito Internacional, que indubitavelmente transformaram os direitos humanos, até então opções nacionais, em responsabilidade internacional.

11.3.1 O legado da Segunda Guerra Mundial

Existem antecedentes históricos, pré-1948 – ano da Declaração Universal dos Direitos do Homem – que pontuam a evolução dos direitos humanos no caminho da internacionalização e universalização:

i) as manifestações de Direito Humanitário ou Direito Internacional de Guerra: que visavam fixar limites à atuação do Estado e assegurar o respeito aos direitos fundamentais durante a ocorrência de conflitos armados (guerras);

ii) a Liga das Nações: criada após a Primeira Guerra Mundial com a finalidade de promover a cooperação, paz e segurança internacional, inaugurando a criação de limites à soberania dos Estados e impondo sanções no caso de descumprimento dos compromissos ou acordos assumidos; e

iii) a Organização Internacional do Trabalho: surgiu imediatamente após a Primeira Guerra Mundial com a finalidade de regular a condição dos trabalhadores no âmbito mundial e, portanto, promovendo parâmetros básicos de trabalho e de bem-estar social[11].

O pós-1945 trouxe à humanidade a consciência do valor humano e a necessidade de uma luta perene contra qualquer ação que leve a descartabilidade deste valor intrínseco.

---

cidadãos, e a Constituição não passa de um meio para o atingir. (...) O constitucionalismo liberal tem ainda de buscar uma legitimidade que se contraponha à antiga legitimidade monárquica; e ela só pode ser democrática, ainda quando na prática e nas próprias leis constitucionais daí se não deduzam todos os corolários. A Constituição é então a auto-organização de um povo (de uma nação, na acepção revolucionária da palavra), o acto pelo qual um povo se obriga e obriga os seus representantes, o acto mais elevado de exercício da soberania (nacional ou popular, consoante a concepção que se perfilhe)" (*Manual de Direito Constitucional*, p. 18).

11   Dados extraídos da obra de Flávia Piovesan. *Direitos Humanos e o Direito Constitucional Internacional*, p. 125-128.

11.3.2 O Estado como violador dos direitos humanos

A literatura que descreve os acontecimentos da Segunda Guerra Mundial é farta, todavia é inegável a constatação de que o grande violador dos direitos dos homens foi o Estado. Esta constatação é expressa no que Celso Lafer convencionou chamar de "ruptura dos direitos humanos"[12]; pois aquele que por essência tem o dever de proteger e agir em consonância ao interesse de seu povo, foi o primeiro a distanciar-se de seu mister.

Na Alemanha nazista, vários fatores ordenados compuseram em movimentos orquestrados a derrocada do valor humano: o aparelho de dominação burocrática; a ideologia antissemita; a guerra expansionista, dentre outros.

Vale aqui transcrever Celso Lafer:

No momento em que os seres humanos se tornam supérfluos e descartáveis, no momento em que vige a lógica da destruição, em que cruelmente se abole o valor da pessoa humana, torna-se necessária a reconstrução dos direitos humanos, como paradigma ético capaz de restaurar a lógica do razoável. A barbárie do totalitarismo significou a ruptura do paradigma dos direitos humanos, através da negação do valor da pessoa humana como fonte do Direito. Diante desta ruptura, emerge a necessidade de reconstrução dos direitos humanos, como referencial e paradigma ético que aproxime o direito da moral. Neste cenário, o maior direito passa a ser, adotando a terminologia de Hannah Arendt, o direito a ter direitos, ou seja, o direito a ser sujeito de direito.

A título exemplificativo, as Leis de Nuremberg de 1935, editadas na Alemanha, vieram a legalizar práticas que já vinham sendo adotadas como: a exclusão dos judeus do serviço público (o que já ocorria desde 1933); a privação dos direitos políticos aos judeus, que deixavam de ser cidadãos e mantinham apenas os direitos civis sendo membros do Estado alemão; a proibição de ato sexual entre judeus e alemães, bem como a realização de casamentos mistos; a proibição de se empregar mulher alemã com menos de 45 anos numa casa judaica.

Todas essas medidas vieram a consolidar o que já ocorria no Estado alemão desde 1933: o tratamento dos judeus como cidadãos de segunda espécie[13].

---

[12]   "No momento em que os seres humanos se tornam supérfluos e descartáveis, no momento em que vige a lógica da destruição, em que cruelmente se abole o valor da pessoa humana, torna-se necessária a reconstrução dos direitos humanos, como paradigma ético capaz de restaurar a lógica do razoável. A barbárie do totalitarismo significou a ruptura do paradigma dos direitos humanos, através da negação do valor da pessoa humana como fonte do Direito. Diante desta ruptura, emerge a necessidade de reconstrução dos direitos humanos, como referencial e paradigma ético que aproxime o direito da moral. Neste cenário, o maior direito passa a ser, adotando a terminologia de Hannah Arendt, o direito a ter direitos, ou seja, o direito a ser sujeito de direito" (Celso Lafer, *A reconstrução dos direitos humanos:* um diálogo com o pensamento de Hannah Arendt, p. 132).

[13]   Dados extraídos da obra de Hannah Arendt, *Eichmann em Jerusalém,* p. 50-52.

A herança de Hitler foi condicionar a titularidade de direito, quer dizer, a condição de sujeito de direitos ao fato de pertencer a determinada raça, no caso, a raça pura ariana. Neste intento de limpeza étnica foram exterminados 11 milhões de pessoas.

A máquina estatal alemã direcionou-se para a "solução da questão judaica", primeiro a expulsão do território, depois a concentração em áreas reduzidas e restritas e, por fim, a "solução final" o assassinato em massa.

A apuração deste aparato levou a uma mudança de mentalidade por parte da comunidade internacional, na qual não mais se pode afirmar e admitir que o Estado possa agir como bem entender em relação aos seus cidadãos, não sendo alcançado no âmbito internacional por qualquer responsabilização.

O instituto da responsabilidade internacional do Estado foi ampliado para receber a hipótese de cometimento de ato ilícito perante o direito internacional dos direitos humanos, tendo por sujeito ativo na ação o indivíduo.

Nesse ponto, é determinante a relativização da soberania estatal bem como a inclusão definitiva do indivíduo no cenário internacional como sujeito de direito internacional.

No dizer de Celso Lafer:

> o sistema internacional que se configurou depois da Segunda Guerra Mundial teve, entre os seus ingredientes constitutivos, no campo dos valores, o impacto do mal ativo, associado à prepotência do poder tal como exercido pelos governantes dos regimes totalitários, manifesto em especial no horror *erga omnes* da descartabilidade do ser humano no período nazista. A percepção de que isto representou uma ruptura inédita em relação à tradicional preocupação com o bom governo dos Estados soberanos, instigou um alargamento e um aprofundamento da temática dos direitos humanos no plano internacional[14].

Ao final da Segunda Guerra, foi firmado o Acordo de Londres de 1945, pelo qual foi instituído um Tribunal Militar Internacional para julgar os criminosos de guerra. O Tribunal de Nuremberg assim foi formado com a competência de julgar os crimes cometidos ao longo do nazismo.

Esse fato transformou-se num extraordinário propulsor do movimento de internacionalização dos direitos humanos, trazendo entre suas atribuições o julgamento dos seguintes crimes:

i) crimes contra a paz;

ii) crimes de guerra; e

iii) crimes contra a humanidade.

---

[14] Celso Lafer, *Comércio, desarmamento, direitos humanos*, p. 188.

Esses eventos na sua totalidade levaram à conclusão derradeira apontada por Flávia Piovesan de que:

> A necessidade de uma ação internacional mais eficaz para a proteção dos direitos humanos impulsionou o processo de internacionalização desses direitos, culminando na criação da sistemática normativa de proteção internacional, que faz possível a responsabilização do Estado no domínio internacional, quando as instituições nacionais se mostram falhas ou omissas na tarefa de proteção dos direitos humanos[15].

11.4 A DECLARAÇÃO UNIVERSAL DE DIREITOS HUMANOS

Em 10 de dezembro de 1948, 56 países se reuniram em Assembleia Geral da Organização das Nações Unidas, sendo que com 48 votos favoráveis e oito abstenções – Bielorrússia, Checoslováquia, Polônia, Arábia Saudita, Ucrânia, URSS, África do Sul e Iugoslávia –, foi adotada a Declaração Universal dos Direitos Humanos.

A denominação da Declaração demonstra a clara pretensão de seu alcance universal, delineando um patamar mínimo de metas a serem cumpridas, desvendando como caracteres indissociáveis dos direitos humanos: a indivisibilidade e a universalidade.

A Declaração Universal dos Direitos Humanos vem consolidar a tese da universalidade dos direitos humanos por apontar o consenso não só de Estados ou comunidades nacionais, mas de homens livres e iguais, no dizer de Norberto Bobbio:

> Não sei se se tem consciência de até que ponto a Declaração Universal representa um fato novo na história, na medida em que, pela primeira vez, um sistema de princípios fundamentais da conduta humana foi livre e expressamente aceito, através de seus respectivos governos, pela maioria dos homens que vive na Terra. Com essa declaração, um sistema de valores é – pela primeira vez na história – universal, não em princípio, mas *de fato*, na medida em que o consenso sobre sua validade e sua capacidade para reger os destinos da comunidade futura de todos os homens foi explicitamente declarado. (Os valores de que foram portadoras as religiões e as Igrejas, até mesmo a mais universal das religiões, a cristã, envolveram *de fato*, isto é, historicamente, até hoje, apenas uma parte da humanidade). Somente depois da Declaração Universal é que podemos ter a certeza histórica de que a humanidade – toda a humanidade – partilha alguns valores comuns e podemos, finalmente, crer na universalidade

---

[15]   Flávia Piovesan. *Direitos Humanos e o Direito Constitucional Internacional*, p. 132.

dos valores, no único sentido em que tal crença é historicamente legítima, ou seja, no sentido em que universal significa não algo dado objetivamente, mas algo subjetivamente acolhido pelo universo dos homens[16].

Também se afirma que a Declaração trouxe indivisibilidade aos direitos humanos porque em um mesmo instrumento abraçou direitos civis e políticos (artigos 3º a 21) e direitos econômicos, sociais e culturais (artigos 22 a 28), historicamente, direitos tratados de forma isolada.

Sucintamente, os direitos civis e políticos surgiram como afirmações de liberdade, de modo a limitar e controlar o poder do Estado; por outro lado, os direitos econômicos, sociais e culturais são afirmações de igualdade, autorizando e exigindo até um agir do Estado, no papel social. Ao apresentar conjuntamente os direitos, conjugando os valores de liberdade e igualdade, a Declaração inaugura a concepção atual de que são direitos indivisíveis; ou melhor, que a prática dos direitos civis e políticos é indissociável do exercício dos direitos econômicos, sociais e culturais.

Em suma, a Declaração Universal dos Direitos Humanos (DUDH)[17] trouxe conteúdo normativo à Carta da ONU e veiculou a inserção em definitivo do indivíduo, como sujeito de direito, na ordem internacional.

A despeito desta concepção, para Celso Bastos, a eficácia da Declaração Universal dos Direitos do Homem no tocante aos direitos individuais depende da sua definição ao nível da legislação de cada país.

É destes, no fundo, que dependem tanto a extensão dos direitos quanto a definição das garantias que os instrumentam, estas de ordem eminentemente jurisdicional, sem prejuízo de outras formas de muito menos importância que possam existir[18].

Até porque é forçoso reconhecer que a Declaração Universal não é um tratado, logo, segundo parte da doutrina, não apresenta força de lei ou estrutura compromissa para os Estados signatários.

Em razão dessa *polêmica*, reconhece-se o propósito da Declaração de promover o reconhecimento universal dos direitos humanos e liberdades fundamentais. Contudo, foram elaborados outros pactos que vieram a dar força jurídica obrigatória e vinculante no âmbito do Direito Internacional ao conteúdo de direitos humanos, além

---

[16] Norberto Bobbio, *A era dos direitos*, p. 30.
[17] A DUDH está configurada no conceito de *soft law*, na medida em que, embora não tenha força vinculante, orienta as relações sociais no âmbito da proteção da dignidade da pessoa humana (consenso internacional dos Direitos Humanos).
[18] Celso Ribeiro Bastos, *Curso de Direito Constitucional*, p. 183-184.

de inaugurar o que se convencionou denominar de Sistema Global de Proteção Internacional dos Direitos Humanos.

11.4.1 O Pacto Internacional dos Direitos Civis e Políticos

Resultado do esforço de juridicização da Declaração Universal dos Direitos do Homem, seu texto foi aprovado pela Assembleia Geral das Nações Unidas em 1966, porém entrou em vigor somente dez anos depois, em 1976, quando atingiu o número mínimo de ratificações para início de seus efeitos.

Algumas previsões do Pacto:

• Dever dos Estados-partes em assegurar os direitos nele elencados;

• Direito à vida;

• Direito de não ser submetido a tortura ou a tratamentos cruéis, desumanos ou degradantes;

• Direito a não ser escravizado, nem submetido a servidão;

• Direitos à liberdade e à segurança pessoal e a não ser sujeito a prisão ou detenção arbitrárias;

• Direito a um julgamento justo;

• Direito à igualdade perante a lei;

• Direito à liberdade de movimento;

• Direito a uma nacionalidade;

• Direito de casar e de formar família;

• Liberdades de pensamento, consciência e religião;

• Liberdades de opinião e de expressão;

• Direito à reunião pacífica;

• Liberdade de associação;

• dentre outros.

O art. 28 prevê a criação de um Comitê de Direitos Humanos, composto por 18 membros, com a finalidade de receber e analisar os relatórios sobre as medidas adotadas pelos Estados-partes para tornar efetivos os direitos reconhecidos no pacto, bem como o progresso alcançado no gozo desses direitos (art. 40); examinar as comunicações em que um Estado-parte alegue que outro descumpre as obrigações impostas pelo pacto (art. 41); dentre outras funções descritas no pacto.

O Brasil aprovou o Pacto em 12 de dezembro de 1991 pelo Decreto Legislativo n. 226, sendo promulgado pelo Decreto n. 592, de 6 de julho de 1992.

11.4.2 O Pacto Internacional dos Direitos Econômicos, Sociais e Culturais

No mesmo procedimento de elaboração do Pacto Internacional de Direitos Civis e Políticos, ainda como resultado da Declaração Universal dos Direitos do Homem, foi redigido o Pacto Internacional de Direitos Econômicos, Sociais e Culturais de forma a conferir preceitos juridicamente obrigatórios e vinculantes aos direitos descritos na Declaração, com texto aprovado pela Assembleia Geral das Nações Unida em 1966 e também com vigência somente dez anos depois a partir de 1976.

Importante observar, nas palavras de Flávia Piovesan, que:

> enquanto o Pacto dos Direitos Civis e Políticos estabelece direitos endereçados aos indivíduos, o Pacto dos Direitos Econômicos, Sociais e Culturais estabelece deveres endereçados aos Estados. Enquanto o primeiro Pacto determina que "todos têm o direito a ..." ou "ninguém poderá...", o segundo Pacto usa a fórmula "os Estados-partes reconhecem o direito de cada um a..."
>
> Se os direitos civis e políticos devem ser assegurados de plano pelo Estado, sem escusa ou demora – têm a chamada autoaplicabilidade – os direitos sociais, econômicos e culturais, por sua vez, nos termos em que estão concebidos pelo pacto, apresentam realização progressiva. Vale dizer: são direitos que estão condicionados à atuação do Estado, que deve adotar medidas econômicas e técnicas, isoladamente e através da assistência e cooperação internacionais, até o máximo de seus recursos disponíveis, com vistas a alcançar progressivamente a completa realização dos direitos previstos pelo Pacto (art. 2º, parágrafo 1º, do pacto)[19].

Algumas previsões do Pacto:

- O ser humano livre, libertado do medo e da miséria, só poderá ser atingido se forem criadas as condições que permitem a cada um desfrutar direitos econômicos, sociais e culturais, assim como direitos civis e políticos (trecho do preâmbulo);
- Todos os Estados se comprometem a agir visando garantir progressivamente o pleno exercício dos direitos reconhecidos no Pacto;
- Direito ao Trabalho;
- Direito à segurança social, inclusive os seguros sociais;
- Direito de todas as pessoas de um nível de vida suficiente para elas e sua família, inclusive, alimentação, vestuário e moradia;
- Direito à saúde física e mental;
- Direito à educação;
- Direito à cultura;
- dentre outros.

---

[19] Flávia Piovesan, *Direitos humanos e o direito constitucional internacional*, p. 180.

O mecanismo de proteção dos direitos sociais, econômicos e culturais restringe-
-se ao relatório diferentemente do Pacto Internacional de Direitos Civis e Políticos,
que admite um rol de monitoramento mais amplo.

O Brasil aprovou o Pacto em 12 de dezembro de 1991 pelo Decreto Legislativo
n. 226, sendo promulgado pelo Decreto n. 591, de 6 de julho de 1992.

11.4.3 A Declaração de Direitos Humanos de Viena de 1993

Em 1993, na Conferência Mundial sobre Direitos Humanos, as nações se reuniram e reafirmaram que a promoção e a proteção dos direitos humanos são questões
prioritárias para a comunidade internacional, sendo a Conferência a oportunidade
para uma análise abrangente do sistema internacional dos direitos humanos e dos
mecanismos de proteção desses direitos.

Ainda, reafirmam que a Declaração Universal dos Direitos Humanos constitui uma meta comum para todos os povos e nações, sendo fonte de inspiração e base
para as Nações Unidas na definição das normas previstas nos instrumentos internacionais de direitos humanos existentes, particularmente no Pacto Internacional
dos Direitos Civis e Políticos e no pacto Internacional dos Direitos Econômicos,
Sociais e Culturais.

Todos os ideais apontados estão envoltos na premissa de que o cenário internacional está sofrendo importantes mudanças e os povos aspiram por uma ordem internacional baseada nos princípios consagrados na Carta das Nações Unidas; resumidamente, uma vida pautada no valor máximo da dignidade humana, em condições de
paz, democracia, justiça, igualdade, Estados de Direito, pluralismo, desenvolvimento,
melhores padrões de vida e solidariedade.

Algumas diretrizes:

- Observância e proteção dos direitos humanos;

- Direito a autodeterminação;

- Democracia, desenvolvimento e o respeito aos direitos humanos e liberdades
fundamentais como conceitos interdependentes que se reforçam mutuamente;

- Cooperação entre os Estados para garantir o desenvolvimento;

- Maior coordenação no sistema das Nações Unidas na área dos direitos
humanos: cooperação entre os órgãos e organismos especializados das Nações
Unidas;

- Educação em direitos humanos: educação, treinamento e informação pública na área dos direitos humanos como elementos essenciais para promover e estabelecer relações estáveis e harmoniosas entre as comunidades e para fomentar o entendimento mútuo, a tolerância e a paz.

11.5 SISTEMA DE DIREITOS HUMANOS DA ORGANIZAÇÃO DAS NAÇÕES UNIDAS

O Sistema de Direitos Humanos da ONU[20] é particularmente complexo. Consiste em quatro entidades permanentes separadas, porém interligadas, além de entidades temporárias *ad hoc* (feitas para uma finalidade específica), tais como comissões de inquérito independentes ou missões de determinação de fatos (*Fact-finding missions*) estabelecidas pelo Conselho de Direitos Humanos. São elas:

1) O **Conselho de Direitos Humanos da ONU**, órgão subsidiário da Assembleia Geral, com 47 Estados-membros eleitos por um período de 3 anos.

A Revisão Periódica Universal (RPU) é uma avaliação entre estados (governos), ou seja, os estados se avaliam mutuamente, quanto à situação de direitos humanos, gerando um conjunto de recomendações.

É um processo único que compreende a avaliação periódica da situação de direitos humanos de todos os 193 Estados-membros das Nações Unidas. A RPU é uma inovação significativa do Conselho de Direitos Humanos centrada no tratamento igualitário para todos os países.

Ela confere a oportunidade de todos os Estados declararem quais ações eles tomaram para melhorar as situações de direitos humanos e para ultrapassar os obstáculos à plena realização dos direitos humanos. A RPU também inclui o compartilhamento das melhores práticas de direitos humanos em todo o mundo.

A RPU foi estabelecida quando o Conselho de Direitos Humanos foi criado, em 15 de março de 2006, pela Resolução n. 60/251 da Assembleia Geral das Nações Unidas. A resolução deu ao Conselho o mandato para:

> organizar uma revisão periódica universal, baseada em informação objetiva e confiável, para o cumprimento das obrigações e compromissos de direitos humanos de cada Estado de modo a que se assegure a universalidade de abrangência e o tratamento igual no que diz respeito a todos os Estados.

2) **Procedimentos Especiais** (na sua maioria Relatores Especiais, mas também alguns Grupos de Trabalho e Especialistas Independentes). Relatores Especiais, Especialistas (ou Peritos) Independentes e Grupos de Trabalho constituem coletivamente os "Procedimentos Especiais" do Conselho de Direitos Humanos.

"Procedimentos Especiais" é o nome geral dos mecanismos independentes de investigação e controle do Conselho que abrangem todos os direitos humanos: civis, políticos, sociais, econômicos e culturais.

---

[20] Informações extraídas do *site*: https://nacoesunidas.org/direitoshumanos/sistemaonu/.

Atualmente, existem 55 Procedimentos Especiais, incluindo 41 mandatos temáticos e 14 mandatos relacionados a países e territórios.

3) Os **Organismos de Tratados da ONU**. Os órgãos de tratados são comitês de especialistas independentes que monitoram a implementação, pelos Estados-partes, dos principais tratados internacionais de direitos humanos adotados pela Assembleia Geral da ONU. Um Estado que ratifique um tratado concorda em estar sujeito a revisão periódica.

Ao ratificar um tratado, os Estados-Partes têm a obrigação de adotar medidas para que todas as pessoas sob sua jurisdição possam gozar dos direitos estipulados naquele instrumento. Periodicamente, devem informar aos Comitês sobre seus progressos e recebem recomendações para continuar avançando no marco de um diálogo construtivo com cada órgão de especialistas.

Atualmente, existem nove órgãos que supervisionam a implementação dos principais tratados internacionais de direitos humanos, bem como um décimo órgão: o Subcomitê para a Prevenção da Tortura.

O primeiro tratado internacional de direitos humanos é a Convenção para a Eliminação de Todas as Formas de Discriminação Racial, adotado em 1965. Em seguida, foram estabelecidos os Pactos Internacionais sobre Direitos Civis e Políticos e Direitos Econômicos, Sociais e Culturais em 1966. Os tratados mais recentes são a Convenção sobre os Direitos das Pessoas com Deficiência e a Convenção Internacional para a Proteção de Todas as Pessoas contra Desaparecimentos Forçados, adotadas em dezembro de 2006.

Todos os Estados-Membros das Nações Unidas ratificaram pelo menos um dos principais tratados internacionais de direitos humanos. Na América Latina, o número de ratificações é alto, e vários Estados da região ratificaram todos os tratados de direitos humanos do sistema universal[21].

4) O **Escritório do Alto Comissário das Nações Unidas para os Direitos Humanos (ACNUDH)**[22], que faz parte do Secretariado da ONU.

O Alto Comissariado para os Direitos Humanos (ACNUDH) recebe um mandato dos Estados-membros para apoiar o trabalho das outras três partes do Sistema, incluindo no campo da comunicação pública.

Os direitos humanos são um dos três pilares das Nações Unidas, bem como a paz e a segurança, e o desenvolvimento. Para cumprir seu mandato, o ACNUDH estabelece relações de estreita cooperação, assistência técnica e diálogo permanente com os governos, as instituições nacionais de direitos humanos, as organizações da sociedade civil, as equipes dos países e agências da ONU, entre outros.

---

[21]   Informações do sítio https://acnudh.org/pt-br/mecanismos/#Consejo_DDHH.

[22]   https://acnudh.org/pt-br/.

O ACNUDH lidera os esforços da organização para promover e proteger os direitos humanos em todo o mundo. É chefiado pela figura do Alto Comissário, principal funcionário das Nações Unidas para os direitos humanos, que é nomeado pelo Secretário-Geral.

O ACNUDH tem presença em mais de 60 países, cumprindo com seu mandato (estabelecido com a Resolução 48/141 da Assembleia Geral, de 20 de dezembro de 1993) para apoiar a promoção e proteção de todos os direitos humanos universalmente reconhecidos. O mandato do Escritório inclui apoio ao trabalho dos mecanismos internacionais de direitos humanos.

11.6 SISTEMA INTERNACIONAL DE PROTEÇÃO DOS DIREITOS HUMANOS – CONVENÇÕES TEMÁTICAS

A Declaração Universal dos Direitos Humanos, em conjunto com o Pacto Internacional dos Direitos Civis e Políticos e seus dois Protocolos Opcionais (sobre procedimento de queixa e sobre pena de morte) e com o Pacto Internacional dos Direitos Econômicos, Sociais e Culturais e seu Protocolo Opcional, formam a chamada Carta Internacional dos Direitos Humanos.

Uma série de tratados internacionais de direitos humanos e outros instrumentos adotados desde 1945 expandiram o corpo do direito internacional dos direitos humanos. Eles incluem a Convenção para a Prevenção e a Repressão do Crime de Genocídio (1948), a Convenção Internacional sobre a Eliminação de Todas as Formas de Discriminação Racial (1965), a Convenção sobre a Eliminação de Todas as Formas de Discriminação contra as Mulheres (1979), a Convenção sobre os Direitos da Criança (1989) e a Convenção sobre os Direitos das Pessoas com Deficiência (2006), entre outras[23].

11.6.1 Convenção para a Prevenção e Repressão do Crime de Genocídio

Sob o impacto da Segunda Guerra Mundial, a sociedade internacional se reuniu, no formato da ONU, por meio da Assembleia Geral das Nações Unidas em 11 de dezembro de 1946 para declarar que o genocídio é um crime contra o Direito Internacional, contrário ao espírito e aos fins das Nações Unidas e que o mundo civilizado condena.

Antes dos eventos da Segunda Grande Guerra não havia tipificação do crime de genocídio, a descrição da conduta marcada por homicídio em massa por motivações nacionais, étnicas, raciais ou religiosas não encontrava óbice expresso nas normas internacionais, sendo matéria de defesa no Tribunal de Nuremberg o respeito ao princípio da legalidade em que *não há crime sem lei anterior que o preveja*.

---

[23] Informações retiradas do *site*: https://nacoesunidas.org/direitoshumanos/declaracao/.

Nesse sentido, a Convenção para a Prevenção e Repressão do Crime de Genocídio – aprovada e aberta a assinatura e ratificação ou adesão pela Assembleia Geral da ONU, Resolução n. 260 A (III), de 9 de dezembro de 1948 – veio apaziguar a seara jurídica.

O genocídio é alçado ao *status* de crime internacional, seja praticado em tempos de guerra ou de paz (artigo I), sendo descrito como:

> qualquer dos seguintes atos cometidos com a intenção de destruir, no todo ou em parte, um grupo nacional, étnico, racial ou religioso, tal como: (a) assassinato de membros do grupo; (b) dano grave à integridade física ou mental de membros do grupo; (c) submissão intencional do grupo a condições de existência que lhe ocasionem a destruição física total ou parcial; (d) medidas destinadas a impedir os nascimentos no seio do grupo; (e) transferência forçada de menores do grupo para outro grupo.

A conduta criminosa abrange governantes, funcionários ou particulares (artigo IV), sendo punidos o genocídio, o conluio para cometer genocídio, a incitação direta e pública a cometer genocídio, a tentativa de genocídio e a cumplicidade no genocídio (artigo III).

O Brasil ratificou a Convenção em 15 de abril de 1952.

11.6.2 O Estatuto de Roma referente ao Tribunal Penal Internacional

A Convenção para a Prevenção e Repressão do Crime de Genocídio de forma visionária, em 1948, previa a competência (artigo VI) para julgar as pessoas acusadas de genocídio ou de qualquer dos outros atos relacionados nos artigos precedentes dos "tribunais competentes do Estado em cujo território foi o ato cometido ou **pela corte penal internacional** competente com relação às Partes Contratantes que lhe tiverem reconhecido à jurisdição" (grifos nossos).

A Carta da Organização das Nações Unidas prevê a possibilidade da criação de Tribunais *ad hoc* para julgamento de crimes internacionais como o da Bósnia em 1993 e de Ruanda em 1994.

Contudo, para tal determinação há necessidade da votação no Conselho de Segurança o que remete ao denominado consenso dos Grandes, pois qualquer um dos cinco membros permanentes do Conselho pode obstruir a criação do Tribunal através do exercício de veto – como já referimos no item sobre a Organização das Nações Unidas.

Em razão das críticas da ausência de um Tribunal Penal Internacional permanente – além de no cenário das Convenções internacionais a eficácia de suas diretrizes se restringirem ao controle dos Comitês e Relatórios – em 17 de julho de 1998 foi aprovado o texto final do Estatuto de Roma, composto por 128 artigos e 2 anexos, sendo que dos Estados votantes, 120 países assentiram na formação do Tribunal Penal Internacional e 7 foram contrários, quais sejam: Estados Unidos, Israel, Índia, Filipina, Sri Lanka, China e Turquia.

Aspectos principais:

• Criação de um Tribunal Penal Internacional permanente, independente e com jurisdição complementar às jurisdições penais nacionais;

• Tribunal Penal Internacional terá competência para julgar os crimes de maior gravidade que afetem a comunidade internacional – artigo 5º e seguintes:

▪ Crime de genocídio – art. 6º;

▪ Crimes contra a humanidade – artigo 7º;

▪ Crimes de Guerra – art. 8º;

▪ Crimes de agressão.

• Juízo de admissibilidade descrito no art. 17 do Estatuto de Roma;

• A Corte poderá fixar condenação e reparação à vítima – art. 75 do Estatuto de Roma;

• Meio de exercício da jurisdição – art. 13 do Estatuto de Roma:

▪ Denúncia de um Estado-parte;

▪ Denúncia do Conselho de Segurança da ONU;

▪ Iniciativa do Procurador.

• Condições prévias ao exercício da jurisdição – art. 12 do Estatuto de Roma:

• Não são admitidas reservas ao Estatuto de Roma, segundo o art. 120.

11.6.3 Convenção Internacional sobre a eliminação de todas as formas de Discriminação Racial

Da feita que a Declaração Universal dos Direitos Humanos proclama que todos os seres humanos nascem livres e iguais em dignidade e direitos e que todas as pessoas são iguais perante a lei e têm direito a igual proteção contra qualquer discriminação – seja de raça, cor ou origem nacional – e contra qualquer incitamento à discriminação, em 21 de dezembro de 1965 foi adotada pela ONU a Convenção sobre a Eliminação de todas as formas de Discriminação Racial.

A Convenção em seu art. 1º define a expressão discriminação racial como:

toda distinção, exclusão, restrição ou preferência baseada em raça, cor, descendência ou origem nacional ou étnica que tenha por objeto ou resultado anular ou restringir o reconhecimento, gozo ou exercício em um mesmo plano (em igualdade de condição) de direitos humanos e liberdades fundamentais nos campos político, econômico, social, cultural ou em qualquer outro campo da vida pública.

Em outros termos, a Convenção impõe aos Estados signatários da norma internacional o reconhecimento da discriminação como prática condenável e a obrigação de adotar uma política destinada a eliminá-la em todas as suas formas; garantindo, por este meio, o princípio da igualdade perante a lei, sem distinção de raça, cor ou de origem nacional ou étnica.

A Convenção estabelece a criação de um Comitê sobre a eliminação da Discriminação Racial com competência para receber relatórios, denúncias de outros Estados e relatórios ou comunicados elaborados por indivíduos ou grupos de indivíduos (desde que o Estado-parte declare a competência do comitê para receber e examinar tais comunicações).

O Brasil assinou, em 7 de março de 1966, e ratificou a Convenção Internacional sobre a eliminação de todas as formas de Discriminação Racial, em 27 de março de 1968, sendo promulgada pelo Decreto n. 65.810, de 8 de dezembro de 1969.

11.6.4 Convenção sobre a Eliminação de todas as formas de Discriminação contra a mulher

A Convenção sobre a Eliminação de Todas as Formas de Discriminação contra a Mulher, no preâmbulo, relembra que a discriminação contra a mulher viola os princípios da igualdade de direitos e do respeito da dignidade humana, dificulta a participação da mulher, nas mesmas condições que o homem, na vida política, social, econômica e cultural de seu país, constitui um obstáculo ao aumento do bem-estar da sociedade e da família e dificulta o pleno desenvolvimento das potencialidades da mulher para prestar serviço a seu país e à humanidade.

Além de observar que em situações de pobreza a mulher tem acesso mínimo a alimentação, saúde, educação, capacitação e oportunidades de emprego.

Nesse contexto, a Convenção tipifica a conduta discriminatória contra a mulher, no art. 1º, como:

> toda distinção, exclusão ou restrição baseada no sexo e que tenha por objeto ou resultado prejudicar ou anular o reconhecimento, gozo ou exercício pela mulher, independentemente de seu estado civil, com base na igualdade do homem e da mulher, dos direitos humanos e liberdades fundamentais nos campos político, econômico, social, cultural e civil ou em qualquer outro campo.

Os Estados-partes da Convenção assumem a responsabilidade de adotar medidas que visem eliminar a discriminação contra a mulher, inclusive medidas de caráter legislativo e educacional. Foi criado, pelo art. 17 da Convenção, um Comitê sobre a Eliminação da Discriminação contra a Mulher para receber relatórios dos Estados-partes informando as medidas legislativas, judiciárias, administrativas e outras adotadas para alcançar os objetivos da Convenção.

O Brasil ratificou a Convenção sobre a Eliminação de todas as formas de Discriminação contra a mulher em 1º de fevereiro de 1984, com algumas reservas. Em 20 de dezembro de 1994 o Estado brasileiro notificou o Secretário Geral das Nações Unidas acerca da retirada de reservas formuladas quando da ratificação – as reservas eram referentes aos arts. 15, § 4º; 16, § 1º.

11.6.5 Convenção sobre os Direitos da Criança

A Convenção sobre os Direitos da Criança parte do princípio de que a família consiste na unidade fundamental da sociedade e meio natural para o crescimento e bem--estar de todos os seus membros, em particular das crianças, que devem receber proteção e assistência necessárias para que venham a assumir responsabilidades na comunidade. Para que a criança desenvolva sua personalidade de forma plena e harmoniosa, ela deve crescer em ambiente familiar, em clima de felicidade, amor e compreensão.

Essa ementa se perfaz na percepção de que a criança, em razão da falta de maturidade física e mental, necessita de proteção e cuidados especiais, incluindo proteção jurídica apropriada, antes e depois do nascimento.

Assim, as Nações Unidas colaboram com a produção de vários textos internacionais – que cuidam de situações específicas – culminando com a Convenção sobre os Direitos da Criança: Declaração sobre os Princípios Sociais e Jurídicos Relativos à Proteção e ao Bem-estar da Criança, com especial referência à adoção e à colocação em lares de adoção em âmbito nacional e internacional; as Regras-Padrão Mínimas para a Administração da Justiça Juvenil das Nações Unidas (Regras de Pequim) e a Declaração sobre a Proteção da Mulher e da Criança em Situações de Emergência e de Conflito Armado.

O art. 1º da Convenção estabelece que para os efeitos dos Direitos da Criança descritos na Convenção será considerada criança "todo ser humano menor de 18 anos de idade, salvo se, em conformidade com a lei aplicável à criança, a maioridade seja alcançada antes".

Os Estados-partes signatários da Convenção se comprometem a dar aos adultos e às crianças amplo conhecimento dos princípios e disposições contidos na Convenção (art. 42). Há criação de um Comitê para os Direitos da Criança (art. 43) que receberá relatórios sobre as medidas que os Estados-partes tenham adotado para tornar efetivos os direitos reconhecidos na Convenção.

O Brasil ratificou a presente Convenção em 24 de setembro de 1990 – aprovada pelo Decreto Legislativo n. 28, de 14 de setembro de 1990 e promulgada pelo Decreto n. 99.710, de 21 de novembro de 1990.

11.6.6 Convenção sobre a Tortura e outros Tratamentos ou Penas Cruéis, Desumanos ou Degradantes

O tema da tortura e outros tratamentos ou penas cruéis há muito é presente no cenário internacional. O art. 5º da Declaração Universal dos Direitos do Homem já trazia o princípio de que "ninguém será submetido à tortura e nem a penalidades ou tratamentos cruéis, desumanos ou degradantes"; art. 7º do Pacto Internacional sobre Direitos Civis e Políticos ampliou o espectro afirmando que "será proibido submeter uma pessoa sem seu livre consentimento a uma experiência médica ou científica".

Para fins da Convenção, tortura é tipificada como:

> qualquer ato pelo qual dores ou sofrimentos agudos, físicos ou mentais, são infligidos intencionalmente a uma pessoa a fim de obter, dela ou de terceira pessoa, informações ou confissões; de castigá-la por ato que ela ou terceira pessoa tenha cometido ou seja suspeita de ter cometido; de intimidar ou coagir esta pessoa ou outras pessoas; ou por qualquer motivo baseado em discriminação de qualquer natureza; quando tais dores ou sofrimentos são infligidos por um funcionário público ou outra pessoa no exercício de funções públicas, ou por sua instigação, ou com o seu consentimento ou aquiescência.

A tipificação da tortura no âmbito internacional especifica o autor da conduta delitiva necessariamente como funcionário público ou pessoa no exercício de funções públicas. Diferentemente da legislação brasileira, que ampliou a autoria sendo qualquer agente não necessariamente público (Lei n. 9.455, de 7-4-1997).

Os Estados-partes assumem a responsabilidade de criar legislações penais que tipifiquem penalmente a tortura como crime constituindo penas adequadas à gravidade do delito. O art. 17 cria um Comitê contra a Tortura que receberá relatórios dos Estados-partes informando as medidas adotadas no cumprimento das obrigações assumidas.

O Brasil aprovou a Convenção mediante Decreto Legislativo n. 4, de 23 de maio de 1989, e promulgação pelo Decreto n. 40, de 15 de fevereiro de 1991. A ratificação internacional da Convenção ocorreu em 28 de setembro de 1989, porém o Brasil enviou seu primeiro relatório apenas em 2000 em razão da edição tardia da Lei de Tortura apenas em 1997.

11.6.7 Convenção Internacional sobre os Direitos das Pessoas com Deficiência e seu Protocolo Facultativo, assinados em Nova Iorque, em 30 de março de 2007

O Estado brasileiro, por meio do Decreto n. 6.949, de 25 de agosto de 2009, aperfeiçoou o procedimento para incorporação dos tratados internacionais de direitos humanos, conforme disposto no § 3º do art. 5º da Constituição Federal brasileira, o qual o Congresso Nacional aprovou por meio do Decreto Legislativo n. 186, de 9 de julho de 2008.

Tal Convenção inaugura, portanto, a sistemática de inserção dos tratados internacionais de direitos humanos ao ordenamento jurídico pátrio com o status de norma constitucional, observado para tanto o procedimento das emendas à constituição.

A Convenção no preâmbulo "f" reconhece a importância dos princípios e das diretrizes de política, contidos no Programa de Ação Mundial para as Pessoas Deficientes e nas Normas sobre a Equiparação de Oportunidades para Pessoas com Deficiência, para influenciar a promoção, a formulação e a avaliação de políticas, planos, programas e ações em níveis nacional, regional e internacional para possibilitar maior igualdade de oportunidades para pessoas com deficiência.

O art. 4º da Convenção determina as obrigações gerais aos Estados-partes com especial atenção à adoção de políticas com vistas a:

a) adotar todas as medidas legislativas, administrativas e de qualquer outra natureza, necessárias à realização dos direitos reconhecidos na presente Convenção;

b) adotar todas as medidas necessárias, inclusive legislativas, para modificar ou revogar leis, regulamentos, costumes e práticas vigentes, que constituírem discriminação contra pessoas com deficiência;

c) levar em conta, em todos os programas e políticas, a proteção e a promoção dos direitos humanos das pessoas com deficiência.

A Convenção abrange o direito à igualdade e à não discriminação (art. 5º), sem olvidar as circunstâncias peculiares às mulheres com deficiência (art. 6º) e às crianças com deficiência (art. 7º). Observa, ainda, aspectos das liberdades públicas, por exemplo: o princípio do acesso à justiça (art. 13), liberdade e segurança da pessoa (art. 14), prevenção contra tortura ou tratamentos ou penas cruéis, desumanos ou degradantes (art. 15), prevenção contra a exploração, a violência e o abuso (art. 16). Avança aos direitos sociais (educação, família, moradia, saúde, trabalho, emprego) e também às afirmações de cidadania com a descrição da participação na vida política e pública (art. 29).

Sem pretender exaurir a abrangência da presente Convenção protetiva, verificamos, então, que, na parte final do texto compromissivo, encontramos as formas de monitoramento da adequação dos Estados partícipes às premissas do tratado, a criação de Comitês, bem como a produção de relatórios (arts. 33 a 36).

11.6.8 Tratado de Marraqueche para Facilitar o Acesso a Obras Publicadas às Pessoas Cegas, com Deficiência Visual ou com Outras Dificuldades para Ter Acesso ao Texto Impresso

O Tratado de Marraqueche foi firmado em 27 de junho de 2013 com o objetivo de facilitar o acesso a obras publicadas às pessoas cegas, com deficiência visual ou com outras dificuldades para ter acesso ao texto impresso. O espírito do tratado é facilitado pela observação do texto do preâmbulo, como abaixo segue:

Preâmbulo

As Partes Contratantes,

Recordando os princípios da não discriminação, da igualdade de oportunidades, da acessibilidade e da participação e inclusão plena e efetiva na sociedade, proclamados na Declaração Universal dos Direitos Humanos e na Convenção das Nações Unidas sobre os Direitos das Pessoas com Deficiência,

Conscientes dos desafios que são prejudiciais ao desenvolvimento pleno das pessoas com deficiência visual ou com outras dificuldades para ter acesso ao texto impresso, que limitam a sua liberdade de expressão, incluindo a liberdade de procurar, receber e difundir informações e ideias de toda espécie em condições de igualdade com as demais pessoas mediante todas as formas de comunicação de sua escolha, assim como o gozo do seu direito à educação e a oportunidade de realizar pesquisas,

Enfatizando a importância da proteção ao direito de autor como incentivo e recompensa para as criações literárias e artísticas e a de incrementar as oportunidades para todas as pessoas, inclusive as pessoas com deficiência visual ou com outras dificuldades para ter acesso ao texto impresso, de participar na vida cultural da comunidade, desfrutar das artes e compartilhar o progresso científico e seus benefícios,

Cientes das barreiras que enfrentam as pessoas com deficiência visual ou com outras dificuldades para ter acesso ao texto impresso para alcançarem oportunidades iguais na sociedade, e da necessidade de ampliar o número de obras em formatos acessíveis e de aperfeiçoar a circulação de tais obras,

Considerando que a maioria das pessoas com deficiência visual ou com outras dificuldades para ter acesso ao texto impresso vive em países em desenvolvimento e em países de menor desenvolvimento relativo,

Reconhecendo que, apesar das diferenças existentes nas legislações nacionais de direito de autor, o impacto positivo das novas tecnologias de informação e comunicação na vida das pessoas com deficiência visual ou com outras dificuldades para ter acesso ao texto impresso pode ser reforçado por um marco jurídico aprimorado no plano internacional,

Reconhecendo que muitos Estados-membros estabeleceram exceções e limitações em suas legislações nacionais de direito de autor destinadas a pessoas com deficiência visual ou com outras dificuldades para ter acesso ao texto impresso, mas que ainda há uma escassez permanente de exemplares disponíveis em formato acessível para essas pessoas; que são necessários recursos consideráveis em seus esforços para tornar as obras acessíveis a essas pessoas; e que a falta de possibilidade de intercâmbio transfronteiriço de exemplares em formato acessível exige a duplicação desses esforços,

Reconhecendo tanto a importância do papel dos titulares de direitos em tornar suas obras acessíveis a pessoas com deficiência visual ou com outras dificuldades para ter acesso ao texto impresso, como a importância de limitações e exceções adequadas para tornar as obras acessíveis a essas pessoas, em particular quando o mercado é incapaz de prover tal acesso,

Reconhecendo a necessidade de se manter um equilíbrio entre a proteção efetiva dos direitos dos autores e o interesse público mais amplo, em especial no que diz respeito à educação, pesquisa e acesso à informação, e que esse equilíbrio deve facilitar às pessoas com deficiência visual ou com outras dificuldades para ter acesso ao texto impresso o acesso efetivo e tempestivo às obras,

Reafirmando as obrigações contraídas pelas Partes Contratantes em virtude de tratados internacionais vigentes em matéria de proteção ao direito de autor, bem como a importância e a flexibilidade da regra dos três passos relativa às limitações e exceções, prevista no Artigo 9.2 da Convenção de Berna sobre a Proteção de Obras Literárias e Artísticas e em outros instrumentos internacionais,

Recordando a importância das recomendações da Agenda do Desenvolvimento, adotada em 2007 pela Assembleia Geral da Organização Mundial da Propriedade Intelectual (OMPI), que visa a assegurar que as considerações relativas ao desenvolvimento sejam parte integrante do trabalho da Organização,

Reconhecendo a importância do sistema internacional de direito de autor e visando harmonizar as limitações e exceções com vistas a facilitar o acesso e o uso de obras por pessoas com deficiência visual ou com outras dificuldades para ter acesso ao texto impresso,

Acordaram o seguinte:

(...)

Serão beneficiários do Acordo segundo o art. 3º:

Será beneficiário toda pessoa:

a) cega;

b) que tenha deficiência visual ou outra deficiência de percepção ou de leitura que não possa ser corrigida para se obter uma acuidade visual substancialmente equivalente à de uma pessoa que não tenha esse tipo de deficiência ou dificuldade, e para quem é impossível ler material impresso de uma forma substancialmente equivalente à de uma pessoa sem deficiência ou dificuldade; ou

c) que esteja impossibilitada, de qualquer outra maneira, devido a uma deficiência física, de sustentar ou manipular um livro ou focar ou mover os olhos da forma que normalmente seria apropriado para a leitura;

independentemente de quaisquer outras deficiências.

A República Federativa do Brasil firmou o Tratado de Marraqueche para Facilitar o Acesso a Obras Publicadas às Pessoas Cegas, com Deficiência Visual ou com Outras Dificuldades para Ter Acesso ao Texto Impresso, em Marraqueche, em 27 de junho de 2013. O Congresso Nacional aprovou o Tratado por meio do Decreto Legislativo n. 261, de 25 de novembro de 2015, conforme o procedimento de que trata o § 3º do art. 5º da Constituição; em outros termos, conferiu ao Tratado em tela o *status* de norma material e formalmente constitucional.

Desta feita, considerando que o Governo brasileiro depositou, junto ao Diretor-Geral da Organização Mundial da Propriedade Intelectual, em 11 de dezembro de 2015, o instrumento de ratificação ao Tratado e que este entrou em vigor para a República Federativa do Brasil, no plano jurídico externo, em 30 de setembro de 2016; o Presidente da República emitiu o Decreto n. 9.522, de 8 de outubro de 2018.

11.7 SISTEMA REGIONAL DE PROTEÇÃO DOS DIREITOS HUMANOS

Segundo Flávia Piovesan:

o sistema internacional de proteção dos direitos humanos pode apresentar diferentes âmbitos de aplicação. Daí falar-se nos sistemas global e regional de proteção dos direitos humanos. (...)

Ao lado do sistema global, surge o sistema regional de proteção, que busca internacionalizar os direitos humanos no plano regional, particularmente na Europa, América e África[24].

Desta feita, cada sistema regional de proteção aos direitos humanos apresenta uma dinâmica própria, não se confundindo com o sistema global, ambos são complementares e não colidentes. A rigor, os sistemas se coadunam em princípios e valores descritos na Declaração Universal dos Direitos do Homem de 1948.

Nas palavras de Henry Steiner:

Hoje não tem havido grandes conflitos de interpretação entre os regimes regionais e o regime das Nações Unidas. Teoricamente, os conflitos devem ser evitados mediante a aplicação das seguintes regras:

1) os parâmetros da Declaração Universal e de qualquer outro tratado das Nações Unidas acolhido por um país devem ser respeitados;

2) os parâmetros de direitos humanos que integram os princípios gerais de Direito Internacional devem ser também observados; e

3) quando os parâmetros conflitam, o que for mais favorável ao indivíduo deve prevalecer[25].

São considerados textos básicos do sistema interamericano de proteção dos direitos do homem:

- A Carta da Organização dos Estados Americanos (OEA), de 1948;
- A Declaração Americana de Direitos e Deveres do Homem de 1948;
- A Carta Internacional Americana das Garantias Sociais de 1948;
- A Convenção Americana dos Direitos do Homem de 1969.

Vamos nos concentrar nesta última Convenção.

11.7.1 A Convenção Americana de Direitos Humanos

A Convenção Americana de Direitos Humanos é sem dúvida o instrumento mais importante do sistema americano de proteção aos direitos humanos. Foi adotada em 1969, em uma Conferência intergovernamental, celebrada pela Organização dos Estados Americanos (OEA), na cidade de San José, Costa Rica, o que justifica a denominação, também corrente, de Pacto de San José da Costa Rica.

---

[24]   Flávia Piovesan, *Direitos humanos e o direito constitucional internacional*, p. 225.

[25]   Henry Steiner, *Regional promotion and protection of human rights*: twenty-eighth report of the Comission to Study the Organization of Peace, 1980 *apud* Flávia Piovesan, *Direitos humanos e o direito constitutional internacional*, p. 228-229.

A Convenção Americana entrou em vigor apenas em 1978, quando foi depositado o décimo primeiro instrumento de ratificação.

A estruturação do sistema regional de proteção dos direitos humanos assinala para os Estados-partes o dever de respeitar os direitos, segundo princípio da boa-fé e do *pacta sunt servanda* – que subsidiam os tratados internacionais – consolidados no texto convencional; além de agir em consonância aos princípios de direito internacional (Artigos 1º e 2º da Convenção Americana).

O que se justifica na criação de um texto mais próximo das Américas, dos membros da Organização dos Estados Americanos, possibilitando um detalhamento em razão dos laços históricos e culturais que unem os povos.

A Convenção Americana reconhece e assegura um rol de direitos, civis e políticos, nos artigos 3º ao 25, semelhante ao Pacto Internacional dos Direitos Civis e Políticos; contudo, no tocante aos direitos econômicos, sociais e culturais (artigo 26 da Convenção Americana), a Convenção foi tímida, trazendo apenas a obrigação para os Estados-partes de realizar esses objetivos progressivamente.

Em 1988, em reunião da Assembleia Geral da OEA, foi adotado um Protocolo adicional à Convenção denominado Protocolo de San Salvador referente aos direitos econômicos, sociais e culturais, que entrou em vigor em 1999 quando do depósito da décima primeira ratificação.

A Convenção Americana, na parte II de seu texto, inova no cenário de proteção dos direitos humanos ao estabelecer como meios de proteção dois órgãos: a Comissão Interamericana de Direitos Humanos e a Corte Interamericana de Direitos Humanos (artigo 33 da Convenção Americana).

O Brasil é membro da Organização dos Estados Americanos desde 1951, pois o texto da Carta da OEA foi assinado em Bogotá, Colômbia, em 30 de abril de 1948; aprovado no Brasil por Decreto Legislativo n. 64, de 7 de dezembro de 1949, entrando em vigor em 13 de dezembro de 1951.

Quanto à Convenção Americana de Direitos Humanos – esta foi adotada e aberta à assinatura na Conferência Especializada Interamericana sobre Direitos Humanos, em San José da Costa Rica, em 22 de novembro de 1969 –, o Brasil aprovou mediante Decreto Legislativo n. 27, de 25 de setembro de 1992, e foi promulgada pelo Decreto n. 678, de 6 de novembro de 1992.

No ato de ratificação, o Brasil teceu declaração de seguinte teor: "O Governo do Brasil entende que os artigos 43 e 48 (d) não incluem o direito automático de visitas e inspeções pela Comissão Interamericana de Direitos Humanos, que dependerão do consentimento expresso do Estado".

11.7.2 A Comissão Interamericana de Direitos Humanos

A Comissão Interamericana de Direitos Humanos será composta por sete membros, pessoas de alta autoridade moral e de reconhecido saber em matéria de direitos humanos (Artigo 34 da Convenção Americana). Os membros da Comissão são eleitos a título pessoal e não representam interesses de Estados-membros; constituem a Comissão durante o período de quatro anos podendo ser reeleitos uma vez (Artigos 35, 36 e 37 da Convenção Americana).

A Comissão tem a função principal de promover a observância e a defesa dos direitos humanos. Para tanto, deve estimular a consciência dos direitos humanos nos povos da América; formular recomendações aos governos dos Estados-membros; preparar estudos e relatórios; solicitar informações aos governos dos Estados-membros; atender às consultas formuladas pelos Estados-membros; atuar com respeito às petições e outras comunicações; e, apresentar um relatório anual à Assembleia Geral da Organização dos Estados Americanos.

O tema das petições e comunicações requer uma análise maior. Vejamos alguns aspectos:

• Legitimidade ativa – art. 44 da Convenção Americana: abrange pessoa ou grupo de pessoas, ou entidade não governamental legalmente reconhecida em um ou mais Estados-membros da Organização;

• Legitimidade passiva: denúncias ou queixas de violação da Convenção Americana praticada por um Estado-parte;

• Requisitos de admissibilidade – Art. 46 da Convenção Americana:
   ▪ esgotados os recursos da jurisdição interna;
   ▪ seja apresentada no prazo de seis meses a partir da data em que o presumido prejudicado tenha sido notificado da decisão definitiva;
   ▪ a matéria da petição não esteja pendente de outro processo de solução internacional;
   ▪ que a petição contenha o nome e a qualificação da pessoa ou pessoas ou do representante legal da entidade que submeter a petição.

• Mérito: deve demonstrar a violação a direitos internacionais;

• Procedimento – Art. 48 da Convenção Americana. Caso o assunto não seja solucionado ou submetido à decisão da Corte Interamericana de Direitos Humanos, pela Comissão ou pelo Estado interessado, a Comissão fará as recomendações pertinentes e fixará um prazo dentro do qual o Estado deve tomar as medidas que lhe competir para remediar a situação examinada.

11.7.3 A Corte Interamericana de Direitos Humanos

A Corte Interamericana de Direitos Humanos será composta por sete juízes, nacionais dos Estados-membros da OEA, eleitos a título pessoal dentre juristas da mais alta autoridade moral e de reconhecida competência em matéria de direitos humanos; sendo que não deve haver dois juízes da mesma nacionalidade (Art. 52 da Convenção Americana). Os juízes serão eleitos por um período de seis anos e só poderão ser reeleitos uma vez.

Diferentemente da Comissão – que permite o acesso de pessoa ou grupo de pessoas e ainda organizações não governamentais reconhecidas por pelo menos um

Estado-membro da OEA – a Corte apreciará casos apresentados somente pelos Estados-partes ou pela própria Comissão, sendo que para alcançar a atividade jurisdicional da Corte é necessário que antes se tenham esgotados os processos previstos nos artigos 48 a 50 da Convenção Americana.

Em outros termos, primeiro deve-se percorrer todo o procedimento descrito na Convenção Americana como de competência da Comissão. É visível que a Comissão exerce um papel duplo: de solucionar o litígio apresentando, por exemplo, pela vítima e, não o fazendo a contento, encaminhar para a Corte Interamericana.

A Corte atuará na forma jurisdicional e consultiva conforme os termos do art. 62 da Convenção Americana. A Corte, deste modo, poderá elaborar pareceres consultivos acerca da interpretação e aplicação dos dispositivos da Convenção.

Por outro lado, a Corte julga e sentencia casos que lhe são apresentados, em sendo procedente a vítima, isto é, entendendo que houve violação de um direito ou liberdade protegidos na Convenção, a Corte determina que se assegure ao prejudicado o gozo do seu direito ou liberdade; e mais, determina que sejam reparadas as consequências da medida ou situação que haja configurado a violação desses direitos, bem como o pagamento de indenização justa à parte lesada (Art. 63. 1 da Convenção Americana).

Há que se verificar que a jurisprudência da Corte Interamericana de Direitos Humanos tem dialogado com outras ordens jurídicas estatais – não somente aos Estados partícipes dos processos *sub judice* –, o que tem permitido o desenvolvimento de um constitucionalismo americano ou latino-americano, com viés de transconstitucionalismo, consideradas as hipóteses de migração de institutos jurídicos.

Nesse sentido, o Supremo Tribunal Federal organizou obra intitulada Convenção Americana sobre Direitos Humanos interpretada pelo Supremo Tribunal Federal e pela Corte Interamericana de Direitos Humanos, na qual *apresenta trechos de decisões do Supremo Tribunal Federal (STF) e da Corte Interamericana de Direitos Humanos (Corte IDH) sobre a aplicação e a interpretação de dispositivos da Convenção Americana de Direitos Humanos.*

O objetivo é facilitar a pesquisa a respeito do entendimento desses órgãos, sistematizando a jurisprudência por artigo em um documento comum[26].

Para ilustrar o fortalecimento e influência do Sistema Interamericano de Direitos Humanos, observada a posição dos Estados signatários e que expressamente reconheceram a jurisdição da Corte Interamericana de Direitos Humanos, temos, exemplificativamente:

---

[26] Informações extraídas de: http://www.stf.jus.br/arquivo/cms/jurisprudenciaInternacional/anexo/ConvenoAmericanasobreDireitosHumanos10.9.2018.pdf.

Artigo 1. Obrigação de respeitar os direitos

1.1 Os Estados-partes nesta Convenção comprometem-se a respeitar os direitos e liberdades nela reconhecidos e a garantir seu livre e pleno exercício a toda pessoa que esteja sujeita à sua jurisdição, sem discriminação alguma por motivo de raça, cor, sexo, idioma, religião, opiniões políticas ou de qualquer outra natureza, origem nacional ou social, posição econômica, nascimento ou qualquer outra condição social.

• **O termo "qualquer outra condição social" deve ser interpretado segundo o princípio *pro homine***

69. Em conformidade com o exposto, como já mencionado (...), a Corte recorda que os tratados de direitos humanos são instrumentos vivos, cuja interpretação tem que acompanhar a evolução dos tempos e as condições de vida atuais. (...) 70. Nesse sentido, ao interpretar a expressão "qualquer outra condição social" do art. 1.1 da Convenção, deve-se sempre eleger a alternativa mais favorável para a tutela dos direitos protegidos pelo tratado, segundo o princípio *pro homine*. Dessa forma, esse Tribunal reitera que os critérios específicos em virtude dos quais é proibido discriminar, segundo o art. 1.1 da Convenção Americana, não constituem um rol taxativo ou limitado, mas meramente enunciativo. Nesse sentido, a redação desse artigo deixa em aberto os critérios, com a inclusão da expressão "outra condição social", para incorporar outras categorias que não tenham sido explicitamente mencionadas. A expressão "qualquer outra condição social" do art. 1.1. da Convenção deve ser interpretada pela Corte, por conseguinte, buscando a opção mais favorável à pessoa e à evolução dos direitos fundamentais no Direito Internacional contemporâneo. [Corte IDH. **OC 24/2017**, Parecer consultivo sobre identidade de gênero, igualdade e não discriminação entre casais do mesmo sexo, de 24-11-2017, solicitado pela República da Costa Rica. Tradução livre.] [Resumo oficial.]

• **Estrangeiros residentes no Brasil são também beneficiários da assistência social.**

E devemos lembrar que o Brasil é signatário de tratados internacionais, pelos quais se repudia qualquer discriminação fundada na origem nacional e se exige a adoção de medidas que progressivamente assegurem a efetividade de direitos econômicos e sociais. Por exemplo, cite-se a Declaração Universal dos Direitos Humanos e a Convenção Americana de Direitos Humanos (...). [STF. **RE 587.970**, rel. Min. **Marco Aurélio**, j. 20-4-2017, *DJE* 22-9-2017, Tema 173.]

Ou ainda:

Artigo 8. Garantias judiciais

8.1. Toda pessoa tem direito a ser ouvida, com as devidas garantias e dentro de um prazo razoável, por um juiz ou tribunal competente, independente e imparcial, estabelecido anteriormente por lei, na apuração de qualquer acusação penal formulada contra ela, ou para que se determinem seus direitos ou obrigações de natureza civil, trabalhista, fiscal ou de qualquer outra natureza.

(...)

CRIMES CONTRA A HUMANIDADE

• **A prescrição dos crimes contra a humanidade**

Levando em consideração que o Estado reconheceu sua responsabilidade pela detenção arbitrária, tortura e assassinato de Vladimir Herzog, a controvérsia existe unicamente com respeito à possibilidade de indiciamento dos responsáveis e da aplicação da figura de crimes contra a humanidade em 1975 e figuras como a Lei de Anistia brasileira, a prescrição, princípio do *ne bis in idem*, coisa julgada. Nesse sentido, a Corte considerou necessário analisar, primeiramente, se os fatos constituíam um crime contra a humanidade (...). Para isso, recorreu a diversas fontes de Direito

Internacional e Direito Comparado, que a permitiram identificar que, no momento dos fatos relevantes do caso (25 de outubro de 1975), a proibição da tortura e dos crimes de lesa-humanidade haviam alcançado o *status* de normas imperativas de Direito Internacional (*jus cogens*). A Corte também entendeu que, naquele momento, a imprescritibilidade dos crimes mencionados era uma norma consuetudinária firmemente estabelecida. Em outras palavras, ambas eram normas vinculantes para o Estado brasileiro no momento dos fatos, independentemente da configuração de sua legislação interna. (...). A tortura e morte de Vladimir Herzog não foram um acidente, mas a consequência de uma máquina de repressão extremamente organizada e estruturada para agir dessa forma e eliminar fisicamente qualquer oposição democrática ou partidária ao regime ditatorial, utilizando-se de práticas e técnicas documentadas, aprovadas e monitoradas detalhadamente por altos comandos do Exército e do Poder Executivo. Portanto, a Corte determinou que os fatos cometidos contra Vladimir Herzog devam ser considerados como crime de lesa-humanidade, tal qual é definido pelo Direito Internacional desde, pelo menos, 1945. (...) Por isso, concluiu que o Estado não pode invocar: (i) prescrição; (ii) o princípio *ne bis in idem*; (iii) leis de anistia; assim como (iv) qualquer disposição análoga ou excludente de responsabilidade similar, para eximir-se de seu dever de investigar e punir os responsáveis. [Corte IDH. **Caso Herzog e outros vs. Brasil.** Exceções preliminares, mérito, reparações e custas. Sentença de 15-3-2018.] [Resumo oficial.]

No mesmo sentido: **Caso Almonacid Arellano e outros vs. Chile** (sentença de 26-9-2006); **Caso Goiburú e outros vs. Paraguai** (sentença de 22-9-2006); **Caso Gelman vs. Uruguai** (sentença de 24-2-2011); **Caso La Cantuta vs. Peru** (sentença de 29-11-2006); **Caso Presídio Miguel Castro Castro vs. Peru** (sentença de 25-11-2006); **Caso Massacres de El Mozote e lugares vizinhos vs. El Salvador** (sentença de 25-10-2012); **Caso Trabalhadores da Fazenda Brasil Verde vs. Brasil** (sentença de 20-10-2016).

1. Conforme pacífica jurisprudência do Supremo Tribunal Federal, "a satisfação da exigência concernente à dupla punibilidade constitui requisito essencial ao deferimento do pedido extradicional" (...). 3. A circunstância de o Estado requerente ter qualificado os delitos imputados ao extraditando como de lesa-humanidade não afasta a sua prescrição, porquanto (a) o Brasil não subscreveu a Convenção sobre a Imprescritibilidade dos Crimes de Guerra e dos Crimes contra a Humanidade, nem aderiu a ela; e (b) apenas lei interna pode dispor sobre prescritibilidade ou imprescritibilidade da pretensão estatal de punir (cf. ADPF 153, rel. Min. Eros Grau, voto do min. Celso de Mello, Tribunal Pleno, *DJE* 6-8-2010). 4. O indeferimento da extradição com base nesses fundamentos não ofende o art. 27 da Convenção de Viena sobre o Direito dos Tratados (Decreto n. 7.030/2009), uma vez que não se trata, no presente caso, de invocação de limitações de direito interno para justificar o inadimplemento do tratado de extradição firmado entre o Brasil e a Argentina, mas sim de simples incidência de limitação veiculada pelo próprio tratado, o qual veda a concessão da extradição "quando a ação ou a pena já estiver prescrita, segundo as leis do Estado requerente ou requerido" (art. III, c). [STF, **Ext 1.362**, rel. Min. **Edson Fachin**, red. p/ o ac. Min. **Teori Zavascki**, j. 9-11-2016, *DJE* 27-8-2018]. No mesmo sentido: STF, Ext 1.327 AgR, rel. Min. Marco Aurélio, 1ª Turma, j. 27-6-2017, *DJE* 1º-9-2017.

11.8 PARA O SÉCULO XXI

Por fim, quando perquirido o fundamento de qualquer instituto, a rigor, busca-se demonstrar quais elementos o cercam de exequibilidade.

No tocante aos direitos humanos, segundo uma visão histórica, não podemos afirmar que não sofreram mudanças.

Nesse sentido, a assertiva de Norberto Bobbio:

os direitos do homem constituem uma classe variável, como a história destes últimos séculos demonstra suficientemente. O elenco dos direitos do homem se modificou, e continua a se modificar, com a mudança das condições históricas, ou seja, dos carecimentos e dos interesses, das classes no poder, dos meios disponíveis para a realização dos mesmos, das transformações técnicas etc. Direitos que foram declarados absolutos no final do século XVIII, como a propriedade *sacre et inviolable*, foram submetidos a radicais limitações nas declarações contemporâneas; direitos que as declarações do século XVIII nem sequer mencionavam, como os direitos sociais, são agora proclamados com grande ostentação nas recentes declarações.

Ainda sobre os fundamentos dos direitos do homem, o autor considera:

Em primeiro lugar, não se pode dizer que os direitos do homem tenham sido mais respeitados nas épocas em que os eruditos estavam de acordo em considerar que haviam encontrado um argumento irrefutável para defendê-los, ou seja, um fundamento absoluto: o de que tais direitos derivavam da essência ou da natureza do homem. Em segundo lugar, apesar da crise dos fundamentos, a maior parte dos governos existentes proclamou pela primeira vez, nessas décadas, uma Declaração Universal dos Direitos do Homem. Por conseguinte, depois dessa declaração, o problema dos fundamentos perdeu grande parte do seu interesse. Se a maioria dos governos existentes concordou com uma declaração comum, isso é sinal de que encontraram boas razões para fazê-lo. Por isso, agora, não se trata tanto de buscar outras razões, ou mesmo (como querem os jusnaturalistas redivivos) a razão das razões, mas de pôr as condições para uma mais ampla e escrupulosa realização dos direitos proclamados. De certo, para empenhar-se na criação dessas condições, é preciso que se esteja convencido de que a realização dos direitos do homem é uma meta desejável; mas não basta essa convicção para que aquelas condições se efetivem. Muitas dessas condições (...) não dependem da boa vontade nem mesmo dos governantes, e dependem menos ainda das boas razões adotadas para demonstrar a bondade absoluta desses direitos: somente a transformação industrial num país, por exemplo, torna possível a proteção dos direitos ligados às relações de trabalho[27].

Essas considerações primeiras enredam o reconhecimento de que os direitos humanos constituem um dos principais pilares do progresso histórico da humanida-

---

[27]   Norberto Bobbio, *A era dos direitos*, p. 18-19 e 23-24.

de, bem como propiciam o desenvolvimento e bem-estar do homem, enquanto indivíduo, em todas suas potencialidades.

Sendo assim, em uníssono a Norberto Bobbio propomos que:

> o problema grave de nosso tempo, com relação aos direitos do homem, não era mais o de fundamentá-los, e sim o de protegê-los. (...) O problema que temos diante de nós não é filosófico, mas jurídico e, num sentido mais amplo, político. Não se trata de saber quais e quantos são esses direitos, qual é sua natureza e seu fundamento, se são direitos naturais ou históricos, absolutos ou relativos, mas sim qual é o modo mais seguro para garanti-los, para impedir que, apesar das solenes declarações, eles sejam continuamente violados[28].

---

[28] Ibidem, p. 25.

REFERÊNCIAS
(DIREITO INTERNACIONAL PÚBLICO)

ACCIOLY, Hildebrando; NASCIMENTO E SILVA, G. E. do. *Manual de Direito Internacional Público*. São Paulo: Saraiva, 2004.

ALBUQUERQUE MELLO, Celso D. de. *Curso de Direito Internacional Público*. Rio de Janeiro: Renovar, 2004.

ALVES, Jorge de Jesus Ferreira. *Lições de Direito Comunitário*. Coimbra: Coimbra Ed., 1989.

ARENDT, Hannah. *Eichmann em Jerusalém*: um relato sobre a banalidade do mal. São Paulo: Companhia das Letras, 1999.

BACHOF, Otto. *Jueces y Constitución*. Madrid: Civitas, 1985.

BAHIA, Saulo José Casali. *Tratados internacionais no direito brasileiro*. Rio de Janeiro: Forense, 2000.

BARROSO, Luis Roberto. *O Direito Constitucional e a efetividade de suas normas*: limites e possibilidades da Constituição brasileira. Rio de Janeiro: Renovar, 2001.

BASTOS, Celso Ribeiro. *Curso de Direito Constitucional*. São Paulo: Saraiva, 2001.

BASTOS, Celso Ribeiro; FINKELSTEIN, Cláudio (coords.). *Mercosul*: lições do período de transitoriedade. São Paulo: Celso Bastos Editor (IBDC), 1998.

BASTOS, Celso Ribeiro; TAVARES, André Ramos. *As tendências do direito público*: no limiar de um novo milênio. São Paulo: Saraiva, 2000.

BOBBIO, Norberto. *Teoria do ordenamento jurídico*. Rio de Janeiro: Campus, 1992.

BOBBIO, Norberto. *A era dos direitos*. Rio de Janeiro: Campus, 1992.

BOBBIO, Norberto. *Igualdade e liberdade*. Rio de Janeiro: Ediouro, 2002.

BRANDÃO, Adelino. *Os direitos humanos antologia de textos históricos.* São Paulo: Landy, 2001.

BRANDÃO, Antônio Salazar P.; PEREIRA, Lia Vals. *Mercosul:* perspectivas de integração. Rio de Janeiro: Fundação Getúlio Vargas, 1998.

BRINKHORST, L. J.; SCHERMERS, H. G. *Supplement to judicial remedies in the European Communities – A case book.* London: Stevens & Sons Ltd, 1972.

BUERGENTHAL, Thomas; SHELTON, Dinah. *Protecting Human Rights in the Americas – Cases and Materials.* Strasbourg: International Institute of Human Rights, 1995.

CANÇADO TRINDADE, Antônio Augusto. *Direito das organizações internacionais.* 2. ed. Belo Horizonte: Del Rey, 2002.

CANOTILHO, José Joaquim Gomes. *Direito Constitucional.* Coimbra: Almedina, 1991.

CARRAZZA, Roque Antonio. *Curso de Direito Constitucional tributário.* São Paulo: RT, 1997.

CARVALHO, Paulo de Barros. *Curso de Direito Tributário.* São Paulo: Saraiva, 2000.

CASELLA, Paulo Borba. *União Europeia:* instituições e ordenamento jurídico. São Paulo: Editora LTr, 2002.

COSTA, Ligia Maura. *Manual prático da Rodada Uruguai OMC.* São Paulo: Saraiva, 1996.

CLERGERIE, Jean-Louis. *Le Pouvoir Judiciaire.* Limoges: Presses Universitaires de Limoges, 1999.

CLERGERIE, Jean-Louis. *Le principe de subsidiarité.* Paris: Ellipses, 1997.

COMPARATO, Fábio Konder. *Afirmação histórica dos direitos humanos.* São Paulo: Saraiva, 1999.

CRETELLA NETO, José. *Empresa transnacional e direito internacional:* exame do tema à luz da globalização. Rio de Janeiro: Forense, 2006.

DALLARI, Dalmo de Abreu. *O futuro do Estado.* São Paulo: Moderna, 1980.

DALLARI, Pedro. *Constituição e relações exteriores.* São Paulo: Saraiva, 2002.

DAVID, René. *Os grandes sistemas do direito contemporâneo.* São Paulo: Martins Fontes, 1998.

DINIZ, Maria Helena. *Conflito de normas.* São Paulo: Saraiva, 1996.

DINIZ, Maria Helena. *As lacunas no direito.* São Paulo: Saraiva, 2000.

DINIZ, Maria Helena. *Curso de Direito Civil brasileiro:* teoria geral do Direito Civil. São Paulo: Saraiva, 2003.

DUPUY, René-Jean. *O Direito Internacional.* Coimbra: Almedina, 1993.

EVERSEN, H. J.; SPERL, H.; USHER, J. A. *Compendium of Case Law relating to the European Communities.* Amsterdam/New York/Oxford: North-Holland Publishing Company, 1976.

EWALD, François. *Foucault e a norma e o Direito.* Lisboa: Vega, 1993.

FERNANDES, Edison Carlos. *Sistema Tributário do Mercosul.* São Paulo: RT, 1997.

FERRARA, Francesco. *Interpretação e aplicação das leis.* Coimbra: Armênio Amado Editor Sucessor, 1978.

FERREIRA, Pinto. *Comentários à Constituição brasileira*. São Paulo, 1992. v. 3.

FERREIRA, Pinto. *Curso de Direito Constitucional*. São Paulo: Saraiva, 1991.

FINKELSTEIN, Cláudio. *Integração regional*: o processo de formação de mercados de bloco. São Paulo: IOB Thompson, 2003.

GARCIA, Maria. *Desobediência civil*: direito fundamental. São Paulo: RT, 1994.

GILPIN, Robert. *A econômica política das relações internacionais*. Brasília: Universidade de Brasília, 2002.

GOMES, Sérgio Alves. *Hermenêutica jurídica e Constituição no estado de direito democrático*. Rio de Janeiro: Forense, 2001.

GOMEZ, José Maria. *Política e democracia em tempos de globalização*. Rio de Janeiro: Vozes, 2000.

GOMEZ, Juan Alberto Benitez. *Problemas tributarios que plantea el Mercosur*. Montevidéu: Faculdade de Direito – Universidad de La República, 1993.

GRUPENMACHER, Betina Treiger. *Tratados internacionais em matéria tributária e ordem interna*. São Paulo: Dialética, 1999.

HELLER, Hermann. *Teoria do estado*. Rio de Janeiro: Vozes, 1968.

HEN, Christian, LÉONARD, Jacques. *L'Union européenne*. Paris: La Découverte, 2002.

HENKIN, Louis; PUGH, Richard; SCHACHTER, Oscar; SMIT, Hans. *International law*: cases and materials. 3. ed. Minnesota: West Publishing, 1993.

HERZ, Mônica; HOFFMAN, Andrea Ribeiro. *Organizações Internacionais*: história e práticas. Rio de Janeiro: Elsevier, 2004.

HESSE, Konrad. *Escritos de Derecho Constitucional*. Madrid: Centro de Estudios Constitucionales, 1983.

HUSEK, Carlos Roberto. *Curso de Direito Internacional Público*. São Paulo: LTr, 2000.

KELSEN, Hans. *Teoria pura do Direito*. São Paulo: Martins Fontes, 2000.

KELSEN, Hans. *Teoria geral do Direito e do estado*. São Paulo: Martins Fontes, 2000.

LAFER, Celso. *A OMC e a regulamentação do comércio internacional*: uma visão brasileira. Porto Alegre: Livraria do Advogado, 1998.

LAFER, Celso. *A reconstrução dos direitos humanos*. São Paulo: Companhia das Letras, 2001.

LAFER, Celso. *Comércio, desarmamento, direitos humanos*: reflexões sobre uma experiência diplomática. São Paulo: Paz e Terra, 1999.

LAFER, Celso. *Curso de Direito Internacional Público*. Cascais: Principia Publicações Universitárias e Científicas, 2002.

LINDGREN ALVES, José Augusto. *Os direitos humanos como tema global*. São Paulo: Perspectiva e Fundação Alexandre de Gusmão, 1994.

LOEWENSTEIN, Karl. *Teoría de La Constitución*. Barcelona: Ariel, 1981.

LOUIS, Jean-Victor. *The Community Legal Order*. Luxembourg: Office for Official Publications of the European Communities, 1995.

MAGALHÃES, Jose Carlos de. *O Supremo Tribunal Federal e o Direito Internacional*: uma análise crítica. Porto Alegre: Livraria do Advogado, 2000.

MARTINS, Ives Gandra (coord.). *Tributação no Mercosul.* São Paulo: RT, 1997.

MAZZUOLI, Valério de Oliveira. *Curso de Direito Internacional Público.* São Paulo: Revista dos Tribunais, 2017.

MEDEIROS, Antonio Paulo Capachuz de. *O poder de celebrar tratados.* Porto Alegre: Fabris, 1995.

MIRANDA, Jorge. *Manual de Direito Constitucional.* Coimbra: Coimbra Ed., 1996.

MIRANDA, Jorge. *Curso de Direito Internacional Público.* Cascais: Principia Publicações Universitárias e Científicas, 2002.

MONNET, Jean. *Memórias:* a construção da Unidade Europeia. Brasília: Universidade de Brasília, 1986.

PEREIRA, André Gonçalves; QUADROS, Fausto de. *Manual de Direito Internacional Público.* Lisboa: Almedina, 2002.

PEREIRA, Luiz Cezar Ramos. *Ensaio sobre a responsabilidade internacional do Estado e suas consequências no Direito Internacional.* São Paulo: LTr, 2000.

PESCATORE, Pierre. *The law of integration:* emergence of a new phenomenon in international relations, based on the experience of the European Communities. Leiden: A. W. Sithoff, 1974.

PIOVESAN, Flávia. *Direitos humanos e o direito constitucional internacional.* São Paulo: Max Limonad, 2002.

PITTA E CUNHA, Paulo de. *Integração Europeia Estudos de Econômica, Política e Direito Comunitários.* Lisboa: Imprensa Nacional – Casa da Moeda – Estudos Gerais Série Universitária, 1986.

PORTO, Manuel Carlos Lopes. *Teoria da integração e políticas comunitárias.* Coimbra: Almedina, 1997.

REZEK, Francisco. *Direito Internacional Público:* curso elementar. 17. ed. São Paulo: Saraiva, 2018.

ROMANO, Santi. *Princípios de Direito Constitucional geral.* São Paulo: RT, 1977.

ROQUE, Sebastião José. *Direito Internacional Público.* São Paulo: Hemus, 1997.

SACHICA, Luis Carlos. *Esquema para una Teoría del Poder Constituyente.* Bogotá: Temis, 1985.

SILVA, José Afonso da. *Curso de Direito Constitucional positivo.* São Paulo: Malheiros, 1992.

SILVA, José Afonso da. *Aplicabilidade das normas constitucionais.* São Paulo: Malheiros, 2001.

SOARES, Esther Bueno. *Mercosul:* desenvolvimento histórico. São Paulo: Oliveira Mendes, 1997.

SOARES, Guido Fernando Silva. *Curso de Direito Internacional Público.* São Paulo: Atlas, 2003.

SÓFOCLES. *Antígona.* Tradução de Donaldo Schüler. Porto Alegre: L & PM, 2002.

SOUZA SANTOS, Boaventura. Uma concepção multicultural de direitos humanos. *Revista Lua Nova,* São Paulo, v. 39, 1997, p.105-123.

TEIXEIRA, Carla Noura. *Direito internacional para o século XXI.* São Paulo: Saraiva, 2013.

TEIXEIRA, J. H. Meirelles. *Curso de Direito Constitucional.* São Paulo: Forense Universitária, 1997.

TORRES, Heleno Taveira. *Pluritributação internacional sobre as rendas de empresas.* São Paulo: RT, 2001.

TORRES, Heleno Taveira. *Direito tributário internacional.* São Paulo: RT, 2001.

TORRES, Heleno Taveira. Aplicação dos tratados internacionais em matéria tributária: o procedimento de interpretação. *Revista da Associação Brasileira de Direito Tributário,* Belo Horizonte, Del Rey, 1998.

VALADÃO, Marcos Aurélio Pereira. *Limitações constitucionais ao poder de tributar e tratados internacionais.* Belo Horizonte: Del Rey, 2000.

VÉLEZ, Maria Isabel Álvarez; YUSTAS, Maria Fuencisla Alcón. *Las Constituciones de los Quince Estados de la Unión Europea.* Textos y Comentarios. Madrid: Dykinson, 1996.

VIEIRA, Oscar Vilhena. A gramática dos direitos humanos. *Revista do ILANUD,* São Paulo, n. 17, 2000.

VILAÇA, José Luis da Cruz; GORJÃO-HENRIQUES, Miguel. *Tratado de Nice.* Coimbra: Livraria Almedina, 2003.

VILANOVA, Lourival. *As estruturas lógicas e o sistema do direito positivo.* São Paulo: Max Limonad, 1997.

XAVIER, Alberto. *Direito tributário internacional do Brasil.* Rio de Janeiro: Forense, 2001.

Parte II

DIREITO INTERNACIONAL PRIVADO

É o ramo da ciência jurídica que resolve os conflitos de leis no espaço, disciplinando os fatos em conexão no espaço com leis divergentes e autônomas.

Haroldo Valladão

capítulo 12

NOÇÕES INTRODUTÓRIAS DE DIREITO INTERNACIONAL PRIVADO

12.1 DENOMINAÇÃO

A princípio, uma curiosidade cerca o Direito Internacional Privado. Em decorrência da noção de que não há um Direito Internacional Privado propriamente dito internacional, sua denominação sofre ardorosas críticas.

Primeiro, por ser um direito nacional, criado por um Estado, considerando que sua principal fonte é a legislação interna de cada país, sendo disciplina jurídica com finalidade de ser aplicada internacionalmente, visando disciplinar o conflito de leis e determinando qual é o ordenamento jurídico aplicável quando há mais de um ordenamento estatal em condições de ser aplicado ao caso concreto.

E, ainda, por reger interesses de pessoas privadas, sejam físicas ou jurídicas; sendo que quando cuida de interesses do Estado, este se apresenta apenas como membro da sociedade internacional e não na plenitude de sua figura soberana.

A despeito disto, todos os sistemas jurídicos nacionais contêm mecanismos para a solução de conflitos de leis e conflitos de jurisdições, justamente um dos objetos do Direito Internacional Privado, assumindo aspecto de relevo na elaboração dos contratos internacionais, na forma de cláusulas, senão indispensáveis, certamente de facilitação no manuseio do mesmo.

12.2 OBJETO

O Direito Internacional Privado, ao trabalhar com o conflito das leis – inegavelmente o campo mais amplo e importante de seu objeto – há de criar regras para orientar o Juiz sobre a escolha da lei a ser aplicada. O conflito entre as legislações permanece, mas a situação concreta é resolvida mediante a aplicação de uma das leis, escolhida de acordo com as regras fixadas, seja pelo legislador, seja pela Doutrina ou pela Jurisprudência[1].

O que salta aos olhos é a visão de que o Direito Internacional Privado não é o direito material que toca a solução dos conflitos, e, sim, quem indicará qual ordenamento jurídico será o adequado para fazê-lo. Esta disciplina jurídica exerce uma função metalinguística em face ao direito material (seja civil, comercial, criminal ou outro) aplicável ao caso concreto multiconectado, no caso, a dois ou mais ordenamentos jurídicos.

No dizer expressivo de Pontes de Miranda o direito privado nacional, quando tem de ser obedecido ou aplicar-se fora das fronteiras, e o direito privado estrangeiro, quando se obedece ou aplica dentro do território nacional, constituem conteúdo de certas regras de obediência e de aplicação, ao conjunto das quais se deu o nome de direito internacional privado[2].

As definições de Direito Internacional Privado estão correlacionadas ao seu objeto. Desta feita, apontamos alguns autores[3]:

Haroldo Valladão	É o ramo da ciência jurídica que resolve os conflitos de leis no espaço, disciplinando os fatos em conexão no espaço com leis divergentes e autônomas. Síntese de fácil compreensão, essa definição referiu-se à aplicação da lei estrangeira e aos conflitos desta com leis locais. Na parte referente aos conflitos está a opção do juiz em face do elemento de conexão, pela lei nacional e a recusa à norma alienígena por ofensa à ordem pública.
Oscar Tenório (citando Asser):	Denominamos direito internacional privado ao conjunto de princípios que determinam a lei aplicável às relações jurídicas entre pessoas pertencentes a Estados ou Territórios diferentes, aos atos praticados em países estrangeiros e, em suma, a todos os casos em que devemos aplicar a lei de um Estado no território de outro.

---

[1]   Jacob Dolinger, *Direito Internacional Privado:* parte geral, p. 5.
[2]   Irineu Strenger, *Direito Internacional Privado*, p. 7.
[3]   Dados extraídos da obra de Beat Walter Rechsteiner, *Direito Internacional Privado*, p. 6-8.

Beat Walter Rechsteiner

O direito internacional privado resolve, essencialmente, conflitos de leis no espaço referentes ao direito privado, ou seja, **determina o direito aplicável a uma relação jurídica de direito privado com conexão internacional**. Não soluciona a questão jurídica propriamente dita, indicando, tão somente, qual direito, dentre aqueles que tenham conexão com a lide *sub judice*, deverá ser aplicado pelo juiz ao caso concreto (direito internacional privado *stricto sensu*). Como a aplicação desse tipo de norma jurídica depende de normas processuais específicas, isto é, das normas do direito processual civil internacional, considera-se que o direito internacional abrange também normas processuais correspectivas na sua disciplina (direito internacional privado *lato sensu*).

12.3 Conflitos interespaciais[4]

O conflito de leis é o objeto principal do Direito Internacional Privado, porém resta determinar o seu alcance, pois, em princípio, caberia apenas aos conflitos de legislações de diferentes países. Desta feita, Jacob Dolinger apresenta a indagação: "Conflitos interespaciais, que abrangem conflitos interprovinciais, interestaduais, intercantonais, inter-regionais, metropolitano-coloniais, integram o Direito Internacional Privado?".

Não há unanimidade na doutrina. No Brasil, Oscar Tenório sustenta que os conflitos que não sejam internacionais, não formam objeto da nossa disciplina. Pontes de Miranda adotou a mesma teoria. Para estes, resumidamente, conflitos de leis são aqueles que emanam de soberanias diferentes, aí não incluídos os conflitos entre leis de regiões, cantões ou estados diferentes membros de uma federação.

12.4 Conflitos interpessoais

Distintamente dos conflitos interespaciais, os conflitos interpessoais decorrem da concorrência de mais de uma legislação ao caso em concreto, não por força da localização dos participes do litígio, mas em decorrência de alguma qualificação pessoal. Exemplos caracterizadores são os grupos, as etnias, as castas e as religiões que subsidiam determinados sistemas jurídicos.

A questão que se apresenta é saber se o Direito Internacional Privado abrange as regras que regem os conflitos de leis decorrentes da variedade e diversidade de leis pessoais. Mais uma vez não há unanimidade na doutrina.

Valemo-nos, portanto, do argumento apresentado por Jacob Dolinger:

---

4   Jacob Dolinger, *Direito Internacional Privado:* parte geral, p. 21.

Arminjon foi o mais veemente defensor da integração de todos estes conflitos no Direito Internacional Privado (...). Todas as coletividades ou comunidades que criam e mantêm um sistema jurídico dentro de um determinado território, ou mesmo independentemente de qualquer território, constituem um elemento no leque de sistemas jurídicos potencialmente em conflito jurisdicional ou legislativo com os demais sistemas, e estes conflitos obedecem às normas traçadas pela ciência que se convencionou denominar de Direito Internacional Privado[5].

Temos, pois, no domínio do Direito Internacional Privado, as questões de nacionalidade, dos direitos do estrangeiro, do conflito de leis e do conflito de jurisdições.

E o conflito de leis abrange leis de toda natūreza e de toada origem: direito privado e direito público, normas estabelecidas por Estados soberanos e províncias, cantões ou Estados-membros de uma federação, bem como regras oriundas de sistemas pessoais, como as etnias e as religiões.

---

[5]   Jacob Dolinger, *Direito Internacional Privado:* parte geral, p. 23.

capítulo 13

FONTES DO DIREITO INTERNACIONAL PRIVADO

As fontes do Direito Internacional Privado, distintamente do Direito Internacional Público, situam-se predominantemente no plano interno de cada país e também nos planos internacional e regional.

Vamos a elas:

13.1 LEI

A lei é a fonte primária do Direito Internacional Privado na maioria dos países. Apenas no século XIX teve início o período das codificações quando foram estabelecidas as primeiras normas escritas sobre aplicação das leis no espaço.

Segundo Beat Walter Rechsteiner, na prática, a lei deve ser consultada em primeiro lugar diante de uma relação jurídica de direito privado com conexão internacional. Isto é, havendo um elemento de estraneidade ao conflito de direito privado, em que concorrem leis de diferentes ordenamentos jurídicos, deve-se buscar a norma de Direito Internacional Privado pertinente ao caso.

No Brasil, as regras de Direito Internacional Privado estão disciplinadas na Lei de Introdução às Normas do Direito Brasileiro – LINDB (Decreto-lei n. 4.657, de 4-9-1942).

13.2 TRATADO INTERNACIONAL

Segundo o art. 2º, inciso 1, letra "a", da Convenção de Viena sobre o Direito dos Tratados de 1969, tratado internacional significa um acordo internacional, celebrado por escrito entre Estados, regido pelo direito internacional, quer conste de um instrumento único, quer de dois ou mais instrumento conexos, qualquer que seja sua denominação específica.

Desta feita, observada a mecânica para consecução dos tratados internacionais (ver Capítulo 5 desta obra), interessa ao âmbito do Direito Internacional Privado a possibilidade de uniformização de normas substantivas ou materiais. Neste intento, o Brasil é partícipe em várias Convenções Internacionais, dentre elas, a título exemplificativo:

• A Convenção de Haia sobre Nacionalidade de 1930, promulgada no Brasil pelo Decreto n. 21.798, de 6 de novembro de 1932.

• Convenção sobre Condição dos Estrangeiros aprovada em Havana em 1928, promulgada no Brasil pelo Decreto n. 18.956, de 22 de outubro de 1929 – e ainda as Convenções sobre o refugiado e sobre o Asilo Diplomático.

• Convenção da ONU sobre Prestação de Alimentos no Estrangeiro, aprovada pelo Brasil pelo Decreto n. 56.826, de 2 de setembro de 1965.

O Brasil ratificou nos últimos anos várias convenções elaboradas pela Conferência Especializada Interamericana de Direito Internacional Privado e também pela Conferência de Haia de Direito Internacional Privado.

Os tratados internacionais assinados pelo Brasil são incorporados pelo ordenamento jurídico interno com o *status* de lei federal. É papel do Superior Tribunal de Justiça (STJ) uniformizar a interpretação dessas normas, para que sejam aplicadas, com segurança, por todos os tribunais do país. Com o objetivo de atender aos compromissos firmados, o STJ mantém o diálogo permanente com organizações internacionais encarregadas de fazer cumprir os tratados a elas relativos.

É nesse contexto que se destaca o diálogo e o intercâmbio com a Conferência da Haia de Direito Internacional Privado[1], organização mundial para cooperação transfronteiriça em matéria civil e comercial, a qual possui 83 países-membros e administra um total de 40 convenções multilaterais.

O Brasil é signatário de 7 (sete) acordos firmados no âmbito dessa Conferência, a saber:

• Convenção relativa à Obtenção de Provas no Estrangeiro em Matéria Civil ou Comercial (1970);
• Convenção sobre os Aspectos Civis do Sequestro Internacional de Crianças (1980);
• Convenção sobre Acesso Internacional à Justiça (1980);

---

[1]   Dados extraídos do sítio https://international.stj.jus.br/pt/Cooperacao-Internacional/Foruns-e-convencoes/Conferencia-da-Haia-de-Direito-Internacional-Privado.

- Convenção relativa à Proteção de Crianças e à Cooperação em Matéria de Adoção Internacional (1993);
- Convenção sobre a Eliminação da Exigência de Legalização dos Documentos Públicos Estrangeiros (1961);
- Convenção relativa à Citação, Intimação e Notificação no Estrangeiro de Documentos Judiciais e Extrajudiciais em Matéria Civil e Comercial (1965);
- Convenção sobre a Cobrança Internacional de Alimentos para Crianças e Outros Membros da Família e o Protocolo sobre a Lei Aplicável às Obrigações de Prestar Alimentos (2007).

O tratado mais importante – sob a perspectiva histórica – de Direito Internacional Privado ratificado pelo Brasil foi o Código de Bustamante, de 20 de fevereiro de 1928, promulgado pelo Decreto n. 18.871, de 13 de agosto de 1929.

13.3 CÓDIGO DE BUSTAMANTE[2]

Após a fundação do Instituto Americano de Direito Internacional, no ano de 1912, o doutor professor cubano Antonio Sanchez de Bustamante y Sirvén (1856-1951) recebeu o encargo, na terceira reunião em Lima, no ano de 1924, de codificar o Direito Internacional Privado.

O projeto elaborado por Bustamante foi aprovado na sexta Conferência Pan--americana, em Havana, no dia 13 de fevereiro de 1928 e recebeu o nome de Código de Bustamante em homenagem ao autor.

O Código foi ratificado por 15 países sul-americanos; porem, vários países declararam reservas quanto à aplicação da convenção. Ademais, o art. 7 permite aos países contratantes determinarem o estatuto pessoal da pessoa física com autonomia.

Significa que aos países contratantes é facultado aderir livremente ao elemento de conexão do domicílio ou da nacionalidade. Bustamante demonstrou ser favorável a este último, posição minoritária na América Latina, prevalecendo a adoção pelos Estados do princípio do domicílio.

Na prática, o Código quase não tem aplicabilidade por ser muito abrangente, inclusive observando matérias que não pertencem propriamente ao Direito Internacional Privado, como: direito penal internacional e a extradição.

Seu conteúdo muitas vezes é vago, colaborando para que vários Estados tenham promovido reservas a sua aplicação. Além disso, o tratado não corresponde às tendências modernas do Direito Internacional Privado.

---

[2] Dados extraídos da obra de Beat Walter Rechsteiner, *Direito Internacional Privado*, p. 101-108.

13.4 JURISPRUDÊNCIA

A jurisprudência é reconhecida como fonte do Direito Internacional Privado principalmente nos países europeus, onde, inegavelmente, é intensa a circulação de bens, pessoas e serviços obrigando os Tribunais a se depararem com frequência com conflitos de direito privado com conexão internacional, em que dois ou mais ordenamentos jurídicos encontram-se coarctados.

Segundo Jean Schapira, ante as lacunas da lei, a obra jurisprudencial é imensa, cobrindo a totalidade da vida negocial internacional. Os tribunais nacionais europeus, portanto, têm rica experiência em matéria de solução de conflitos de jurisdições, de conflito de leis e em decisões sobre nacionalidade e sobre direitos do estrangeiro[3].

Segundo Jacob Dolinger:

> no Brasil, como nos demais países sul-americanos, é muito reduzida a atividade internacional, tanto no campo das relações de família como nas relações contratuais, civis e comerciais. Daí a escassez da produção jurisprudencial, fenômeno este que faz atribuir a doutrina um papel de importância maior do que o prevalecente no continente europeu. A jurisprudência brasileira se limita praticamente a decisões sobre homologação de sentenças estrangeiras e *exequatur* em cartas rogatórias, matérias atinentes ao direito processual internacional, a processos de expulsão e de extradição, sujeitos ao Estatuto do Estrangeiro e ao direito penal internacional e a decisões no campo fiscal de caráter internacional. Raras as questões em que nossas cortes têm oportunidade de aplicar direito estrangeiro[4].

13.5 DOUTRINA[5]

A doutrina é também fonte reconhecida do Direito Internacional Privado, tendo em muito influenciado a evolução da disciplina. O seu grande mérito é ter elaborado um sistema de regras jurídicas constitutivas da parte geral do Direito Internacional Privado – são regras, a maioria não escritas, que fundamentam as decisões dos tribunais.

Constitui exemplo doutrinário a teoria das qualificações – desenvolvida por Etienne Bartin (1860-1948) e Franz Kahn (1861-1904) –, que diz: quando surgir qualquer

---

3   Jean Schapira, *Le Droit international des affaires*, p. 10, apud Jacob Dolinger, *Direito internacional privado: parte geral*, p. 67.
4   Jacob Dolinger, *Direito Internacional Privado*: parte geral, p. 68.
5   Dados extraídos da obra de Beat Walter Rechsteiner, *Direito Internacional Privado*, p.110-111.

dificuldade referente à qualificação em relação a uma causa de direito privado com co-nexão internacional, o juiz consultará diretamente as fontes doutrinárias.

A qualificação:

> é um processo técnico-jurídico sempre presente no direito, pelo qual se classi-ficam ordenadamente os fatos da vida relativamente às instituições criadas pela lei ou pelo costume, a fim de bem enquadrar as primeiras nas segundas, encontrando-se assim a solução mais adequada e apropriada para os diversos conflitos que ocorrem nas relações humanas. (...) Temos o fato e dispomos da norma jurídica. Para enquadrar o fato na norma, há que se ter claramente entendido aquele e bem delineado este. O fato e a norma, a vida e a lei, ambos exigem classificação ou caracterização, enfim, qualificação. Se isto é impor-tante no direito em geral, torna-se ainda mais necessário no direito interna-cional privado, onde se procura ligar o fato ou ato a determinado sistema jurí-dico, e para esta operação é preciso qualificar a hipótese submetida à apreciação, visto que, dependendo de sua classificação, saber-se-á se a ela constitui uma situação inerente ao estatuto pessoal do agente de direito, se se trata de uma situação de natureza contratual substancial, se versa sobre uma questão de forma do ato, se estamos diante de um problema sucessório e assim por diante. Uma vez efetuada a qualificação em uma ou outra dessas catego-rias, recorrer-se-á à regra de conexão correspondente e aplicar-se-á o direito de um ou outro sistema jurídico[6].

13.6 DIREITO COSTUMEIRO

O direito costumeiro é reconhecido como fonte de Direito Internacional Priva-do. Contudo, o valor que lhe é atribuído como fonte de direito na ordem jurídica in-terna varia nos diferentes Estados.

No Brasil, o art. 4º da LINDB prevê a seguinte hipótese: "quando a lei for omis-sa, o juiz decidirá o caso de acordo com a analogia, os costumes e os princípios gerais de direito"; isto é, só se aplica em caso de falta ou omissão da lei.

Por outro lado, o direito costumeiro internacional – fonte também no Direito Internacional Público – vem perdendo a importância de outrora como fonte do direi-to, embora desempenhe papel mais significativo do que o direito costumeiro interno. Em suma, para parte da doutrina, alguns princípios gerais, com origem no direito costumeiro, integram o Direito Internacional Privado; contudo, não são considerados como regras claras. Ex.: *lex rei sitae, lex fori, locus regit actum* etc.

---

[6]   Jacob Dolinger, *Direito Internacional Privado*: parte geral, p. 361-362.

capítulo 14

NORMAS DE DIREITO INTERNACIONAL PRIVADO NO BRASIL

14.1 INTRODUÇÃO

Segundo Maria Helena Diniz:

> o direito internacional privado regulamenta as relações do Estado com cidadãos pertencentes a outros Estados, dando soluções aos conflitos de leis no espaço ou aos de jurisdição. O direito internacional privado coordena relações de direito no território de um Estado estrangeiro. É ele que fixa, em cada ordenamento jurídico nacional, os limites entre esse direito e o estrangeiro, a aplicação extranacional do primeiro e a do direito estrangeiro no território nacional.

> Como as normas jurídicas têm vigência e eficácia apenas no território do respectivo Estado, só produzem efeitos em território de outro Estado se este anuir. As nações consentem na aplicação de leis estrangeiras nas questões que afetam súditos estrangeiros em matéria de direito civil, comercial, criminal, administrativo etc. Logo, se houver um conflito entre normas pertencentes a dois ou mais ordenamentos jurídicos, como disciplinar as relações jurídicas privadas, constituídas no tratado internacional, já que as pessoas, pelo seu estado convivencial, podem, por intercâmbio cultural, mercantil ou por via matrimonial, estabelecer relações supranacionais? O direito internacional privado procurará dirimir tal conflito entre normas, por conter disposições destinadas a indicar quais as normas jurídicas que devem ser aplicadas àquelas

relações. O direito internacional privado determina que se aplique a lei competente, seja sobre família, sucessões, bens, contratos, letras de câmbio, crimes, impostos, processos, tráfego aéreo[1].

Deve restar claro que as normas de Direito Internacional Privado não incidem diretamente na solução material do conflito *sub judice*. A função do Direito Internacional Privado é indicativa do direito, ou melhor, das normas de um determinado ordenamento jurídico, que necessariamente será nacional ou estrangeiro.

No dizer de Beat Walter Rechsteiner:

> as normas de Direito Internacional Privado meramente indicam qual o direito aplicável não solucionando a *quaestio iuris* propriamente dita. É mister conhecer o conteúdo do direito aplicável. Daí serem denominadas **normas indicativas ou indiretas**[2].

Da análise das normas de Direito Internacional são identificáveis duas espécies:

Normas Indicativas ou Indiretas:	São aquelas que se limitam a indicar o direito aplicável a uma relação jurídica de direito privado com conexão internacional, não solucionando a questão jurídica propriamente dita.
Normas Conceituais ou Qualificadoras:	Em paralelo às normas indicativas ou indiretas, as normas conceituais ou qualificadoras atuam de forma auxiliar ou complementar daquelas primeiras que indicam o direito aplicável a uma relação jurídica de direito privado com conexão internacional.
	São normas que não designam o direito aplicável, elas determinam basicamente como uma norma indicativa ou indireta de DIPri deve ser interpretada e aplicada ao caso concreto.

14.2 LEI DE INTRODUÇÃO ÀS NORMAS DO DIREITO BRASILEIRO (LINDB)

No Brasil, o primeiro sistema legislativo de Direito Internacional Privado surgiu com a Lei de Introdução ao Código Civil de 1916, que, nos arts. 8º a 21, determinou regras de direito interno sobre Direito Internacional Privado.

Trata-se de normas com características autônomas, de direito público e não privado, com a finalidade de sistematizar, dogmatizar tudo aquilo que se prende ao sistema de relações entre o direito nacional e o direito estrangeiro[3].

---

[1] Maria Helena Diniz, *Lei de Introdução ao Código Civil Brasileiro interpretada*, p. 19.
[2] Beat Walter Rechsteiner, *Direito Internacional Privado*, p. 114 (grifos do original).
[3] Irineu Strenger, *Direito Internacional Privado*, p. 72-73.

É perceptível no cenário brasileiro atual a diversidade de normas pertinentes ao Direito Internacional Privado – exemplos: lei que regula as sociedades por ações, Lei n. 6.404/76; Decreto n. 57.595, de 7 de janeiro de 1966, que promulga as Convenções para adoção de uma Lei Uniforme em matéria de cheques; e Decreto n. 57.663, de 24 de janeiro de 1966, que promulga as Convenções para adoção de uma Lei Uniforme em matéria de letras de câmbio e notas promissórias – contudo, é a Lei de Introdução ao Código Civil de 1942 que vem consagrar o nosso sistema local de Direito Internacional Privado.

A Lei de Introdução ao Código Civil, a despeito dessa sua nomenclatura inicial, é mais abrangente do que um instrumento de apresentação ao conteúdo civilista.

> É autônoma ou independente, tendo-se em vista que seus artigos têm numeração própria. Não é uma lei introdutória ao Código Civil. Se o fosse conteria apenas normas de direito privado comum e, além disso, qualquer alteração do Código Civil refletiria diretamente sobre ela. Por tal razão, a revogação do Código Civil, de 1916, nela não refletiu. A Lei de Introdução continua vigente e eficaz. Na verdade, é uma lei de introdução às leis, por conter princípios gerais sobre as normas sem qualquer discriminação.
>
> A Lei de Introdução não é, portanto, parte componente do Código Civil, pois, devido ao seu teor, é bem mais ampla do que sua denominação sugere. É lei introdutória ao Código Civil porque suas normas se aplicam ao direito civil, mas, na verdade, é mais do que isso, por conter limitações específicas às leis em geral. Seus primeiros artigos (1º a 6º) contêm normas emanadas do espírito da Constituição Federal, como, p. ex., as atinentes à publicação e à obrigatoriedade das leis. Deveras, as disposições alusivas à vigência das normas não poderão ser tidas como específicas do direito civil, e, além disso, os seus arts. 7º a 19 apontam diretrizes para a solução dos conflitos de leis no espaço[4].

Tanto é que, em 2010, a Lei n. 12.376 alterou a denominação da Lei que passou a ser Lei de Introdução às Normas do Direito Brasileiro (LINDB).

Justamente neste último tópico desponta o objeto principal do Direito Internacional Privado, descrevendo os elementos de conexão e respectivos objetos (ver Capítulo 15 desta obra).

14.3 LEI DE MIGRAÇÃO – LEI N. 13.445/2017

No tocante a questão imigratória, escreveu Oscar Tenório:

---

[4]   Maria Helena Diniz, *Lei de Introdução ao Código Civil brasileiro interpretada*, p. 3.

ser necessário que haja uma conciliação entre os interesses dos Estados e os da comunidade internacional. Embora matéria de competência interna, a imigração tem importância universal. Baixaria à degradação bárbara o Estado que proibisse, em caráter absoluto, aos seus nacionais, a mudança de domicílio e a transposição das fronteiras em busca de outras plagas. Violaria a solidariedade internacional se proibisse inteiramente, a entrada de estrangeiro[5].

Nesse sentido, a Declaração Universal de Direitos Humanos de 1948, no art. XIII, determina que "1. Toda pessoa tem direito à liberdade de locomoção e residência dentro das fronteiras de cada Estado. 2. Toda pessoa tem o direito de deixar qualquer país, inclusive o próprio, e a ele regressar".

Sendo assim, a condição jurídica do estrangeiro é tema que não poderia passar à larga de breve observação.

No Brasil, sob a égide da Constituição de 1967, emendada em 1969, vigeu durante 12 anos aproximadamente o Decreto-lei n. 941, de 13 de outubro de 1969, conhecido como o Estatuto do Estrangeiro; apenas em 19 de agosto de 1980, a Lei n. 6.815 veio a suceder ao decreto-lei e reger a admissão, entrada, impedimento, condição de asilado, as espécies de visto, prazo de estada e saída (deportação, expulsão e extradição) do território nacional.

Finalmente, a Lei n. 13.445, de 24 de maio de 2017, institui a nova Lei de Migração (ver o item 6.8.2 desta obra). No entanto, é importante em sede de regência de relações privadas no âmbito do fluxo migratório firmar os princípios estabelecidos na presente lei em consonância aos ditames constitucionais.

Art. 4º Ao migrante é garantida no território nacional, em condição de igualdade com os nacionais, a inviolabilidade do direito à vida, à liberdade, à igualdade, à segurança e à propriedade, bem como são assegurados:

I – direitos e liberdades civis, sociais, culturais e econômicos;

II – direito à liberdade de circulação em território nacional;

III – direito à reunião familiar do migrante com seu cônjuge ou companheiro e seus filhos, familiares e dependentes;

IV – medidas de proteção a vítimas e testemunhas de crimes e de violações de direitos;

V – direito de transferir recursos decorrentes de sua renda e economias pessoais a outro país, observada a legislação aplicável;

VI – direito de reunião para fins pacíficos;

VII – direito de associação, inclusive sindical, para fins lícitos;

5   Oscar Tenório, *Direito Internacional Privado*, p. 250, apud Jacob Dolinger, *Direito Internacional Privado: parte geral*, p. 201-202.

VIII – acesso a serviços públicos de saúde e de assistência social e à previdência social, nos termos da lei, sem discriminação em razão da nacionalidade e da condição migratória;

IX – amplo acesso à justiça e à assistência jurídica integral gratuita aos que comprovarem insuficiência de recursos;

X – direito à educação pública, vedada a discriminação em razão da nacionalidade e da condição migratória;

XI – garantia de cumprimento de obrigações legais e contratuais trabalhistas e de aplicação das normas de proteção ao trabalhador, sem discriminação em razão da nacionalidade e da condição migratória;

XII - isenção das taxas de que trata esta Lei, mediante declaração de hipossuficiência econômica, na forma de regulamento;

XIII – direito de acesso à informação e garantia de confidencialidade quanto aos dados pessoais do migrante, nos termos da Lei n. 12.527, de 18 de novembro de 2011;

XIV – direito a abertura de conta bancária;

XV – direito de sair, de permanecer e de reingressar em território nacional, mesmo enquanto pendente pedido de autorização de residência, de prorrogação de estada ou de transformação de visto em autorização de residência; e

XVI – direito do imigrante de ser informado sobre as garantias que lhe são asseguradas para fins de regularização migratória.

§ 1º Os direitos e as garantias previstos nesta Lei serão exercidos em observância ao disposto na Constituição Federal, independentemente da situação migratória, observado o disposto no § 4º deste artigo, e não excluem outros decorrentes de tratado de que o Brasil seja parte.

14.4 CONVENÇÃO DA APOSTILA DA HAIA – CONVENÇÃO SOBRE A ELIMINAÇÃO DA EXIGÊNCIA DE LEGALIZAÇÃO DE DOCUMENTOS PÚBLICOS ESTRANGEIROS

A palavra apostila é de origem francesa, sendo grafada *apostille*, que provém do verbo *apostiller*, e significa anotação.

Assim sendo, apesar do significado corrente na língua portuguesa que tem o significado de uma publicação, um significado adicional é que uma apostila consiste numa anotação à margem de um documento ou ao final de uma carta, por exemplo. Neste caso, a Apostila é definida como um certificado emitido nos termos da **Convenção da Apostila** que autentica a origem de um **Documento Público**.

O Conselho Nacional de Justiça (CNJ) é o responsável por coordenar e regulamentar a aplicação da Convenção da Apostila da Haia no Brasil, que entra em vigor em agosto de 2016 – após o procedimento constitucional de incorporação do tratado internacional com a emissão do Decreto n. 8.660, de 29 de janeiro de 2016.

O tratado, assinado no segundo semestre de 2015 pelo Brasil, tem o objetivo de agilizar e simplificar a legalização de documentos entre os 112 países signatários, permitindo o reconhecimento mútuo de documentos brasileiros no exterior e de documentos estrangeiros no Brasil[6].

Para clarificar o âmbito de aplicação da Convenção, transcrevemos:

Artigo 1º

A presente Convenção aplica-se aos atos públicos lavrados no território de um dos Estados contratantes e que devam ser apresentados no território de outro Estado contratante.

São considerados como atos públicos para os efeitos da presente Convenção:

a) Os documentos provenientes de uma autoridade ou de um funcionário dependentes de qualquer jurisdição do Estado, compreendidos os provenientes do Ministério Público, de um escrivão de direito ou de um oficial de diligências;

b) Os documentos administrativos;

c) Os atos notariais;

d) As declarações oficiais tais como menções de registo, vistos para data determinada e reconhecimento de assinatura, inseridos em atos de natureza privada.

Todavia, a presente Convenção não se aplica:

a) Aos documentos elaborados pelos agentes diplomáticos ou consulares;

b) Aos documentos administrativos relacionados diretamente com uma operação comercial ou aduaneira.

---

6. Informações extraídas do *site*: https://www.cnj.jus.br/poder-judiciario/relacoes-internacionais/apostila-da--haia/.

capítulo 15

ELEMENTOS DE CONEXÃO

15.1 INTRODUÇÃO

Na determinação do direito aplicável a uma relação jurídica de direito privado com conexão internacional, isto é, na qual se apresenta um elemento de estraneidade, é necessário reunir o objeto de conexão ao elemento de conexão pertinente. Resumidamente, no caso *in concreto* devem ser seguidos os passos:

1º) Devem ser enquadrados os fatos e os elementos dos fatores sociais, com conexão internacional, alegados e provados, se controversos no processo, no objeto de conexão da norma indicativa, adequada e apropriada ao caso concreto – é a denominada qualificação.

Segundo Beat Walter Rechsteiner[1], toda norma indicativa ou indireta de Direito Internacional Privado é composta de duas partes:

a) o objeto de conexão – descreve a matéria à qual se refere uma norma indicativa ou indireta do Direito Internacional Privado, abordando, dessa forma, sempre questões jurídicas vinculadas a fatos ou elementos de fatores sociais com conexão internacional. Alude a conceitos jurídicos, como capacidade jurídica ou forma de um testamento; a direitos, como o nome de uma pessoa física, ou direitos reais referentes

---

[1] *Direito Internacional Privado*, p. 114-120.

a um bem imóvel; a pretensões jurídicas, como as decorrentes de um ato ilícito praticado ou de um acidente de carro etc.; e

b) o elemento de conexão – é a parte que torna possível a determinação do direito aplicável. Elementos de conexão são, entre outros: a nacionalidade, o domicílio e a residência habitual de uma pessoa física, a *lex rei sitae*, a *lex loci actus*, a *lex loci delicti commissi*, a autonomia da vontade das partes e a *lex fori*.

2º) Quando o juiz conhece a norma indicativa ou indireta aplicável ao caso, a norma, por si mesma, mediante o seu elemento de conexão, indicará o direito aplicável: o direito interno ou determinado direito estrangeiro.

Os elementos de conexão são normas jurídicas que indicam o direito aplicável às diversas situações jurídicas conectadas a mais de um sistema legal. Podem ser relativos à capacidade das pessoas, aos aspectos extrínsecos ou formais do ajuste, aos seus aspectos intrínsecos, ao domicílio ou à sede dos contratantes, ou ao local onde se encontre o bem objeto do contrato.

Os elementos de conexão, como parte da norma indicativa ou indireta do Direito Internacional Privado, com a ajuda da qual é possível determinar o direito aplicável, diferenciam-se conforme o Direito Internacional Privado de cada Estado.

Os elementos de conexão constituem opções das soberanias estatais por um critério na determinação do direito aplicável na ocorrência de conflitos de leis. Desta forma, variarão conforme a ordem jurídica em análise, a despeito de inúmeras tentativas uniformizadoras. Assim, examinaremos apenas os elementos mais utilizados no Direito Internacional Privado, considerando a sua aplicação no Brasil.

15.2 DOMICÍLIO OU *LEX DOMICILII*

O elemento de conexão do domicílio é predominante no Direito Internacional Privado. Na América Latina, praticamente todos os países adotam o domicílio como indicador do direito aplicável ao estatuto pessoal da pessoa física.

Mas nem sempre a *lex domicilii* prevaleceu como critério para solução de conflitos com conexão internacional no que tange ao estatuto pessoal; o critério antecessor foi o da nacionalidade, sendo aquele subsidiário deste.

No caso brasileiro, entende-se que o domicílio é o critério que mais atende à conveniência nacional, por ser o Brasil um país de imigração com o interesse de sujeitar o estrangeiro aqui domiciliado à sua lei, integrando-o à vida nacional, independentemente de sua subordinação política, firmada pelo vínculo da nacionalidade.

Ainda, conforme ensinamento de Haroldo Valladão, domicílio no direito internacional privado é o vínculo que liga uma pessoa a um *territorium legis*, ou seja, a uma ordem jurídica vigente em certo território. Como o domicílio (*vencidad*) é a sede jurídica da pessoa, o centro de seus negócios e das suas atividades, natural será que a *lex domicilii* discipline a sua vida na ordem privada, e, além disso, a exteriorização do domicílio facilitará e beneficiará terceiros interessados em manter relações jurídicas com ela[2].

Segundo Sebastião José Roque, "aplica-se a lei do local em que as partes estejam domiciliadas. Se cada parte estiver domiciliada em local diferente do da outra, deve prevalecer o domicílio do réu, como acontece geralmente no direito interno"[3].

O conceito de domicílio deve ser interpretado segundo as normas de direito internacional privado da *lex fori*.

A Lei de Introdução às Normas do Direito Brasileiro (LINDB), em virtude do teor do art. 7º, abandona o princípio da nacionalidade e firma o domicílio como elemento de conexão determinante da lei aplicável quando do estatuto pessoal ou da sede jurídica da pessoa.

15.3 NACIONALIDADE

Um cidadão está muito ligado à sua nacionalidade principalmente no que tange aos direitos da personalidade. Esse elemento de conexão predominava no Brasil até a edição da Lei de Introdução às Normas do Direito Brasileiro em 1942.

O elemento de conexão da nacionalidade também se destina à solução de conflitos, tendo por base o estatuto pessoal – à semelhança do domicílio; contudo, é um critério político que converte a pessoa em súdito permanente de um Estado. Na atualidade, em razão da migração de pessoas, pode ocorrer a multiplicidade de nacionalidades, trazendo, em vez de solução ao conflito interespacial, maior incerteza para o julgador perante a obrigatória decisão por uma das nacionalidades. Sendo assim, o elemento da nacionalidade tende a perder relevância no cenário do direito internacional privado.

Nesse ínterim, mesmo com a alteração da denominação da lei em questão para Lei de Introdução às Normas do Direito Brasileiro (LINDB), tendo como perspectiva inicial a observação do fenômeno da globalização humana (expressão cunhada por Zygmunt Bauman[4]), com a intensa circulação de pessoas nas formas facilitadas pela tecnologia e o "encurtamento" das distâncias geográficas e comunicacionais, persiste tendência da assunção do elemento volitivo, da fixação do domicílio, como elemento de conexão preponderante na determinação da lei indicativa para conflitos referentes ao estatuto pessoal da pessoa natural.

---

[2]   Apud Maria Helena Diniz, *Lei de Introdução ao Código Civil Brasileiro interpretada*, p. 208-210.
[3]   *Direito Internacional Privado*, p. 13.
[4]   Zygmunt, Bauman. *Globalização: as consequências humanas*. Rio de Janeiro: Jorge Zahar Editor, 1999.

15.4 *LEX REI SITAE*

Determina ser aplicável a lei do lugar onde está situada uma coisa. O objeto de conexão, neste caso, é o regime jurídico geral dos bens. Assim, designa o direito aplicável quanto à aquisição, à posse, aos direitos reais etc., de tais bens.

O art. 8º da LINDB determina que a qualificação dos bens é territorial, isto é, afirma que para reger as relações concernentes aos bens será aplicada a lei do país em que estiverem situados.

De outro modo:

> os conflitos de leis no espaço relativos aos direitos reais regem-se pelo princípio da territorialidade. O critério jurídico para regular coisas móveis de situação permanente, inclusive de uso pessoal, ou imóveis (*ius in re*) é o da *lex rei sitae*, que importa na determinação do território, espaço limitado no qual o Estado exerce competência. Essa norma é aplicada para qualificar bens, reger relações a eles concernentes e disciplinar as ações que os asseguram (Código de Bustamante, arts. 112, 113, 121, 122 e 123). Regulará os bens móveis ou imóveis a lei do país onde estiverem situados, salvo na hipótese do § 1º, pois a propriedade deve subordinar-se às normas de ordem pública do Estado. Como Estado e territorialidade são incindíveis, as coisas subordinam-se à *lex rei sitae*, por se acharem em relação ao território e, porque não têm nacionalidade, não conservam laços de procedência. A competência da *lex rei sitae* é técnica, uma vez que a sede das relações jurídicas está no local da situação da coisa como limite imposto pela ordem pública. Em tudo o que for relativo ao regime da posse, da propriedade e dos direitos reais sobre coisa alheia nenhuma lei poderá ter competência maior do que a do território onde se encontrarem os bens, que constituem seu objeto[5].

15.5 *LEX LOCI DELICTI COMMISSI*[6]

Corresponde à lei do lugar onde um ato ilícito foi cometido.

Em princípio, foi concebido com os mesmos caracteres do elemento de conexão denominado *locus regit actum*, isto é, o local em que um ato jurídico ou um ato ilícito seja praticado constitui sede da relação jurídica estabelecida; é a lei do local da conduta que deve reger a solução do conflito com conexão internacional.

Ultimamente, com o aumento de crimes considerados internacionais ou transnacionais – crimes ambientais, tributários, penais etc. –, tem-se consolidado o

---

5   Maria Helena Diniz, *Lei de Introdução ao Código Civil Brasileiro interpretada*, p. 272.
6   Sebastião José Roque, *Direito Internacional Privado*, p. 12-13.

princípio da *lex loci delicti commissi*, inclusive para facilitar a apuração dos delitos pelas autoridades locais competentes. É critério aplicável também às obrigações extracontratuais que induzem à responsabilidade civil pela prática de atos ilícitos.

15.6 *LEX FORI*[7]

A *lex fori* tem várias acepções no Direito Internacional Privado, quais sejam:

• De regra básica: o juiz aplica sempre as normas de Direito Internacional Privado vigentes no lugar do foro. Normas na sua maioria indicativas ou indiretas, designando meramente o direito aplicável a uma relação jurídica de direito privado.

• De elemento de conexão: a *lex fori* exerce outra função, o papel de elemento de conexão, mais precisamente quando se trata de determinar a lei aplicável a uma relação jurídica de direito privado com conexão internacional.

O seu campo de aplicação é, principalmente, o direito de família (proteção de menores e adoção). Favorece a atuação mais rápida por aplicar o direito que é familiar ao juiz; o direito do seu foro, ademais, favorece as partes e serve ainda à economia processual.

Ainda é oportuno ressaltar quanto à aplicabilidade do elemento de conexão da *lex fori*.

• Se o direito aplicável a uma relação jurídica de direito privado com conexão internacional for o estrangeiro, pode ocorrer que viole a ordem pública; neste caso, aplica-se a *lex fori* no lugar do direito estrangeiro.

• Quando uma norma de aplicação imediata interferir numa relação jurídica de direito privado com conexão internacional.

• Quando aplicável o direito estrangeiro, mas o seu conteúdo não for verificável.

• A *lex processualis fori* estabelece a regra básica tradicionalmente reconhecida de que o direito processual civil se rege de acordo com a *lex fori*.

15.7 AUTONOMIA DA VONTADE

É comum na doutrina o uso da expressão "autonomia da vontade" quando a temática é contrato. No âmbito do Direito Internacional Privado, é preciso ressaltar que não é uma regra única, mas "sob uma só expressão, ampla, diferentes maneiras de ligar um contrato a determinado sistema jurídico"[8].

Segundo Nádia de Araújo, os elementos da autonomia da vontade podem ser vistos em três planos:

---

[7]   Beat Walter Rechsteiner, op. cit., p. 142-143.
[8]   Luiz Olavo Baptista, *Dos contratos internacionais*: uma visão teórica e prática, p. 27.

de uma parte, o princípio da autonomia aparece como o meio privilegiado de designação da lei estatal aplicável a um contrato internacional. De outro lado, o princípio permite às partes subtraírem o seu contrato ao direito estatal. Finalmente, a autonomia da vontade seria um instrumento de aperfeiçoamento do direito por causar a eliminação do conflito de leis, pois suas normas reguladoras emudeceriam em razão da liberdade internacional das convenções[9].

Justamente por revestir-se de múltiplas formas, grande foi a polêmica que cercou a admissibilidade do princípio da autonomia da vontade na área do Direito Internacional Privado no Brasil quando da edição da Lei de Introdução às Normas do Direito Brasileiro de 1942, pois a assunção deste no ordenamento jurídico nacional não foi expressa no texto da lei de 1942.

Ao revés, o princípio da autonomia da vontade foi retirado do texto normativo da Lei de Introdução ao Código Civil de 1916, não sendo preservado na edição da nova lei.

Desta feita, brevemente – por não ser aqui o ambiente mais adequado – iremos compilar algumas opiniões pertinentes à compreensão do debate relativo à manutenção da autonomia da vontade nas relações internacionais e que favorecerão a compreensão do entendimento atual da matéria.

Haroldo Valladão foi favorável à utilização do princípio, demonstrando em suas obras que este sempre teve lugar no direito brasileiro e que, a despeito de não estar expresso na nova Lei de Introdução ao Código Civil (em sua primeira nomenclatura), não poderia simplesmente desaparecer, justificava seu raciocínio pela interpretação de que o princípio da autonomia da vontade continuava presente no § 2º do art. 9º ao empregar o verbo "reputa-se" como sinônimo de "presume-se", expressões válidas como a ressalva "salvo estipulação em contrário".

Além do que, sendo favorável à autonomia, incluiu-a no seu Anteprojeto de Lei Geral, tanto na parte geral ao referir-se à fixação de domicílio especial, como também na parte relativa aos contratos.

Em viés oposto, Oscar Tenório entendia que a nova Lei de Introdução ao Código Civil extinguira a celeuma, pois não mais incluía no seu art. 9º a possibilidade da autonomia da vontade em obrigações internacionais.

Irineu Strenger, autor contemporâneo, em sua obra *A autonomia da vontade em direito internacional privado*, entendeu que o direito brasileiro consagrou expressamente o princípio da autonomia da vontade na Lei de Introdução de 1916.

No entanto, com a redação da Lei de Introdução de 1942, apesar de não mais mencioná-lo de forma expressa, o legislador não expulsou tal princípio do ordena-

---

9   *Contratos internacionais*, p. 14.

mento pátrio; ao contrário, concedeu-lhe mais amplo espectro, podendo ser utilizado sempre que a lei estrangeira o permitir.

Já Luiz Olavo Baptista optou por explicar que todo contrato tem por base uma lei; no entanto, aceita a presença da autonomia da vontade desde que com certos limites, pois esta não deverá reger todos os aspectos do contrato, mas deverá ser limitada pelas normas imperativas e de ordem pública.

Assim, na doutrina brasileira existem três correntes distintas de pensamento: a primeira, daqueles enfaticamente contrários à autonomia da vontade; a segunda, daqueles que são a favor, desde que limitada às regras supletivas, excluindo-se, portanto, a possibilidade de sua aplicação ao contrato como um todo; e finalmente a terceira, daqueles favoráveis à teoria de forma mais ampla[10].

Por fim, podemos dizer que a prática internacional tem levado ao posicionamento da doutrina pátria favorável ao fenômeno do *dépeçage*, permitindo a autonomia da vontade no que tange à escolha da lei aplicável aos contratos internacionais, desde que restritos à sua substância e aos seus efeitos.

Segundo o Glossário de Direito Internacional Privado[11], *dépeçage* ou fracionamento é um mecanismo pelo qual um contrato ou uma instituição é dividida em diferentes partes, que serão, cada uma delas, submetidas a leis diferentes. Pode ocorrer em dois níveis. No primeiro, pelo próprio sistema de Direito Internacional Privado, pois a substância pode ser regida por uma lei, enquanto a capacidade das partes será regida por outra. No segundo, as partes têm a faculdade de determinar que o contrato será regido por mais de uma lei.

---

[10]   Idem, ibidem, p. 108.
[11]   Idem, ibidem, p. 85.

capítulo 16

DOS LIMITES DA JURISDIÇÃO NACIONAL – APORTES DO CÓDIGO DE PROCESSO CIVIL BRASILEIRO

A legislação processual civil brasileira, com a Lei n. 13.105, de 16 de março de 2015, trouxe clareza ao determinar a competência da autoridade judiciária brasileira para ações com conexão internacional, apontando os objetos de conexão, como: alimentos, divórcio, sucessão, direitos reais, dentre outras hipóteses, como se depreende da leitura abaixo:

Art. 21. Compete à autoridade judiciária brasileira processar e julgar as ações em que:

I – o réu, qualquer que seja a sua nacionalidade, estiver domiciliado no Brasil;

II – no Brasil tiver de ser cumprida a obrigação;

III – o fundamento seja fato ocorrido ou ato praticado no Brasil.

Parágrafo único. Para o fim do disposto no inciso I, considera-se domiciliada no Brasil a pessoa jurídica estrangeira que nele tiver agência, filial ou sucursal.

Art. 22. Compete, ainda, à autoridade judiciária brasileira processar e julgar as ações:

I – de alimentos, quando:

a) o credor tiver domicílio ou residência no Brasil;

b) o réu mantiver vínculos no Brasil, tais como posse ou propriedade de bens, recebimento de renda ou obtenção de benefícios econômicos;

II – decorrentes de relações de consumo, quando o consumidor tiver domicílio ou residência no Brasil;

III – em que as partes, expressa ou tacitamente, se submeterem à jurisdição nacional.

Art. 23. **Compete à autoridade judiciária brasileira, com exclusão de qualquer outra:**

I – conhecer de ações relativas **a imóveis situados no Brasil**;

II – em matéria de **sucessão hereditária**, proceder à confirmação de testamento particular e ao inventário e à partilha de bens situados no Brasil, ainda que o autor da herança seja de nacionalidade estrangeira ou tenha domicílio fora do território nacional;

III – **em divórcio, separação judicial ou dissolução de união estável**, proceder à partilha de bens situados no Brasil, ainda que o titular seja de nacionalidade estrangeira ou tenha domicílio fora do território nacional.

Art. 24. A ação proposta perante tribunal estrangeiro não induz litispendência e não obsta a que a autoridade judiciária brasileira conheça da mesma causa e das que lhe são conexas, ressalvadas as disposições em contrário de tratados internacionais e acordos bilaterais em vigor no Brasil.

Parágrafo único. A pendência de causa perante a jurisdição brasileira não impede a homologação de sentença judicial estrangeira quando exigida para produzir efeitos no Brasil.

Art. 25. Não compete à autoridade judiciária brasileira o processamento e o julgamento da ação quando houver cláusula de eleição de foro exclusivo estrangeiro em contrato internacional, arguida pelo réu na contestação.

§ 1º Não se aplica o disposto no *caput* às hipóteses de competência internacional exclusiva previstas neste Capítulo.

§ 2º Aplica-se à hipótese do *caput* o art. 63, §§ 1º a 4º.

capítulo 17

PRECEITOS BÁSICOS DO DIREITO INTERNACIONAL PRIVADO[1]

17.1 INTRODUÇÃO

O juiz, ao julgar uma relação jurídica de direito privado com conexão internacional, em que esteja presente um conflito de leis no espaço, necessariamente fará uso das normas de Direito Internacional Privado, por princípio, vigentes no seu âmbito territorial, segundo a *lex fori*.

Da qualificação do feito o juiz alcançará a interpretação da norma indicativa ou indireta que apontará uma de duas únicas alternativas: ou a solução será a aplicação do direito local ou doméstico; ou do direito estrangeiro.

Na primeira hipótese, de aplicação do direito nacional não apresenta grandes dificuldades perante o princípio fundante do exercício jurisdicional *iura novit cúria*; desvelo maior se apresenta com a interpretação e aplicação do direito estrangeiro. Decorre daí a necessidade do conhecimento de alguns institutos que perpassam a prática processual do Direito Internacional Privado.

17.2 ORDEM PÚBLICA

Segundo Irineu Strenger:

---

[1] Dados extraídos da obra de Beat Walter Rechsteiner, *Direito Internacional Privado*, p. 155-181.

devemos entender por ordem pública o conjunto de princípios incorporados implícita ou explicitamente na ordenação jurídica nacional, que por serem considerados para sobrevivência do Estado e salvaguarda de seu caráter próprio, impedem a aplicação do direito estrangeiro que os contradiga, ainda que determinado pela regra dos conflitos.

A regra de direito internacional privado não deixa funcionar a exceção da ordem pública; atua após aplicação da regra de conflitos; não atua antes, mas depois. O conceito de ordem pública é extremamente importante porque procura afastar a aplicação de direito estrangeiro para que em lugar dele seja aplicada a lei territorial[2].

É, portanto, possível a reserva de ordem pública – configurada como uma cláusula de exceção que se propõe a corrigir a aplicação do direito estrangeiro, quando este leva, no caso concreto, a um resultado incompatível com os princípios fundamentais da ordem jurídica interna – segundo a Lei de Introdução ao Código Civil brasileiro, art. 17, que assim dispõe: "as leis, atos e sentenças de outros país, bem como quaisquer declarações de vontade, não terão eficácia no Brasil, quando ofenderem a soberania nacional, a ordem pública e os bons costumes".

17.3 FRAUDE À LEI

Fraude à lei consiste em uma forma de abuso de direito, não sendo admitida no âmbito do Direito Internacional Privado. Para sua caracterização são identificáveis os seguintes pressupostos:

1º) Pretende-se evitar, basicamente, a aplicação de determinadas normas substantivas ou materiais do direito interno ou, excepcionalmente, também do direito estrangeiro, cujas consequências legais não são desejadas;

2º) Planeja-se uma manobra legal extraordinária para obter o resultado desejado;

3º) Na maioria dos casos, o objetivo consiste em evitar a aplicação do direito substantivo ou material interno, transferindo atividades e praticando atos para e no exterior. Pode ocorrer, ainda, a escolha de um foro favorável no estrangeiro com a mesma intenção.

17.4 REENVIO

O reenvio é também denominado devolução ou retorno. Consiste em fenômeno jurídico peculiar a atuação do Direito Internacional Privado, que se dá por meio

---

2   Irineu Strenger, *Direito Internacional Privado*, p. 373-374.

de normas indicativas ou indiretas, que não incidem na solução material do conflito e sim determinam qual o direito aplicável.

Significa dizer que a:

> indicação do direito aplicável contido na regra de conflito se faz por meio técnico, ou seja, de acordo com a expressão variável inserida no contexto legal e que se denomina elemento de conexão [...]. A indicação de direito estranho nem sempre, porém, é solução conveniente e final, porquanto, podem ocorrer várias hipóteses impeditivas, resultantes de contradições ou conflitos das disposições que compõem a relação normativa. Em outras palavras, os elementos de conexão podem nas diversas legislações apontar critérios indicativos de direito aplicável, que são na prática, aparentemente, insolúveis por seu antagonismo absoluto[3].

17.5 QUESTÃO PRÉVIA

Questão prévia importa na exigência de que o juiz, para apreciar a questão jurídica principal, antes se pronuncie sobre questão logicamente anterior. Este tema alcança relevo no Direito Internacional Privado em virtude da necessidade de determinar qual direito será aplicável à questão prévia e se este primeiro posicionamento compromete a solução da questão principal sob a mesma égide.

Na prática existem duas alternativas para o julgador:

i) aplicar à questão prévia o mesmo direito – se doméstico ou estrangeiro – que aplicaria a questão principal;

ii) aplicar na solução da questão prévia direito independente da questão principal, reconhecendo, assim, a autonomia da questão prévia em face da questão jurídica principal.

17.6 ADAPTAÇÃO OU APROXIMAÇÃO

A adaptação ou aproximação das normas no Direito Internacional Privado pode ocorrer em razão de situações peculiares. Vejamos:

1º) Pela acumulação de normas: caracterizada pelo fato de duas ou mais normas indicativas ou indiretas de Direito Internacional Privado da *lex fori* designarem ordenamentos jurídicos diversos, cujas normas de direito substantivo ou material aplicável se contradizem;

---

[3]   Idem, ibidem, p. 389.

2º) Pela falta de normas: esta hipótese dá causa ao tipo de adaptação que provavelmente ocorre com maior frequência na prática do Direito Internacional. Este possui sempre uma norma indicativa ou indireta que designa o direito aplicável a uma relação jurídica de direito privado com conexão internacional. Não existindo, nesse caso, há falta de norma.

Já o direito substantivo ou material aplicável sempre é indicado, mas pode carecer de normas para a solução do caso concreto.

O direito aplicável, assim, é lacunoso, e aí encontramos o ponto de referência que caracteriza a falta de normas, podendo o impasse ser contornado mediante o instrumento jurídico de adaptação.

17.7 ALTERAÇÃO DE ESTATUTO OU CONFLITO MÓVEL

Alteração de estatuto significa, em sentido amplo, toda alteração do direito aplicável a uma relação jurídica de direito privado com elemento de estraneidade.

Em sentido estrito, significa que os fatos sobre os quais se pautaram a identificação do elemento de conexão no caso concreto sofreram alterações.

O conflito móvel é caracterizado pela mudança do direito aplicável ao caso concreto por força da alteração dos fatos que pautavam a identificação do estatuto.

17.8 DIREITOS ADQUIRIDOS

Há grande debate doutrinário sobre o reconhecimento ou não de direitos adquiridos em ordens jurídicas estrangeiras.

Contudo, ficamos com o pensamento de Jacob Dolinger que tão bem esclarece:

> o respeito pelos direitos adquiridos no exterior decorre do princípio da ordem pública. Na medida em que a ordem pública é identificada com a moral, esta proíbe que o indivíduo seja espoliado de direito que já se incorporou em seu patrimônio.
>
> No sistema jurídico brasileiro, em que se consagrou o princípio do respeito aos direitos adquiridos em sede constitucional (e toda matéria constitucional tem caráter de ordem pública, mesmo quando versa direitos privados) é de se estender a norma intertemporal ao plano interespacial, ou intersistemático.
>
> Assim, a ordem pública que tem a força de evitar a aplicação de normas estrangeiras que sejam chocantes a nosso sistema jurídico, também tem a força de exigir o reconhecimento dos direitos adquiridos no exterior.
>
> E assim, como a ordem pública impeditiva, que se opõe à aplicação da lei estrangeira, funciona em sentido negativo (não aplicar lei permissiva estran-

geira) e no sentido positivo (aplicar lei permissiva do foro), também apresenta esta outra dicotomia, ordem pública que impede a aplicação de lei estrangeira e ordem pública que comanda a aceitação dos efeitos da lei estrangeira já aplicada.

Mas quando o reconhecimento destes direitos adquiridos no exterior encerra uma situação de divergência com nossa filosofia jurídica de proporções e intensidade de tal magnitude que constituam um escândalo para a nossa sociedade, a ordem pública volta a agir no sentido de impedir a eficácia dos efeitos indesejáveis em nosso meio, mesmo quando decorrentes de atos jurídicos consolidados[4].

---

[4]   Jacob Dolinger, *Direito Internacional Privado*, p. 471.

capítulo 18

HOMOLOGAÇÃO DE SENTENÇA ESTRANGEIRA

18.1 INTRODUÇÃO

A sentença é ato de soberania que se constitui internamente em cada Estado no momento em que é prolatada pelo juiz competente de acordo com sua *lex fori*. A questão da execução de sentenças ou decisões estrangeiras decorre da indagação de como efetuá-la em território diverso da jurisdição que a emanou.

Nesse sentido, vale verificar os diversos sistemas legislativos sobre homologação, aqui reunidos por Vicente Grecco Filho[1]:

1º) Sistema de recusa à execução dos julgados estrangeiros: segundo o qual se desconhece o processo de homologação ou de *exequatur*.

2º) Sistema de revisão absoluta: adotado no direito e jurisprudência franceses, segundo o qual, no processo de *exequatur*, reexamina-se inclusive o mérito da decisão estrangeira, substituindo a nova decisão pela estrangeira.

3º) Sistema de controle ilimitado: quando é possível o exame do mérito da decisão estrangeira, mas para o fim de admiti-la ou rejeitá-la.

4º) Sistema de controle limitado: adotado, entre outras, na legislação processual alemã e italiana, segundo o qual o julgado estrangeiro é submetido a controle em

---

[1] Vicente Greco Filho, *Direito processual civil brasileiro*, v. 2, p. 375-376.

determinados pontos. Este último é adotado tradicionalmente pelo direito brasileiro, também chamado de sistema da "delibação".

Desse modo, hoje, a despeito da divergência doutrinária, no Brasil a validação de uma sentença estrangeira ocorre mediante a reunião de certos requisitos e processo de homologação de acordo com a Constituição Federal e leis de Direito Internacional Privado e de Processo Civil.

18.2 HOMOLOGAÇÃO DE SENTENÇA ESTRANGEIRA NO DIREITO BRASILEIRO

A partir da Constituição de 1934, o Brasil define como competência do Supremo Tribunal Federal a homologação de sentenças estrangeiras, e determina como competente o presidente da Corte Suprema para conceder o *exequatur* a cartas rogatórias. O Código de Processo Civil de 1939 consagrava o sistema de delibação, sem reexame do mérito.

De acordo com Maria Helena Diniz:

> na delibação ter-se-á mera apreciação inquisitiva da prova documental, examinando-se se as alegações e as provas alusivas, p. ex., a falta de citação, procedem ou não. Logo em momento algum poderá declarar válido ou inválido o processo estrangeiro. A delibação não alterará o mérito da decisão alienígena; examinará tão somente se houve cumprimento dos requisitos internos e externos exigidos pelo art. 15 da Lei de Introdução[2].

A Lei de Introdução às Normas do Direito Brasileiro (LINDB) estabeleceu, no art. 15, requisitos básicos para a homologação de sentença estrangeira, a saber:

Requisitos externos da sentença:

a) formalidades extrínsecas à execução, de acordo com a lei do foro em que foi prolatada;

b) tradução juramentada;

c) autenticação consular.

Requisitos internos da sentença:

a) haver sido prolatada por juiz competente;

b) regular citação ou revelia;

c) ter transitado em julgado – Súmula 420 do STF;

d) não contrariar a ordem pública, a soberania nacional e os bons costumes;

---

[2]   *Lei de Introdução ao Código Civil Brasileiro interpretada*, p. 359-377.

e) ter sido homologada pelo Supremo Tribunal Federal.

Vale ressaltar que as sentenças meramente declaratórias do estado das pessoas não dependem de homologação.

Neste ínterim, a Constituição Federal de 1988, por intermédio da Emenda Constitucional n. 45, de 8 de dezembro de 2004, sofreu significativa mudança no tocante à competência para o processo de homologação de sentença estrangeira, mediante o sistema de delibação.

Antes da Emenda Constitucional n. 45, o art. 102, I, *h*, da Constituição estabelecia a competência do Supremo para homologação de sentenças estrangeiras e a concessão do *exequatur* às cartas rogatórias, com procedimento firmado no Regimento Interno da Suprema Corte.

Atualmente, segundo o art. 105, I, *i*, da Constituição, "compete ao Superior Tribunal de Justiça processar e julgar, originariamente, a homologação de sentenças estrangeiras e a concessão de *exequatur* às cartas rogatórias".

Com o translado de competência persiste, contudo, uma característica importante, qual seja: homologada a sentença estrangeira, esta transforma-se em título executivo judicial, podendo ser executada por carta de sentença perante a Justiça Federal, conforme o art. 109, X, da Constituição Federal.

capítulo 19

ARBITRAGEM INTERNACIONAL

19.1 INTRODUÇÃO

A arbitragem consiste em um meio alternativo de solução de controvérsias mediante o qual as partes, em litígio, envolvendo direito disponível, escolhem um juiz privado (árbitro) para decidir a controvérsia de forma autoritativa, ou seja, vinculativa para os litigantes. Baseia-se a arbitragem na convenção das partes interessadas (autonomia da vontade).

A partir desta noção, pode-se alcançar que a arbitragem internacional é aquela destinada a produzir efeitos no exterior, quer por pertencerem as partes a Estados diversos, quer pelo litígio ocorrer em território de países diversos.

No Brasil, a Lei n. 9.307/96 renovou as noções sobre a arbitragem presentes no Código Civil e no Código de Processo Civil, apresentando-se como uma alternativa válida e eficaz para a solução de litígios envolvendo direitos disponíveis.

A Lei de Arbitragem não afasta do Poder Judiciário poderes e prerrogativas, mas tão somente privilegia a vontade das partes que podem escolher livremente por recorrer ao juízo estatal ou à arbitragem para solver controvérsias de natureza patrimonial.

Na arbitragem internacional, citamos alguns contratos internacionais específicos em que o Brasil tem utilizado a cláusula de arbitragem: contratos de transferência de tecnologia (know-how); contratos de crédito com bancos estrangeiros firmados por órgãos estatais; contratos de exploração firmados pela Petrobras; e contratos firmados por órgãos da administração federal decorrentes de licitação pública em determinadas situações específicas.

19.2 FORMAS DE CONVENÇÃO DE ARBITRAGEM

Quanto ao meio de eleição da arbitragem para solução de conflitos, sucintamente podemos esclarecer:

a) Compromisso arbitral: ajuste celebrado entre contratantes para submissão de uma questão já identificada à decisão arbitral.

b) Cláusula arbitral (também chamada cláusula compromissória ou *pactum compromittendo*): é a cláusula inserta em contratos dispondo que qualquer divergência surgida daquela avença será dirimida por arbitragem.

Ademais, alguns cuidados devem ser adotados na redação da cláusula arbitral, quais sejam:

a) a jurisdição ou determinação do local da realização do julgamento por arbitragem;

b) escolha da lei e princípios que regerão a arbitragem;

c) dados pessoais das partes e números de árbitros que funcionarão no processo;

d) multa para penalizar a parte que imotivadamente se negar a cumprir o pacto;

e) Eleição de foro (na hipótese de medidas cautelares ou remessa à arbitragem);

f) previsão da equidade;

g) escolha de uma das organizações de arbitragem existentes.

• Instituições Internacionais comumente eleitas pelas partes:

1) Câmara de Comércio Internacional (CCI), com sede em Paris, criada em 1919;

2) American Arbitration Association (AAA), com sede em Nova York;

3) London Court of Arbitration; e,

4) Zurich Chamber of Commerce.

19.3 COMISSÃO DAS NAÇÕES UNIDAS PARA O DIREITO DO COMÉRCIO INTERNACIONAL (UNCITRAL)[1]

A Comissão das Nações Unidas para o Direito do Comércio Internacional (UNCITRAL) foi estabelecida pela Assembleia Geral em 1966 (Resolução 2205(XXI) de 17 de dezembro de 1966). Ao estabelecer a Comissão, a Assembleia Geral reconheceu que as disparidades nas leis nacionais que regem o comércio internacional criam obstáculos ao fluxo do comércio e considerou a Comissão como o veículo pelo qual as Nações Unidas poderiam desempenhar um papel mais ativo na redução ou remoção desses obstáculos.

Em um mundo cada vez mais economicamente interdependente, é amplamente reconhecida a importância de desenvolver e manter uma sólida estrutura jurídica

---

[1]   Dados extraídos do sítio https://uncitral.un.org/en/gateway.

transfronteiriça para facilitar o comércio e o investimento internacional. A Comissão das Nações Unidas para o Direito do Comércio Internacional (UNCITRAL) desempenha um papel fundamental no desenvolvimento dessa estrutura em busca de seu mandato para promover a progressiva harmonização e modernização do direito do comércio internacional. A UNCITRAL faz isso preparando e promovendo o uso e a adoção de instrumentos legislativos e não legislativos em várias áreas-chave do direito comercial.

Os textos da UNCITRAL são desenvolvidos por meio de um processo internacional envolvendo uma variedade de participantes. A adesão à UNCITRAL é estruturada de forma a representar diferentes tradições legais e níveis de desenvolvimento econômico, e seus procedimentos e métodos de trabalho garantem que os textos da UNCITRAL sejam amplamente aceitos como oferecendo soluções apropriadas para muitos países em diferentes estágios de desenvolvimento econômico.

Para implementar seu mandato e facilitar a troca de ideias e informações, a UNCITRAL mantém vínculos estreitos com organizações internacionais e regionais, tanto intergovernamentais quanto não governamentais, que são participantes ativos do programa de trabalho da UNCITRAL e no campo do comércio internacional e direito comercial.

A estrutura do funcionamento da UNCITRAL compreende:

Assembleia Geral

A Assembleia Geral é o principal órgão deliberativo, formulador de políticas e representativo das Nações Unidas. Adota uma ou mais resoluções sobre o trabalho anual da UNCITRAL. Essas resoluções são emitidas primeiro em forma provisória e, depois, reeditadas no final do ano como o último suplemento numerado dos registros oficiais da Assembleia Geral. Assim, por exemplo, A/RES/54/103 é o documento que contém uma forma provisória da Resolução 54/103 da Assembleia, adotada durante o quinquagésimo quarto período de sessões da Assembleia Geral. As resoluções aprovadas pela Assembleia Geral anteriores a 1976 seguiram um formato diferente e foram numeradas sequencialmente, sendo a sessão em que foram adotadas indicada por algarismos romanos (por exemplo, 2205 (XXI)).

O Sexto Comitê da Assembleia Geral é um dos principais comitês da Assembleia Geral e considera questões legais, incluindo o relatório anual da UNCITRAL.

Comissão

A UNCITRAL realiza seu trabalho em sessões anuais realizadas alternadamente em Nova York e Viena. O trabalho nessas sessões geralmente inclui:

1. finalização e adoção de projetos de textos encaminhados à Comissão pelos grupos de trabalho;
2. consideração dos relatórios de progresso dos grupos de trabalho em seus respectivos projetos;

3. seleção de tópicos para trabalhos futuros ou pesquisas futuras;

4. relatórios sobre atividades de cooperação e assistência técnica e coordenação de trabalho com outras organizações internacionais;

5. monitoramento dos desenvolvimentos no sistema CLOUT e o *status* e promoção dos textos jurídicos da UNCITRAL;

6. consideração das resoluções da Assembleia Geral sobre o trabalho da UNCITRAL;

7. questões administrativas.

Os Grupos de Trabalho realizam o trabalho preparatório substantivo sobre tópicos do programa de trabalho da UNCITRAL. Atualmente, a participação em grupos de trabalho inclui todos os Estados-membros da UNCITRAL. Um Grupo de Trabalho normalmente se reúne duas vezes por ano, realizando uma sessão de primavera em Nova York e uma sessão de outono em Viena.

• Grupo de Trabalho I – Micro, Pequenas e Médias Empresas

• Grupo de Trabalho II – Solução de Controvérsias

• Grupo de Trabalho III – Reforma da Solução de Controvérsias Investidor-Estado

• Grupo de Trabalho IV – Comércio Eletrônico

• Grupo de Trabalho V – Direito da Insolvência

• Grupo de Trabalho VI – Documentos Negociáveis de Transporte Multimodal

• Grupos de Trabalho Anteriores

19.3.1 Regras de Arbitragem da UNCITRAL[2]

As Regras de Arbitragem da UNCITRAL fornecem um conjunto abrangente de regras processuais sobre as quais as partes podem concordar para a condução de procedimentos arbitrais decorrentes de seu relacionamento comercial e são amplamente utilizadas em arbitragens *ad hoc*, bem como em arbitragens administradas. As Regras abrangem todos os aspectos do processo arbitral, fornecendo um modelo de cláusula arbitral, estabelecendo regras processuais relativas à nomeação de árbitros e à condução de procedimentos arbitrais, e estabelecendo regras em relação à forma, efeito e interpretação da sentença. Atualmente, existem três versões diferentes do Regulamento de Arbitragem: (i) a versão de 1976; (ii) a versão revisada de 2010; (iii) a versão de 2013 que incorpora as Regras da UNCITRAL sobre Transparência para Arbitragem Investidor-Estado Baseada em Tratados e (iv) a versão 2021 que incorpora as Regras de Arbitragem Expedida da UNCITRAL.

---

[2] Dados extraídos do sítio https://uncitral.un.org/en/texts/arbitration/contractualtexts/arbitration.

As Regras de Arbitragem da UNCITRAL foram inicialmente adotadas em 1976 e têm sido usadas para a solução de uma ampla gama de disputas, incluindo disputas entre partes comerciais privadas nas quais nenhuma instituição arbitral está envolvida, disputas entre investidores e Estados, disputas entre Estados e disputas comerciais administradas por instituições arbitrais. Em 2006, a Comissão decidiu que as Regras de Arbitragem da UNCITRAL deveriam ser revisadas para atender às mudanças na prática arbitral nos últimos trinta anos. A revisão visava aumentar a eficiência da arbitragem prevista no Regulamento sem alterar a estrutura original do texto, seu espírito ou estilo de redação.

As Regras de Arbitragem da UNCITRAL (conforme revisadas em 2010) estão em vigor desde 15 de agosto de 2010. Elas incluem disposições que tratam, entre outras, de arbitragem e união de partes múltiplas, responsabilidade e um procedimento para contestar especialistas nomeados pelo tribunal arbitral. Uma série de recursos inovadores contidos nas Regras visam aumentar a eficiência processual, incluindo procedimentos revisados para a substituição de um árbitro, a exigência de razoabilidade dos custos e um mecanismo de revisão em relação aos custos da arbitragem. Eles também incluem disposições mais detalhadas sobre medidas provisórias.

Com a adoção das Regras da UNCITRAL sobre Transparência na Arbitragem Investidor-Estado baseada em Tratados (as "Regras sobre Transparência") em 2013, um novo artigo 1, parágrafo 4 foi adicionado ao texto das Regras de Arbitragem (conforme revisado em 2010) para incorporar as Regras sobre Transparência para arbitragem iniciada de acordo com um tratado de investimento celebrado em ou após 1º de abril de 2014. O novo parágrafo fornece a máxima clareza em relação à aplicação das Regras sobre Transparência em arbitragem investidor-Estado iniciada sob as Regras de Arbitragem da UNCITRAL. Em todos os outros aspectos, as Regras de Arbitragem da UNCITRAL de 2013 permanecem inalteradas em relação à versão revisada de 2010.

Com a adoção das Regras de Arbitragem Expedida da UNCITRAL em 2021, um novo artigo 1, parágrafo 5 foi adicionado ao texto das Regras de Arbitragem para incorporar as Regras Expedidas como um apêndice às Regras de Arbitragem da UNCITRAL. A frase "onde as partes assim concordarem" nesse parágrafo enfatiza a necessidade do consentimento expresso das partes para que as Regras Expedidas se apliquem à arbitragem.

capítulo 20

CONTRATOS INTERNACIONAIS[1]

20.1 INTRODUÇÃO

O direito dos contratos internacionais encontra-se interligado ao Direito Internacional Privado, onde, pela análise das regras de conexão que regem as relações obrigacionais internacionais, persegue-se o direito determinante, o aplicável aos contratos internacionais.

Assim, imagine-se a hipótese em que não consta expresso no contrato a vontade das partes de se submeter a determinadas regras ou ordenamento jurídico. Surge a necessidade da análise – mesmo que breve – dos elementos de conexão do Direito Internacional Privado sobre obrigações convencionais, pois estes serão os guias, o instrumental do julgador na necessidade de auferir estabilidade e certeza nas relações jurídicas.

Desta feita:

> chega-se à convicção de que uma das notas características dos contratos internacionais é a sua vinculação a um ou mais sistemas jurídicos estrangeiros, além de outros dados de estraneidade, como o domicílio, a nacionalidade, a *lex*

---

[1] Dados extraídos do artigo de Carla Noura Teixeira, Limites à Autonomia da vontade nos Contratos Internacionais, *Revista* APG, n. 28, p. 49-61.

voluntatis, a localização da sede, centro de principais atividades, e até a própria conceituação legal[2].

No direito pátrio, em consonância com a Lei de Introdução às Normas do Direito Brasileiro (LINDB), no que tange às obrigações contratuais, a nacionalidade dos contraentes não constitui elemento de conexão, de modo que dela não se estabelece necessariamente um contato entre ordenamentos jurídicos distintos.

A regra do domicílio surge como um meio-termo entre a territorialidade e a nacionalidade; a primeira determina invariavelmente a aplicação da *lex fori*, sendo que sofre crítica severa de Jacob Dolinger[3].

Este aponta, no emprego do preceito, o desprezo a quase oitocentos anos de evolução do Direito Internacional Privado, que ensina que a Justiça de cada país há de reconhecer, conhecer e aplicar normas jurídicas estrangeiras quando a pessoa, a coisa ou o ato jurídico tiverem maior ligação com o direito estrangeiro do que com o sistema jurídico do foro.

Já a nacionalidade determina a aplicação da lei pátria às pessoas, a despeito de seu domicílio em outro país. Este princípio é rescaldo da história e ignora a noção de que as relações humanas devem ser submetidas ao sistema jurídico que lhes seja mais adequado e próximo.

Na seara contratual, há prevalência da concepção territorialista do Direito Internacional Privado, segundo a qual a lei do local da celebração do contrato (*lex loci contractus*) se incorpora ao contrato. É o que se infere da leitura do art. 9º da Lei de Introdução às Normas do Direito Brasileiro (LINDB):

Art. 9º Para qualificar e reger as obrigações, aplicar-se-á a lei do país em que se constituírem.

§ 1º Destinando-se a obrigação a ser executada no Brasil e dependendo de forma essencial, será esta observada, admitidas as peculiaridades da lei estrangeira quanto aos requisitos extrínsecos do ato.

§ 2º A obrigação resultante do contrato reputa-se constituída no lugar em que residir o proponente.

20.2 DISTINÇÃO ENTRE CONTRATOS INTERNOS E CONTRATOS INTERNACIONAIS

Contrato é todo acordo de vontades entre duas ou mais partes que têm um objeto específico e delimitado. Ora, tecnicamente o contrato é um negócio jurídico que se distingue na formação por exigir a presença de pelo menos duas partes, isto é, contrato é negócio jurídico bilateral ou plurilateral.

---

2   Irineu Strenger, *Contratos internacionais do comércio*, p. 30.
3   *Direito Internacional Privado*, p. 299.

Muito bem, todo contrato é fonte de obrigações e de direitos subjetivos, sendo que o ordenamento jurídico impõe à formação do ajuste o estabelecimento de um vínculo, nascedouro, portanto, de uma relação jurídica, em que obrigatoriamente ter-se-á pelo menos dois termos sujeitos. O implemento do contrato cumprirá sua finalidade primeira de normatizar a relação, constituindo uma de suas funções mais importantes, a de criação de direito; de outro modo, lei entre as partes.

Adentrando a pesquisa da função e evolução histórica dos contratos, incorrendo, inclusive, na criação de um direito dos contratos, é alcançada a conclusão basilar de que "o contrato é veste jurídico-formal de operações econômicas. Donde se conclui que onde não há operação econômica, não pode haver também contrato[4]." Diante desta perspectiva, os contratos saltam como importantes instrumentos veiculadores da circulação de riquezas.

Assim, não se pode olvidar a associação do progresso econômico enlaçado à circulação internacional de riquezas, em que caminham vultosas movimentações de moedas, de produtos e de serviços.

Nesse sentido:

> o entrelaçamento ora existente entre os países, inclusive por força do sistema de comunicações, tem contribuído decisivamente para o incremento do comércio exterior, direcionado também pelo seu interesse em integrar-se, ou manter-se no núcleo operacional em que se inserem, de caráter internacional ou regional, garantindo o respectivo abastecimento e, de outro lado, a colocação de seus produtos. De fato, a par de necessidades do mercado interno, a crescente demanda do exterior tem favorecido esse fenômeno, que se tem denominado de "internacionalização da economia", com o rompimento paulatino de barreiras, não obstante persista a prática de protecionismo a nível nacional[5].

Nesse cenário, cada Estado politicamente organizado possui seu próprio ordenamento jurídico, inexiste – como bem é sabido – uma ordem jurídica supranacional que se sobreponha à ordem legal e institucional de cada nação. Verifica-se, portanto, que o direito positivo necessariamente é sempre nacional, sendo quem regerá os contratos internos.

Disso não se infere, contudo, que inexistam obrigações privadas no plano internacional. Essas obrigações existem, e caracterizarão um contrato internacional quando, na avença da qual decorrem, houver um "elemento de

---

[4] Enzo Roppo, *O contrato*, p. 11.
[5] Carlos Alberto Bittar, *Contratos comerciais*, p. 50.

conexão" ou estraneidade que vincule o ajuste volitivo a dois ou mais ordenamentos jurídicos soberanos[6].

Da necessidade de distinção entre contratos internos e internacionais surgiram várias concepções, como determina Alberto Xavier.

A concepção econômica, defendida por Matter, diz que: "o contrato é internacional quando ele se traduz num duplo movimento de mercadorias ou valores de um país para o exterior e reciprocamente, sendo, pois, irrelevante a nacionalidade ou residência das partes ou o lugar da celebração do contrato". Todavia, esta concepção foi acusada de restrita, surgindo em oposição à concepção jurídica, firmada por Eck e Rabinovitch, que "qualifica o contrato internacional pelo elemento de estraneidade, que tanto pode ser a residência dos sujeitos como a localização do objeto".

Assim, para estes autores, são contratos internacionais: (I) os celebrados entre um residente e o não residente; (II) entre dois residentes com relação a um objeto situado no exterior; (III) entre dois não residentes com relação a um objeto situado no interior[7].

A partir destas premissas foi possível ao legislador pátrio, após o Decreto-lei n. 316 e o Decreto-lei n. 857, adotar a seguinte classificação dos contratos internacionais:

a) Por natureza:

• Contratos objetivamente internacionais – são os que envolvem três tipos de contrato:

i) os contratos de exportação e importação de mercadorias;

ii) os contratos de financiamento ou de prestação de garantias relativos às exportações de bens de produção nacional, vendidos a crédito para o exterior; e

iii) os contratos de compra e venda de câmbios.

• Contratos subjetivamente internacionais: estes têm por objeto qualquer operação, derivando a sua internacionalidade do fato de uma das partes ser residente no exterior.

b) Por acessoriedade: são contratos formados por residentes – subjetivamente internos – que têm por objeto a modificação (cessão, transferência, delegação) de contratos subjetivamente internacionais.

Desta feita:

---

[6]   Celso Barbi Filho, *Revista do Curso de Direito da Universidade Federal de Uberlândia*, v. 25, n. 1/2, p. 16.

[7]   Alberto Xavier, *Validade das cláusulas em moeda estrangeira nos contratos internos e internacionais*, p. 67-68.

o contrato interno está circunscrito ao Direito local, independentemente do domicílio ou nacionalidade das partes, não se alargando sua operatividade fora dos limites territoriais. O contrato internacional, por seu turno, é necessariamente extraterritorial, ainda que as partes tenham a mesma nacionalidade. O que importa, nessa hipótese, são os fatores decorrentes em toda a sua amplitude da domicialidade e dos sistemas jurídicos intervenientes[8].

Dessas noções depreende-se a verificação do caráter de internacionalidade do contrato. Porém, importância crescente terá a questão para que se possa saber como os ordenamentos jurídicos que se encontraram na consecução do contrato irão conviver, ou melhor, qual será a lei regente das relações postas.

O aplicador do direito, ao deparar-se com o caso concreto, poderá socorrer-se das regras de conexão do Direito Internacional Privado para dizer qual lei é aplicável à questão em litígio.

Todavia, alheios a estas regras, os contraentes, com base no princípio da autonomia da vontade, poderão eleger a lei que determinará a solução da possível lide oriunda da relação obrigacional, bem como o foro competente para julgá-la – só então nos depararemos com as limitações impostas ao uso da vontade das partes em contratos internacionais.

20.3 PROVIDÊNCIAS PRÉVIAS À ELABORAÇÃO DO CONTRATO

O contrato é o acordo de vontades no que não se confunde com o seu instrumento, que é o meio de prova desse acordo e de suas condições. É inolvidável que a existência do instrumento facilita e simplifica a prova do ajuste de vontades e das condições em que ele se operou.

Assim, para um bom desenvolvimento da finalidade contratual tornam-se necessárias algumas medidas de cautela que se iniciam antes mesmo de sua formação, pois, segundo as tradições prevalentes entre a doutrina e a prática internacional, a fase preliminar do contrato internacional geralmente tem força obrigatória.

Dessa forma, os casos que conduzem à criação de vínculos são considerados como procedimentos formativos de contrato.

Segundo Irineu Strenger, são chamadas de formação do contrato internacional do comércio:

> todas as fases, a partir das tratativas iniciais, que têm por finalidade a colocação de pressupostos do objeto consensual, com força vinculativa, e eficácia

---

[8] Irineu Strenger, op. cit., p. 31.

jurídica, que prevalece para todos os efeitos posteriores, salvo revogação expressa das partes[9].

Nesse sentido, para a formação dos contratos internacionais são necessários os seguintes passos:

a) **Encontro das partes interessadas** – este encontro permitirá o intercâmbio das relações pessoais com as relações comerciais. Vêm sendo registrados como elementos de aproximação das partes:

> as exposições, feiras e salões, além de existir considerável número de anuários especializados, com elenco minucioso das empresas existentes, acompanhando informes econômico-financeiros, bem assim a natureza de suas atividades e estrutura[10].

Neste ínterim, as câmaras de comércio, assim como os bancos, desempenham papel importante atuando como verdadeiras intermediárias das relações comerciais e industriais. Para tanto, devem agir com seriedade no desempenho desta função, tendo o dever de conselho e obrigação de cautela e prudência de modo a minorar os riscos e perigos que as operações em que atuam possam ocasionar.

b) **Negociações** – a fase das negociações é presente tanto nos contratos internos como internacionais, pois estes dependem de prévios esclarecimentos e ajustes na coadunação das vontades e de interesses que gerem a formação e desenvolvimento do contrato.

Para que nasça a proposta, são indispensáveis alguns requisitos. Dessa forma, à semelhança de Irineu Strenger, vamos compilar como parâmetros os enunciados de Barthélemy Mercadal e Philipe Janin.

> 1. Os negociadores devem agir de boa-fé e esforçar-se por construir contrato equilibrado. Devem, especialmente, admitir discussões francas e procurar livre aceitação do contrato pelo seu parceiro. Evitar toda ideia de dominação e, ao contrário, favorecer a criação de comunidade de interesses entre as partes. Os contratos muito vantajosos a uma das partes não têm previsão de vida feliz.
>
> 2. Os negociadores devem, na procura de soluções jurídicas, ter consciência de que a regra é a liberdade contratual. Podem, contudo, considerar como melhor lhes parecer a extensão de suas obrigações respectivas, desde que não constatem a existência de qualquer obstáculo de ordem legal ou ética.

---

9   Idem, ibidem, p. 96.
10   Idem, ibidem, p. 97.

3. Os negociadores devem, também, imaginar a vida do contrato que elaboram, a fim de descobrir os pontos sobre os quais devem pronunciar-se e convencionar uma solução. Por isso, sua experiência, sua imaginação, sua reflexão são os meios mais preciosos. Podem, desde que existam, louvar-se em modelos como meios de agudizar suas investigações e, particularmente, resistir à tentação de preencher os brancos, pois as cláusulas não serão, assim, pensadas em função da espécie, e essa conduta pode ser prejudicial.

4. Os negociadores devem esforçar-se em analisar o conteúdo do contrato, que pode ser mais ou menos avençado: segundo uma primeira concepção, é necessário limitar-se ao essencial, e não se preocupar em prever tudo, pois nenhuma previsão pode ser absoluta. Segundo outra concepção, muito em voga nos países anglo-saxões, o texto do contrato deve, na medida do possível, dar solução a todas as hipóteses capazes de ocorrer[11].

Desta feita, percebe-se que o período de negociações difere da oferta, tendo como requisitos: boa-fé das partes contratantes, consciência da liberdade contratual, imaginar a vida do contrato, a análise do conteúdo e da parte técnica do contrato.

c) **Lealdade dos negociadores** – este item descreve a obrigatoriedade de lealdade dos negociadores, representando a obrigação de comunicar a existência de qualquer fato que importaria na não consecução do contrato, sob pena de, em assim não procedendo, gerar culpa acarretadora de responsabilidade.

Alguns autores prescrevem como sanções àqueles que faltarem com o dever de diligência e boa-fé:

a) o contrato poderá ser anulado se concluído nessas condições;

b) a vítima do comportamento desleal poderá pedir perdas e danos.

Assim, podemos notar que:

a negociação é tipicamente procedimento de força vinculativa, à medida que a discussão dos problemas possa concomitantemente gerar compromissos ou atividades concernentes, que potencializem a possibilidade de danos em face da ruptura negocial preliminar[12].

d) **Decisão** – toda a fase de negociação não é sinônima de contratação, o ponto culminante desta é a decisão, onde todas as questões já terão sido debatidas de forma abrangente e as partes poderão, enfim, decidir se contratarão ou não.

---

[11] Mercadal e Janin, *Les contrats de coopération inter-entreprises*, apud Irineu Strenger, *Contratos internacionais do comércio*, p. 99-100.
[12] Irineu Strenger, op. cit., p. 105.

A negociação, como já referido, pode ser geradora de vínculos jurídicos que acarretem direitos e obrigações às partes envolvidas, propriamente apuração de responsabilidades na má execução ou inexecução das promessas avençadas.

Todo contrato pode ser objeto de promessa, ou seja, o compromisso de concluir determinado contrato num prazo determinado e segundo as condições preestabelecidas.

> A promessa validamente concluída cria para os promitentes as seguintes obrigações: 1ª) devem manter sua oferta durante o período convencionado, durante o período em que a outra parte deve tomar a decisão. Se nenhum prazo é previsto, o promitente pode, a qualquer momento, retratar-se, mas com a condição de colocar previamente ao beneficiário prazo razoável para que tome a decisão; 2ª) devem abster-se de todo ato ou fato que possa impedir a conclusão do contrato prometido: o beneficiário da promessa pode assim premunir-se contra esse risco, praticando atos conservatórios, agindo em juízo para fazer respeitar a promessa ou mesmo tomando cautelar para garantir a execução desta; 3ª) devem, enfim, lavrar o contrato definitivo, chegado o momento. Se o promitente a isso se recusa, o tribunal pode, em princípio, proferir julgamento com força de contrato, em consonância com as condições essenciais deste, previamente determinadas ou determináveis, em razão da promessa[13].

20.4 AUTONOMIA DA VONTADE NOS CONTRATOS INTERNACIONAIS

A autonomia da vontade é tema recorrente na prática internacional, ainda mais considerando o crescente incremento das relações comerciais internacionais e o seu consequente reflexo jurídico, a multiplicação de contratos internacionais. A despeito desta realidade, a ordem jurídica – nacional e internacional – não pode ser ignorada, surgindo, então, os limites à autonomia da vontade nos contratos internacionais.

Dessa forma, as partes contratantes têm a liberdade de eleger a lei aplicável ao contrato, o foro ou mesmo o juízo arbitral; no entanto, restringir-se-ão à soberania, à ordem pública e aos bons costumes.

A conceituação da autonomia da vontade sofreu um relativismo perante os ditames da lei, quer dizer, hoje a lei é quem confere o montante de liberdade aos contraentes, definindo e limitando o espaço de atuação. Seria impensável permitir a existência de autonomia para contratar algo fora ou mesmo contrário à lei, pois seria afastada a tutela jurisdicional do Estado – seja qual for o foro eleito, para dirimir qualquer conflito dali oriundo.

---

[13]   Idem, ibidem, p. 110-111.

Mesmo na hipótese de solução arbitral, se não prevista a cláusula adequada e explicitada conforme a práxis internacional, valor também não terá como meio alternativo de solução de conflitos.

Assim, é de considerar a autonomia da vontade sob a ótica diferente do direito nacional e do internacional.

> Como diz o Código Civil português, "as partes têm a faculdade de fixar livremente o conteúdo dos contratos dentro dos limites da lei" (art. 405).
>
> Essa é uma liberdade relativa. Seu limite é o estabelecido pelas normas imperativas. Afeta o conteúdo do contrato. Já no direito internacional o significado é de liberdade para escolher a lei aplicável ao contrato, ou seja, de localizarem-no em determinado sistema jurídico, dentro do qual terão, novamente, autonomia da vontade – essa já no direito interno – para estabelecer o conteúdo do contrato[14].

Não se pode, portanto, perder de vista o seguinte esclarecimento:

> Como ficou visto, os contratos em geral são essencialmente dominados pela liberdade das convenções, mas isso não quer dizer que as partes possam fugir do direito que lhes deve ser imposto, escolhendo outro mais de seu agrado, e sim apenas que, dentro de certos limites, mais ou menos amplos, traçados por disposições imperativas, as disposições facultativas deixam à vontade dos particulares a regulamentação contratual de seus interesses privados, o que é coisa muito diferente de escolha do direito por autonomia da vontade.
>
> (...)
>
> As partes não fazem direito por sua vontade, nem podem escolher direito à vontade; na esfera do direito primário, ou na esfera do direito internacional privado, estão sempre à mercê do direito, independente de sua vontade efetiva, sem essa vontade, ou contra essa vontade. Pode-se dizer que, em matéria de obrigações convencionais, à vontade as partes têm a liberdade de pássaro na gaiola: pode mover-se em certos limites, mas em qualquer direção encontra barreira intransponível[15].

Assim, questão clássica é a eleição da lei aplicável pelas partes na consecução de contratos internacionais. E, neste âmbito, a autonomia da vontade encontrará freios, sendo eles "exceções à aplicação do sistema estrangeiro, compreendendo a or-

---

[14]   Luiz Olavo Baptista, *Dos contratos internacionais: uma visão teórica e prática*, p. 39.
[15]   Amílcar de Castro, apud Esther Engelberg, *Contratos internacionais do comércio*, p. 23.

dem pública, a soberania nacional e os bons costumes, de acordo com o nosso direito positivo, bem assim a fraude no plano da intencionalidade individual"[16].

Considerando estas noções, para Irineu Strenger, a autonomia da vontade corresponde:

> à faculdade concedida aos indivíduos de exercer sua vontade, tendo em vista a escolha e a determinação de uma lei aplicável a certas relações jurídicas nas relações internacionais, derivando da confiança que a comunidade internacional concede ao indivíduo no interesse da sociedade, e exercendo-se no interior das fronteiras determinadas, de um lado, pela noção de ordem pública, e, de outro, pelas leis imperativas, entendendo-se que em caso de conflito de qualificação, entre um sistema imperativo e um sistema facultativo, a propósito de uma mesma relação de direito, a questão fica fora dos quadros da autonomia, do mesmo modo que somente se torna eficaz à medida que pode ser efetiva[17].

20.5 FORMAÇÃO DO CONTRATO

Algumas condições necessariamente foram observadas na fase de formação contratual; todavia, aqui estarão especificados os primeiros cuidados a serem observados na elaboração do instrumento.

a) Capacidade das partes – é necessário observar se as partes que irão assinar o contrato estão acometidas de poderes para tanto.

Além da necessária atenção de que não se deve confundir os negociadores com agentes capazes para constituir direitos e obrigações em nome dos sujeitos que representam, podem coincidir ou não os negociadores com os agentes capazes.

b) Inexistência de impedimento legal nos países de origem dos contratantes, quanto às partes, ao objeto do contrato, à forma de pagamento, exequibilidade e exigibilidade dos direitos e obrigações – a declaração de inexistência de impedimentos legais faz parte da praxe internacional aceita quanto aos contratos internacionais.

A declaração pode estar ou não em instrumento escrito, mas deve referir-se à definição formal entre as partes sobre os aspectos dos direitos nacionais que reflitam o negócio jurídico que pretendam realizar e que sejam passíveis de conexão.

É preciso que as partes se certifiquem da inexistência de impedimentos legais nos países de origem quanto às partes, ao objeto do contrato, à forma de

---

[16]   Irineu Strenger, op cit., p. 199.
[17]   Idem, ibidem, p. 201.

pagamento, bem como à exequibilidade e exigibilidade dos direitos e obrigações. Isto pode ser alcançado mediante dois recursos: as *Legal Opinions* e as declarações contratuais.

As *Legal Opinions* são espécies de pareceres prévios, emitidos por jurista ou advogado especialista dos países de origem dos contratantes sobre as condições de aplicabilidade do contrato, extensão, gravidade, e responsabilidades envolvidas na transação. Cada parte pode exigir que a outra apresente *Legal Opinions* sobre quaisquer questões envolvidas na transação e sobre as quais haja dúvida ou incerteza[18].

Por ser onerosa, por vezes não se justifica o uso das *Legal Opinions* em questões de menor vulto.

Justamente nessas questões de menor expressão monetária ou mesmo em causas de complexidade inferior, a prática é a de que as partes se valham das declarações como alternativa mais acessível do que as *Legal Opinions*.

As declarações são assertivas lançadas nos instrumentos dos contratos pelas quais os pactuantes declaram expressa e formalmente determinados fatos e dados jurídicos de seu país, todas relacionadas à transação realizada.

Tanto as *Legal Opinions* quanto as declarações são oponíveis à parte que as solicitou ou produziu, na hipótese de solução litigiosa, seja arbitral ou judicial.

c) Existência de acordos internacionais quanto à bitributação – é de bom alvitre apurar todos os aspectos tributários que envolvam o objeto do negócio jurídico internacional.

d) Definição da legislação aplicável:

> Normalmente os contratos internacionais do comércio, pela sua natureza, não ficam subordinados a regimes unitários, a não ser os casos raros de uniformidade do direito, nem se submetem de forma espontânea e direta à normatividade de um único Estado[19].

Desta feita, questão de grande complexidade é a escolha da lei de regência do contrato em razão da grande diversidade de normas de Direito Internacional Privado, bem como a possibilidade da utilização do princípio da autonomia da vontade.

A figura da autonomia da vontade firma-se, então, com um importante papel na fixação da lei aplicável aos contratos internacionais, pois incorrerá no que para alguns se considera uma anomalia:

---

18 Celso Barbi Filho, *Contrato de compra e venda internacional:* abordagem simplificada de seus principais aspectos jurídicos, p. 21.
19 Irineu Strenger, op. cit., p. 113.

A utilização do princípio da autonomia da vontade, produto das partes, para a determinação do direito aplicável ao contrato, é de certa forma incompatível com o método tradicional do conflito de leis, no qual a regra de conexão, que é regra de direito com força obrigatória, designa o direito aplicável à questão[20].

Pois bem, atualmente é aceito que as partes façam expressamente a escolha, designem qual lei será aplicada ao contrato em espécie, prática aceita tanto pelos tribunais nacionais como pelas cortes de arbitragem; no entanto, não é poder ilimitado.

Elas sofrem as limitações da ordem pública, os costumes e a soberania. Não serão aceitos contratos que afrontem normas imperativas, imponham fraudes à lei ou elejam instituições desconhecidas ou abominadas pelo direito brasileiro.

A ordem pública sempre desempenha importante papel, devendo-se, porém, distinguir a interna da externa, ou internacional. A primeira noção refere-se aos princípios de base, ou, como muitos chamam, ao Código moral e ético estabelecido e respeitado num sistema jurídico particular. A segunda noção refere-se a normas legais imperativas, que não podem ser evitadas nem excluídas pelo acordo das partes. No que concerne à ordem pública interna, devem-se levar em consideração somente a ordem pública do foro e a do lugar no qual o julgamento deve ser objeto de eventual execução. Menos forças terão sempre a ordem pública do lugar da conclusão do contrato e a do lugar da arbitragem.

A ordem pública internacional de todo Estado não deve ser violada ou enfrentada. Em consequência, não poderá encontrar aplicação decisão que, p. ex., enfrenta restrições monetárias do Estado ou controles de exportação e importação, e outras situações conexas[21].

Outro aspecto de relevo é a hipótese de que:

as partes podem procurar prever situações futuras, estabelecendo regras de direito substantivo no bojo do contrato, para resolver essas situações, e ainda procurar determinar onde e como o litígio dali decorrente será julgado através de cláusulas de foro e de arbitragem. No entanto, não é possível fugir de todo a uma lei nacional aplicável ao contrato internacional, lei esta que deverá ser determinada pelo Direito Internacional Privado do Estado onde a questão estiver sendo apreciada. Por isso, as partes de um contrato internacional não podem deixar de levar em conta a posição a ser tomada pelos tribunais por-

---

[20]   Nádia de Araújo, *Contratos internacionais*, p. 14-15.
[21]   Irineu Strenger, op. cit., p. 114-115.

ventura envolvidos na questão, com base no Direito Internacional Privado daqueles países[22].

Neste ínterim, o Supremo Tribunal Federal tem-se pronunciado favorável à aplicação do princípio da autonomia da vontade das partes, seja na eleição de lei de regência do contrato, seja na eleição do foro; contudo, expressando a atenção obrigatória às limitações ao seu uso, e, desta forma, delineando a posição jurídica nacional em consonância à doutrinária.

Vejamos trecho de acórdão em Agravo Regimental de Carta Rogatória, cujo relator foi o Ministro Antônio Neder, tratando especificamente de cláusula de eleição de foro em face ao princípio da autonomia da vontade:

> Carta Rogatória pela qual a Justiça do Uruguai pede a citação de pessoa jurídica domiciliada no Brasil para responder naquela justiça a uma demanda em que a autora questiona matéria de inadimplemento de contrato comercial.
>
> Causa em que as partes elegeram o foro brasileiro de São Paulo (Capital) para solver as controvérsias pertinentes ao referido contrato.
>
> (...)
>
> A doutrina e a jurisprudência brasileiras do Direito Internacional Privado admitem o foro de eleição, como se verifica na obra do Prof. HAROLDO VALLADÃO (*Dir. Int. Priv.*, III, p. 139, n. 15). E o art. 318 do Código de Bustamante expressa o mesmo princípio. Portanto, se as duas partes fixaram o foro da comarca de São Paulo (Capital), no Brasil, para resolverem nele suas controvérsias referentes à execução do contrato questionado, é nesse foro brasileiro que a Autora deve ajuizar a demanda que propôs no do Uruguai.
>
> (...)
>
> Ora, se o contrato a que se reporta a Agravante contém a cláusula do foro de eleição, deve concluir-se que o foro eleito é o competente para discutir e julgar a demanda que a ela propôs a outra parte. O princípio que domina o assunto é o de que a autonomia da vontade dos contratantes é extensível à matéria de competência jurisdicional, notadamente no caso em que se tenha de solver controvérsia pertinente à execução do contrato mercantil, pois é certo que, ao escolherem o foro, as partes podem alterar ou derrogar a jurisdição, exceto, é óbvio, no tocante ao assunto envolvido pela ordem pública, pois neste ponto não se admite prevaleça o princípio da autonomia da vontade, visto que as regras de ordem pública não podem ser descumpridas mediante escolha de foro[23].

---

[22] Nádia de Araújo, op. cit., p. 19-20.
[23] Para consultar na íntegra, buscar Agravo Regimental em Carta Rogatória (AGRCR) de n. 3166/UR,

Problema surgirá quando as partes não fizerem a designação da lei aplicável expressamente, pois então deverão submeter-se às regras de conexão do Direito Internacional Privado, considerando o ordenamento jurídico dos países envolvidos.

Restando, portanto, pelo Direito Internacional Privado a determinação da aplicação das regras do direito alienígena ou local.

No Brasil, como já explanado, o art. 9º da Lei de Introdução às Normas do Direito Brasileiro (LINDB) estabelece que "para qualificar e reger as obrigações, aplicar-se-á a lei do país em que se constituírem".

Assim, nosso ordenamento permite que as partes contratantes omitam, ou melhor, silenciem no que tange à lei aplicável às obrigações, prevalecendo, nesses casos, a lei do país de constituição, uma forma indireta das partes elegerem a lei. Em oposição, em as partes elegendo expressamente a lei aplicável ao contrato, terão as restrições desenhadas pela soberania dos Estados, a ordem pública e os bons costumes.

É preciso registrar também a existência de esforços para a celebração de convenções internacionais estabelecendo uma lei uniforme sobre os aspectos substantivos da compra e venda internacional. Trata-se de tentativas de uniformizar o próprio contrato de venda nos diversos países, tornando-se, assim, desnecessário o apelo a regras de direito internacional privado para determinação da lei aplicável[24].

No entanto, foram duas convenções em Haia que não tiveram muita aceitação, muito em razão de no seu próprio texto conter dispositivo estabelecendo que nem mesmo os Estados signatários estariam obrigados a adotar suas regras.

e) Língua prevalente – as partes deverão eleger a língua prevalente na feitura do contrato. Há indicação preferencial de que seja a mesma da lei aplicável ou do foro eleito, pois, na primeira hipótese, permitirá a diminuição de possíveis dúvidas na adequada interpretação das cláusulas, e na outra facilitará o julgamento em caso de litígio. Ao final, contratos versados em língua estrangeira quando *sub judice* no Brasil obrigatoriamente sofrerão tradução para a língua portuguesa.

f) Juízo arbitral – na elaboração do contrato, as partes podem optar pela fórmula arbitral de solução de conflitos, para tanto, segundo a Lei n. 9.307/96, deverão convencionar expressamente mediante dois modos:

Relator Ministro Antônio Neder, julgado em 31 de março de 1980 e publicado no *Diário da Justiça* de 16 de abril de 1980.

24   Celso Ribeiro Bastos e Eduardo Amaral Gurgel Kiss, *Contratos internacionais*, p. 9.

• A cláusula compromissória, inserta no contrato principal ou em documento apartado que a ele se refira, é a convenção mediante a qual as partes comprometem-se a submeter à arbitragem litígios futuros, relativamente a tal contrato.

• O compromisso arbitral é a convenção pela qual as partes submetem um litígio à arbitragem de uma ou mais pessoas.

O compromisso arbitral é um contrato em separado; contém a nomeação de árbitros ou árbitro com a finalidade de dirimir litígios presentes, a exata indicação do objeto da controvérsia e os limites da *res judicata* arbitral.

Seria difícil imaginar a expansão do comércio internacional sem considerar o papel relevante da arbitragem.

> Fundada em 1923, a Corte Internacional de Arbitragem da Câmara de Comércio Internacional (CCI) tratou de mais de 8.000 demandas de arbitragem. (...) O Regulamento de Conciliação e de Arbitragem da CCI não restringe a liberdade das partes para eleger o direito aplicável, o lugar da arbitragem e o idioma do procedimento arbitral. A CCI recomenda às partes que desejam recorrer à arbitragem da CCI que incluam a cláusula seguinte em seus contratos:
>
> "Todas as desavenças que derivem deste contrato serão dirimidas definitivamente de acordo com o Regulamento de Conciliação e de Arbitragem da Câmara de Comércio Internacional, por um ou mais árbitros nomeados em conformidade com esse Regulamento"[25].

g) Foro de eleição – as partes devem ter muito cuidado ao determinarem o foro competente para solução de qualquer conflito, pois:

> a autoridade judicial desse foro é que vai dizer se o direito aplicável à espécie é compulsoriamente o desse mesmo país, se as partes são livres para escolher a lei aplicável, ou se as leis do direito internacional privado vigente remetem à lei de um país estrangeiro[26].

Os contratantes deverão ater-se aos aspectos do Direito Internacional Privado do foro, pois este é quem determinará a lei nacional aplicável. Essa cláusula não é obrigatória, porém, a sua ausência importa na escolha do foro e correspectiva legislação de qualquer país envolvido no enlace. É necessário que as partes verifiquem se esta é a melhor opção, a que mais lhes convém.

O foro contratual será de uma cidade do país de origem de qualquer dos contratantes, ou mesmo de um terceiro país, estranho a ambos. Normalmente, a escolha do

---

[25] Esther Engelberg, *Contratos internacionais do comércio*, p. 54.
[26] Celso Ribeiro Bastos e Eduardo Amaral Gurgel Kiss, op. cit., p. 4.

foro coincide com uma cidade que tenha Câmara Arbitral prestigiosa e de funcionamento intenso, como Paris, Londres, Nova Iorque etc.

Uma das soluções apontadas na prática é que, antes de escolherem o foro do contrato, os contratantes verifiquem se o Direito Internacional Privado do país desse foro indica como aplicável àquele contrato a mesma lei que as partes querem que lhes seja aplicada. Boa resposta é a utilização das *Legal Opinions* para a questão.

h) Cláusulas de garantia do contrato:

> As cláusulas de garantia são o próprio cerne dos contratos internacionais do comércio. Sua eficácia, maior ou menor, determinará a boa execução e cumprimento das obrigações avençadas, permitindo consolidar a confiança recíproca das partes.
>
> Na prática do comércio internacional, as garantias estão diretamente subordinadas à especialização das atividades negociais às quais se vinculam, pois o caráter setorial das transações internacionais impõe uma tipologia das garantias.
>
> Normalmente, dá-se grande ênfase às chamadas garantias bancárias, principalmente quando se trata de venda internacional, sendo certo que essa modalidade de operação compreende larga faixa de atividade[27].

Assim, no que se refere à garantia bancária – espécie de maior relevo dentro do comércio internacional, especificamente nos contratos de compra e venda internacional – cumpre destacar alguns aspectos.

Primeiro, a garantia se compõe de três partes: o ordenador, o beneficiário e o garantidor ou fiador. A obrigação cujo cumprimento se garante pode ser:

- a de pagar determinada soma em dinheiro;
- a de fazer a devida entrega de bens; ou
- a de executar compromisso de construção.

Além do mais, deve-se verificar que as garantias, dentro de seu amplíssimo universo, operam de dois modos: ínsitas aos contratos ou por meio de cláusulas acessórias, documentalmente vinculadas.

i) Cláusulas de força maior e *hardship* – as cláusulas de força maior e *hardship* inserem-se na espécie de cláusulas exoneratórias de responsabilidades quando da má execução ou inexecução do contrato. Estas cláusulas visam prever situações em que haja inadimplência do contrato independentemente da vontade das partes.

---

[27]   Irineu Strenger, op. cit., p. 204.

Na atualidade, dificilmente haverá contrato de comércio internacional que não preveja a cláusula de força maior, sendo que sua redação tem sido objeto de controvérsia por originar múltiplas interpretações – ampliativas ou restritivas –, alimentando, por sua vez, inúmeros litígios.

A força maior é todo evento imprevisível que não pode ser evitado nem pelas partes nem por terceiros, mesmo tomando todas as medidas econômicas ao alcance dos contratantes.

Além da cláusula de força maior prever o evento que assim será considerado, pode descrever que o contratante se esforce para vencê-lo e cumprir o pactuado. E mais, pode ainda prever um prazo para que a situação anterior se restabeleça e o contrato seja adimplido, sob pena de só então ser rescindido e não, como seria sem esta previsão, logo da ocorrência do fato considerado de força maior.

Nessa mesma sequência, como cláusula exoneratória está a *hardship*, mais bem considerada como cláusula de revisão. Para que seja possível a utilização da cláusula de *hardship*, deve haver o pressuposto da ocorrência de fato inevitável pela parte e que esta tenha sido prudente e diligente no cumprimento do contrato.

> A cláusula de *hardship* é aquela em cujos termos as partes poderão solicitar remanejamento do contrato que as liga, se modificação ocorrida nos dados iniciais, em face dos quais se engajaram, venham a modificar o equilíbrio desse contrato, a ponto de criar, para uma das partes, rigor (*hardship*) injusto[28].

No plano dos contratos internacionais esta cláusula *hardship* é complementar da cláusula de força maior, pois anda ao lado dos fenômenos naturais, administrativos, políticos e outros, interferindo diretamente nos efeitos econômicos do contrato. Desta feita:

> *hardship* e força maior aproximam-se, à medida que ambas devem ser imprevisíveis e inevitáveis, mas, enquanto a força maior torna, normalmente, impossível a execução do contrato, a circunstância *hardship* o torna substancialmente mais oneroso para uma das partes. A economia do contrato fica afetada, sendo, porém, possível executá-lo[29].

j) Cláusula penal – a cláusula penal assume importância no âmbito internacional por estar presente na variedade de contratos possíveis, bem como por não ter fórmula pré-constituída permitindo as partes livremente estipularem com observância às limitações da ordem pública interna e internacional.

---

[28] Idem, ibidem, p. 248.
[29] Idem, ibidem, p. 250.

Essa cláusula é também um dos meios de garantia do contrato, subordinando-se tão somente à conveniência das partes bem como às peculiaridades do negócio.

Pode-se dizer, sem grandes riscos de erro, que a cláusula penal, sob todas as facetas enerva um número muito grande de contratos, nos seus pontos estratégicos. É uma cláusula cuja redação é amplamente aberta ao espírito de criatividade do jurista, cabendo-lhe adaptá-la a toda uma série de situações específicas, em relação às quais pretenda cobrir sua empresa. Além disso, esta cláusula desempenha papel que está longe de ser simples, pois pode ser associada, paradoxalmente, a um mecanismo de recompensa à diligência do empresário, ou ainda, ao inverso, desde que seja legalmente possível responder a uma preocupação de limitação da responsabilidade. A cláusula penal suscita, atualmente, importantes trabalhos, p. ex., no seio da Comissão das Nações Unidas para o Direito Comercial Internacional, assim como diferentes publicações que acompanham as fortes evoluções legislativas ou jurisprudenciais, em curso nos diferentes países, sobre a cláusula penal[30].

20.6 CLÁUSULAS ESSENCIAIS AO CONTRATO INTERNACIONAL

Resumidamente, não podem faltar na redação e estruturação de um contrato internacional – valemo-nos das noções básicas para o contrato internacional de compra e venda, pois, na prática internacional, é dos mais vivenciados e serve de modelo para outras espécies contratuais:

a) o elenco das partes;

b) definições ou expressões que serão aceitas no contrato com determinado sentido;

c) o objeto: sendo que os bens transacionados deverão ser amplamente descritos, contendo como itens:

• descrição completa e detalhada do objeto, minimizando a possibilidade de subsequentes desacordos ou divergências quanto à conformidade dos bens ao contrato;

• a qualidade dos bens: estes deverão ter qualidades mínimas que serão apresentadas quando da tradição, sendo de responsabilidade do vendedor os defeitos ocultos que o bem apresente.

Na realidade as partes são livres para fixar a qualidade e as condições dos bens, o que levará em conta a sua destinação, e será elemento fundamental na formação do preço.

---

[30]   Idem, ibidem, p. 342.

Pode ocorrer também, sendo prática comum, a exigência por parte do comprador de certificados de qualidade, inspeção ou de origem firmados por peritos independentes, para o pagamento do preço. Normalmente o custo desses serviços é de responsabilidade do vendedor, é conveniente a determinação contratual dessa obrigação.

d) condições gerais;

e) condições particulares;

f) garantias bancárias;

g) eventos e faltas das partes;

h) rescisão e penalidades;

i) juízo arbitral: eleição de árbitro ou tribunal arbitral neutro;

j) foro;

k) convenção da lei aplicável; e

l) forma e prazo de comunicações[31].

20.7 MODALIDADES CONTRATUAIS

20.7.1 Compra e venda internacional

Para ingressar na análise do contrato de compra e venda internacional, primeiramente devemos nos ater ao conhecimento de rasas noções do contrato de compra e venda.

Assim sendo, basicamente, o contrato de compra e venda é o acordo de duas partes; uma é o vendedor, outra é o comprador. Pelo contrato, o vendedor se obriga a transferir a propriedade de uma coisa ao comprador e este se obriga a uma retribuição chamada de preço. Daí, são extraídos três elementos essenciais para o implemento do contrato:

• A coisa vendida. Devendo-se esclarecer que obrigatoriamente refere-se a bens em comércio, ou seja, que não sejam inalienáveis ou insuscetíveis de apropriação pelo homem.

• O preço como a retribuição dada pelo comprador. É obrigatoriamente o pagamento em dinheiro, devendo ser o valor da prestação líquido e determinado.

• O consenso entre as partes. O vendedor oferece uma coisa para venda em determinadas condições e o comprador aceita a oferta nas mesmas condições, chegaram a um consenso; está celebrado o contrato independentemente da tradição da coisa.

---

[31] Rol de cláusulas elaborado por Celso Barbi Filho, *Contrato de compra e venda internacional*: abordagem simplificada de seus principais aspectos jurídicos, p. 20.

Em razão de os acordos de compra e venda constituírem-se em contratos, vinculam as partes e, assim, a sua celebração, interpretação e cumprimento regem-se por um determinado ordenamento jurídico.

Numa venda que tanto as partes quanto o objeto transacionado encontram-se no mesmo Estado, não surgem dúvidas quanto à determinação do ordenamento jurídico aplicável.

No entanto, quando ocorre:

aquela em que o estabelecimento ou, em sua falta, a residência habitual das partes se localize em territórios de Estados diferentes e em que se adicione qualquer um dos seguintes elementos: a mercadoria esteja situada ou seja transportada entre territórios de Estados diversos; a oferta e a aceitação sejam realizadas em territórios de Estados diversos; e a entrega da coisa deva ser realizada em território de Estado diferente daquele em que se efetivaram a oferta e a aceitação[32].

Dessa forma, estar-se-á diante da compra e venda internacional.

De outro modo:

qualificamos de internacional a compra e venda que se dá entre um vendedor num país e um comprador em outro. Nessas condições, mais de uma ordem jurídica estaria apta a disciplinar o contrato. Isso significa dizer que há mais de um Estado, em tese, competente para considerar o seu direito o aplicável ao negócio, assim como mais de um poder judiciário em condições de dirimir uma possível controvérsia[33].

Por outro viés, no cenário internacional é de longa data a tentativa de unificação de um direito das relações comerciais internacionais em razão da dificuldade apresentada no comércio diante da multiplicidade de ordenamentos jurídicos sob os quais as relações jurídico-comerciais podem ser regidas.

No que tange aos contratos internacionais de compra e venda especificamente, os membros da sociedade dos comerciantes que atuam nesta esfera, tanto no que concerne à formação como ao conteúdo das obrigações, vêm desenvolvendo "uma verdadeira carta, base da sociedade extraestatal e internacional que eles formam"[34].

---

[32]   Carlos Alberto Bittar, *Contratos comerciais*, p. 50.
[33]   Celso Ribeiro Bastos e Eduardo Amaral Gurgel Kiss, *Contratos internacionais*, p. 1.
[34]   Esther Engelberg, *Contratos internacionais do comércio*, p. 27.

Devemos nos ater que é muito vasta a organização dessa sociedade, atravessando várias fases e acarretando o desenvolvimento de diversas fontes de princípios para norteá-la. Neste meio, predominaram as iniciativas que visavam uniformizar a compra e venda internacional, buscando a estabilidade e a certeza jurídica para as relações comerciais internacionais.

Assim, hoje, como fontes normativas das compras e vendas internacionais, encontramos, além das chamadas leis uniformes, também as condições gerais dos contratos, os contratos-tipos ou *standards* e os *incoterms*, que podem ser assim relacionados:

1. Unificação das regras de solução dos conflitos de leis (Convenção de Haia, 1955).

2. Convenção sobre a lei aplicável à transferência de propriedade na compra e venda internacional (Convenção de Haia, 1958).

3. Convenção sobre a competência dos tribunais nacionais eleitos pelas partes de um contrato para resolver suas divergências (Convenção de Haia, 1958).

4. Convenção uniforme em matéria de compra e venda internacional (Convenção de Haia, 1964).

5. Lei Uniforme sobre a formação dos contratos de compra e venda internacional (Convenção de Haia, 1964).

6. Regulamento das modalidades usuais nas compras e vendas internacionais, decorrentes de três fontes principais:

a) *Incoterms*, 1953, publicado pela Câmara Internacional do Comércio, ICC.

b) *Revised American Foreign Trade Definitions*, 1941, publicadas por um comitê conjunto integrado pela *Chamber of Commerce of the USA*, o *National Council of American Imports, Inc.* e o *National Foreign Trade Council, Inc.* Essas definições estão ajustadas ao *UCC, Uniform Commercial Code*, dos Estados Unidos.

c) Condições Gerais de entrega de bens, adotadas no âmbito do Conselho para a ajuda econômica: COMECON, em 1958.

7. Regras e práticas uniformes em matéria de créditos documentários, 1962, publicação da ICC.

8. Regras uniformes para a cobrança de efeitos comerciais, também publicadas pela ICC em 1967.

9. *Standard conditions* e contratos-tipos. Essas condições decorrem basicamente do trabalho desenvolvido pelas várias associações profissionais[35].

---

[35]   Waldirio Bulgarelli, *Contratos mercantis*, p. 216-217.

20.7.2 *Incoterms*

Em sede de contrato internacional de compra e venda não se pode olvidar questão de suma importância referente à entrega ou tradição e ao transporte das mercadorias objeto do negócio. Em face da multiplicidade de Estados, com caracteres como língua, hábitos e, fundamentalmente, ordenamentos jurídicos distintos, o encontro das esferas de atuação de cada um dos contratantes geravam dúvidas e incertezas interpretativas quanto a alguns termos contratuais.

Daí surgiram os *Incoterms*, em inglês *International rules for interpretation of trade terms*, ou, em português, Regras internacionais para a interpretação de termos comerciais.

Como a própria expressão remete, são regras internacionais de natureza facultativa com a finalidade de harmonizar as relações internacionais unificando a interpretação de termos utilizados nos contratos de compra e venda com o estrangeiro.

A Câmara de Comércio Internacional de Paris publicou em 1936, pela primeira vez, regras internacionais que ficaram conhecidas como *Incoterms* 1936, posteriormente, após uma revisão, editaram os *Incoterms* 1953.

E, mais recentemente, foram editados os *Incoterms* 1990, com o objetivo de adaptar os termos dos *Incoterms* de uso crescente à modernidade das comunicações via transferência eletrônica de dados; e, para o novo século, tivemos a edição dos *Incoterms* 2010, com vigência inicial em 1º de janeiro de 2011, em consonância com as práticas dos transportes no comércio internacional.

Deve-se prestar atenção especial à veiculação de qualquer dos *Incoterms* com remissão expressa a qual deles está se reportando, no caso, se está sendo aplicado o de 1953, de 1990, 2010 ou de 2020[36].

Os contratos regidos pelos *Incoterms* 1990 poderão valer-se dos seguintes termos, aqui apresentados de forma resumida:

EXW – *EX WORKS* – significa que o vendedor cumpre sua obrigação de entregar as mercadorias, quando estas estão prontas e disponíveis para o comprador no estabelecimento do vendedor (por exemplo: oficina, fábrica, depósito etc.).

Particularmente, ele não é responsável pela ação de carregar as mercadorias no veículo fornecido pelo comprador, ou de liberá-las para exportação, a não ser que haja acordo especificando diferentemente.

O comprador arca com todos os custos e riscos envolvidos no transporte das mercadorias desde o estabelecimento do vendedor até o local de destino.

---

[36] Para acessar a versão certificada no *DOU*, clique aqui Fonte: http://www.camex.gov.br/resolucoes-camex-
-e-outros-normativos/58-resolucoes-da-camex/2669-resolucao-n-16-de-2-de-marco-de-2020
Para informações adicionais sobre os *Incoterms* 2020 acesse o *site* da *International Chamber of Commerce* (ICC) nos *links* a seguir: https://iccwbo.org/resources-for-business/incoterms-rules/incoterms-2020/ e https://iccwbo.org/media-wall/news-speeches/icc-releases-incoterms-2020/.

Dessa forma, esse termo não deve ser usado quando o comprador não for capaz de se incumbir direta ou indiretamente das formalidades do processo de exportação.

Nesses casos, é recomendável usar o termo FCA.

FCA – *FREE CARRIER* – exprime que o vendedor cumpre sua obrigação de entregar as mercadorias, quando as tenha passado, já liberadas para exportação, aos cuidados do transportador designado pelo comprador, no local ou ponto estipulado.

Esse termo pode ser usado para qualquer modo de transporte, inclusive transporte multimodal.

FAS – *FREE ALONGSIDE SHIP* – expressa que o vendedor cumpre sua obrigação de entregar as mercadorias, quando elas forem colocadas ao lado do navio no cais ou em barcaças no porto combinado.

Isso significa que é responsabilidade do comprador arcar com todos os custos e riscos de extravio ou danos à mercadoria, a partir daquele momento.

FOB – *FREE ON BOARD* – significa que o vendedor cumpre sua obrigação de entregar as mercadorias quando elas forem passadas por cima da amurada do navio no porto de embarque designado.

Dessa forma, o comprador tem de arcar com todas as despesas e riscos de danos ou perda da mercadoria a partir daquele ponto.

O termo FOB determina que o vendedor cumpra todas as formalidades para a exportação das mercadorias.

Esse termo deve apenas ser usado para transporte marítimo e fluvial.

CFR – *COST AND FREIGHT* – significa que o vendedor deve pagar os custos e o frete necessários para trazer as mercadorias ao porto de destino designado, mas os riscos de danos e perda das mercadorias, assim como quaisquer outros custos adicionais que venham a ser incorridos após o momento em que as mercadorias tenham sido entregues a bordo do navio, são transferidos do vendedor para o comprador, no momento em que as mercadorias passam sobre a amurada do navio no porto de embarque.

O termo CFR determina que o vendedor deve cumprir todas as formalidades para a exportação das mercadorias.

Esse termo pode apenas ser usado para transporte marítimo e fluvial.

CIF – *COST, INSURANCE AND FREIGHT* – significa que o vendedor tem os mesmos deveres que sob o CFR. Além de ter de providenciar o seguro marítimo contra o risco do comprador de perda das mercadorias ou danos a elas causados durante o transporte. O vendedor contrata o seguro e paga o prêmio.

O comprador deve lembrar que, sob o termo CIF, o que é exigido do vendedor é a cobertura mínima do seguro.

CPT – CARRIAGE PAID TO – denota que o vendedor paga pelo frete de transporte das mercadorias no local de destino determinado.

O risco de danos às mercadorias ou de seu extravio, assim como quaisquer custos adicionais que ocorram após o momento em que as mercadorias forem entregues aos cuidados do transportador, constituirão obrigação do comprador.

A palavra *carrier* designa qualquer pessoa que, num contrato de transporte, fica responsável pela contratação de serviço de transporte, ou pela execução deste, seja rodoviário, ferroviário, marítimo, fluvial, aéreo, ou por uma combinação de modos.

O termo CPT incumbe o vendedor da liberação das mercadorias para exportação. Esse termo pode ser usado para qualquer modo de transporte, inclusive transporte multimodal.

CIP – CARRIAGE AND INSURANCE PAID TO – exprime que o vendedor tem as mesmas obrigações que no termo CPT, além de ficar a seu cargo contratar o seguro da carga em favor do comprador, no caso de extravio das mercadorias ou danos causados a ela durante o transporte. O vendedor contrata o seguro e paga o prêmio.

O comprador deve lembrar que, sob o termo CIP, o vendedor tem apenas a obrigação de contratar seguro com cobertura mínima.

O termo CIP incumbe o vendedor de liberar as mercadorias para exportação. Esse termo pode ser usado para qualquer modo de transporte, inclusive multimodal.

DAF – DELIVERED AT FRONTIER – expressa que o vendedor cumpre sua obrigação de entregar as mercadorias quando estiverem disponíveis, após terem sido liberadas para exportação, no ponto e local designados na fronteira, mas antes de passarem pela alfândega do país vizinho.

A palavra "fronteira" pode ser usada para qualquer fronteira, inclusive a do país de exportação. Portanto, é de vital importância que a fronteira seja definida de maneira precisa, determinando-se no termo da modalidade (nome do local) o ponto e local.

Esse termo se destina primariamente aos casos em que as mercadorias devem ser transportadas por vias ferroviárias ou rodoviárias, mas também pode ser usado para qualquer modo de transporte.

DES – DELIVERED EX SHIP – denota que o vendedor cumpre sua obrigação de entregar as mercadorias, quando estas forem colocadas à disposição do comprador a bordo do navio, sem que tenham sido liberadas para a importação, no porto de destino designado.

O vendedor tem de arcar com todos os custos e riscos envolvendo o transporte das mercadorias até o porto de destino designado.

Esse termo pode ser usado apenas para transporte marítimo e fluvial.

DEQ – *DELIVERED EX QUAY* – (*DUTY PAID*) – significa que o vendedor cumpre sua obrigação de entregar quando ele tiver colocado as mercadorias à disposição do comprador no cais do porto de destino, já liberadas para a importação.

O vendedor arca com todos os riscos e despesas, inclusive encargos, impostos e outras taxas para a entrega das mercadorias nesse local.

Esse termo não deve ser usado se o vendedor não for capaz de obter a licença de importação direta ou indiretamente.

Se as partes desejarem que o comprador fique incumbido das formalidades para a importação e pague os encargos, as palavras *duty unpaid* (direitos não pagos) não deverão ser usadas para substituir *duty paid* (direitos pagos).

Esse termo pode ser usado apenas para transporte marítimo e fluvial.

DDU – *DELIVERED DUTY UNPAID* – expressa que o vendedor cumpre sua obrigação de entregar as mercadorias quando tiverem sido postas à disposição no local designado no país de importação.

O vendedor tem de arcar com os custos e riscos envolvidos para levar as mercadorias até lá (excluindo as taxas, impostos e outros encargos oficiais que incidam sobre a importação), assim como todos os custos e riscos no desempenho das formalidades alfandegárias.

O comprador tem de pagar quaisquer custos adicionais e arcar com todos os riscos resultantes, caso ele não cumpra as formalidades alfandegárias da importação a tempo.

Se as partes desejarem que o vendedor se incumba de realizar as formalidades alfandegárias e arcar com os custos e riscos resultantes daí em diante, essa decisão tem de constar claramente, com o uso de palavras adequadas.

Esse termo pode ser usado para qualquer tipo de transporte.

DDP – *DELIVERED DUTY PAID* – significa que o vendedor cumpre sua obrigação de entrega quando as mercadorias tiverem sido colocadas à disposição no local de destino designado, no país de importação.

O vendedor tem de arcar com os custos e riscos, inclusive encargos, impostos e outros custos para entregar as mercadorias até lá, já liberadas para importação.

Enquanto o termo EXW representa a menor obrigação para o vendedor, a DDP representa a maior. Esse termo não deve ser usado se o vendedor não for capaz de obter a licença de importação direta ou indiretamente.

Essa modalidade pode ser utilizada para qualquer modo de transporte[37].

---

[37] Irineu Strenger, op. cit., p. 261-334.

Atualmente, segundo os **Incoterms 2010**, existem 11 termos, divididos em dois grupos: para utilização em operações que serão transportadas pelos modais aquaviários (marítimo, fluvial ou lacustre) e para operações transportadas em qualquer modal de transporte, inclusive transporte multimodal.

A publicação anterior – acima transcrita – apresentava 13 termos. As principais modificações nesta nova versão são:

• no termo **FOB**, a "entrega" (de vendedor para o comprador) ocorre no momento em que as mercadorias estiverem a bordo do navio no porto de embarque. Na versão anterior, a "entrega" ocorria no momento em que a mercadoria cruzava a amurada da embarcação;

• as demais modificações foram todas nos termos do grupo D. Se na versão anterior contava com 5 termos: **DAF, DES, DEQ, DDU** e **DDP**, na versão 2010 os *Incoterms* contam com apenas 3 termos: **DAT, DAP** e **DDP**.

Foram extintos os termos **DAF, DES, DEQ** e **DDU** e foram criados os termos **DAT** e **DAP**.

O **DAT** deve ser utilizado quando a entrega ocorrer em um terminal de cargas no país de destino e o termo **DAP,** quando a entrega ocorrer em algum local no país de destino que não seja um terminal de cargas (aquaviário, aéreo, rodoviário, ferroviário).

Em ambos os casos, o vendedor entregará a mercadoria antes do desembaraço de importação.

O único termo no qual o vendedor se responsabilizará pelo desembaraço na importação é o DDP[38].

20.7.3 *Factoring*

O conceito de *factoring* não apresenta grandes dificuldades, desde que se parta de uma noção tradicional, em que, para formação de uma relação jurídica entre duas empresas (necessariamente dois termos-sujeitos), uma delas entrega à outra um título de crédito, recebendo como contraprestação o valor do título, sendo que deste é descontada certa quantia como remuneração pelo adiantamento.

Para Fran Martins[39], o contrato de faturização ou *factoring* é aquele em que um comerciante cede a outro os créditos, na totalidade ou em parte, de suas vendas a terceiros, recebendo o primeiro do segundo o montante desses créditos, mediante o pagamento de uma remuneração.

Orlando Gomes[40] conceitua *factoring* como o contrato por via do qual uma das partes cede a terceiro (o *factor*) créditos provenientes de vendas mercantis, assumindo

---

[38]   A lista completa de termos pode ser consultada na Resolução CAMEX n. 21, de 7 de abril de 2011.
[39]   *Contratos e obrigações comerciais*, p. 563.
[40]   *Contratos*, p. 468.

o cessionário o risco de não recebê-los contra o pagamento de determinada comissão a que o cedente se obriga.

Já Maria Helena Diniz[41] esclarece que o contrato de faturização, de fomento mercantil ou *factoring*, é aquele em que um industrial ou comerciante (faturizado) cede a outro (faturizador), no todo ou em parte, os créditos provenientes de suas vendas mercantis a terceiro, mediante o pagamento de uma remuneração, consistente no desconto sobre os respectivos valores, ou seja, conforme o montante de tais créditos.

É um contrato que se liga à emissão e transferência de faturas.

No contrato de *factoring* é visível o recebimento imediato do crédito pela empresa faturizada que se desonera de manter uma carteira de cobrança, liberando-se dos custos deste serviço.

A empresa vendedora contrata com outra empresa a compra e venda de seus créditos.

> Parte dos autores que se dedicou ao assunto dá relevo à ideia não propriamente da cessão do título de crédito, mas de compra e venda. Tem-se uma compra de crédito celebrada entre uma empresa ou cliente e uma entidade mercantil – que é a sociedade de *factoring*, ou o *factor*. Há um negócio de compra de crédito não especificamente regulamentado, embora com tipicidade própria, malgrado entendimento contrário de muitos objetivando uma finalidade econômica concreta. Esta transferência de crédito melhor se coaduna com sua realidade fática se vista como uma cessão remunerada de título[42].

A rigor, da peculiar conceituação do *factoring* depreendem-se divergências quanto ao seu tratamento como compra e venda de crédito ou cessão remunerada de crédito.

A despeito de tal discussão restrita à conceituação tradicional do instituto, atualmente o contrato de *factoring* sofreu ampliação alcançando a figura de atividade de fomento mercantil.

> O *factoring* é uma atividade de fomento mercantil que se destina a ajudar, sobretudo, o segmento das pequenas e médias indústrias a expandir seus ativos, a aumentar suas vendas, sem fazer dívidas (...) *Factoring* é uma atividade complexa, cujo fundamento é a prestação de serviços, ampla e abrangente, que pressupõe sólidos conhecimentos de mercado, de gerência financeira, de ma-

---

[41] *Tratado teórico e prático dos contratos*, v. 2, p. 65.
[42] Arnaldo Rizzardo, Factoring, p. 11.

temática e de estratégia empresarial, para exercer suas funções de parceiro dos clientes. O sentido da parceria é essencial ao exercício efetivo do *factoring*[43].

Assim, a atividade de fomento mercantil ou *factoring* assumiu novas áreas, como administração do crédito ou contas a receber e a pagar, gestão financeira, planejamento econômico e de mercados, seleção e cadastramento de clientes, assessoria creditícia, dentre outras.

Resumidamente, *factoring* abarca três funções[44]:

• **Garantia** – o *factor* assume a responsabilidade pelo pagamento do crédito cedido, ainda que exista inadimplemento do devedor da empresa cedente, salvo nulidades ou vícios de crédito.

Na operação de faturização, a garantia prestada pelo *factor* é a liquidação dos créditos cedidos, pelo menos no vencimento, podendo ainda haver antecipação no *conventional factoring*.

Ademais, a garantia de faturização é dada pelo valor total dos créditos cedidos.

• **Gestão de crédito** – o *factor* procede ao exame dos créditos, à sua cobrança e ainda pode ocupar-se da própria contabilidade e faturamento da empresa faturizada.

Esta tem simplificado ao extremo os seus serviços administrativos e contábeis, com uma correspondente redução nos custos, sendo a sua maior preocupação apenas a venda.

• **Financiamento** – se necessário, adianta os recursos referentes aos créditos cedidos. O financiamento tradicional é concedido em função do financiado, dos seus recursos patrimoniais, do seu índice de liquidez.

No *factoring*, ao contrário, o financiamento leva em conta sobretudo os devedores da empresa faturizada.

Assim, se sua clientela é de primeira ordem, a empresa faturizada pode vir a gozar de uma margem de crédito muito superior àquela normalmente oferecida pelos bancos.

20.7.4 O *factoring* internacional

Recebe o nome de *factoring* internacional o *factoring* relativo à compra de direitos creditórios resultantes das vendas a prazo decorrentes de operações de comércio exterior (exportação ou importação de bens ou serviços), e que, além do comprador (importador) e do vendedor (exportador), envolve necessariamente a

---

[43]   Luiz Lemos Leite, apud Arnaldo Rizzardo. Factoring, p. 13.

[44]   Citação de Luiz Kignel na obra *Os modernos contratos e o direito brasileiro*, citado em *Os negócios e o direito*, coordenação de Vera Helena de Mello Franco, São Paulo: Maltese, 1992, p. 88-89, *apud* Arnaldo Rizzardo, *Factoring*, p. 14 – acrescida de alguns comentários.

participação de uma sociedade de fomento mercantil brasileira e de uma empresa de *factoring* estrangeira que atue no país em que se origina a operação de comércio exterior[45].

Dentre as múltiplas espécies do *factoring*, resta claro que o *factoring* internacional é aquele que se relaciona com operações de fomento mercantil que envolvem importação e exportação, ou seja, operações a serem realizadas fora do país.

Ainda, deve ser ressaltado que necessariamente o *factoring* internacional ocorrerá entre empresas, a importadora e a exportadora, bem como o *factor* nacional e o *factor* internacional.

Em princípio, esta modalidade se aproxima da origem histórica do instituto que remonta às negociações entabuladas entre Estados distintos, onde originariamente o *factor* era o comerciante, o agente comercial empreendedor de negócios, que visava estabelecer relações comerciais nos novos territórios conquistados ou descobertos, procurando, por seu turno, acelerar as vendas e ampliar seu lucro.

Segundo Stuber[46], é possível estruturar uma operação de *factoring* importação em uma perspectiva estritamente jurídica, sendo o *factoring* exportação modalidade mais consentânea com a realidade brasileira.

O *factoring* exportação é de grande valia para as empresas de pequeno e médio porte sem grande tradição no mercado internacional e que tenham pretensões de avolumar suas vendas de bens ou serviços a outros países.

O *factoring* internacional é usado principalmente por exportadores que vendem em regime de conta corrente ou documentos contra aceite, pois facilita o estabelecimento de crédito e alivia o custo administrativo da cobrança em vendas internacionais.

Ao terceirizar a função de crédito, há uma economia de custos fixos, pois as comissões são baseadas nas vendas efetivadas.

Há, ainda, os seguintes pontos positivos: a empresa pode aumentar a venda em mercados estrangeiros oferecendo condições mais competitivas, em vista da proteção contra perdas de crédito; fluxo de caixa acelerado, em função da forma de cobrança; custos menores, pelo fato de não envolver a emissão de cartas de crédito; geração de capital de giro etc.

Cada operação é diferente e baseia-se na necessidade do exportador. Entretanto, podemos identificar quatro estágios básicos:

• Exportador assina um contrato de *factoring* com um *Export Factor* de seu próprio país. O contrato estipula que o exportador endosse todos os recebíveis de

---

[45] Walter Douglas Stuber e Adriana Godel Stuber, O "factoring" *internacional*, p. 4.
[46] Idem, ibidem, p. 5.

exportação para o *Export Factor*, que se torna responsável pelos aspectos do serviço de *factoring*.

• *Export Factor* seleciona um correspondente para atuar como *Import Factor* no país de destino das mercadorias. Os recebíveis são reendossados para o *Import Factor*.

• *Import Factor* estabelece linhas de crédito para cada importador, estipulando volume e prazo das compras. O *Export Factor* confirma os detalhes da linha para o exportador.

Depois do embarque, o exportador emite uma fatura para o importador, que é cobrada pelo *Import Factor*, que efetua o pagamento do líquido na conta do exportador junto ao *Export Factor*.

Percebe-se que:

com esta prática, a empresa de *factoring* compra os créditos, ficando o exportador com uma garantia total de seu crédito. Não apenas nesta operação atuam as empresas, mas prestam também outros serviços, como a cobrança de créditos a receber, a administração de vendas, análises e controle de mercado, e gerenciamento de créditos"[47].

Há duas possibilidades no mercado internacional: *pro soluto* (operação desvincula o cedente da obrigação de pagar) e *pro solvendo* (a operação transfere o direito de cobrança ao produto resultante, mas o cedente permanece obrigado à liquidação do papel).

No Brasil, é reconhecido somente o *pro soluto*, onde a operação de *factoring* desonera o cedente do crédito de pagar, impondo, portanto, restrição clara ao direito de regresso.

Quanto ao papel do faturizador no plano internacional, é possível dizer:

No plano internacional, porém, há o surgimento de um quarto personagem, o faturizador estrangeiro, que vai desempenhar importante papel no desenvolvimento da operação, uma vez que ele, além de providenciar a efetiva cobrança dos créditos no próprio país, torna-se responsável pelos respectivos pagamentos, cabendo-lhe, em consequência, a incumbência da investigação e da deliberação sobre os riscos inerentes às operações de faturização promovidas pelo faturizador nacional.

Este último, por seu turno, orienta o seu cliente e exportador no pedido de faturização, estabelece as condições do contrato entre eles celebrado a partir

---

[47]   Arnaldo Rizzardo, Factoring, p. 97.

do levantamento cadastral adequado (concedendo a este último a antecipação sobre os créditos adquiridos e auxiliando-os nos serviços de consultoria comercial) e, finalmente, confia ao seu correspondente no exterior (o faturizador estrangeiro) tudo o que se refere às relações entre faturizador e devedor[48].

O *factoring* é atividade presente no comércio doméstico e internacional, permitindo agilidade na circulação de valores consolidados em títulos de crédito. Ademais, as empresas de *factoring* têm a possibilidade de assumir outros encargos, como a administração do crédito ou de contas a receber e a pagar, gestão financeira, planejamento econômico e de mercados, seleção e cadastramento de clientes, assessoria creditícia, dentre outros.

No âmbito internacional, o *factoring* recrudesce em importância ao prestar segurança às pequenas e médias empresas que estão adentrando o mercado, permitindo-lhes um outro caminho que não a carta de crédito, concedendo-lhes a oportunidade de custo inferior na operação de exportação e, consequentemente, a prática de preços mais competitivos.

Diante desses fatos, somados à realidade do crescimento do intercâmbio mundial de mercadorias e serviços, a tendência é o crescimento da atividade de fomento mercantil, *factoring*, bem como o aperfeiçoamento de seu instrumental técnico-jurídico.

20.7.5 *Leasing*

A princípio, é possível afirmar, tão somente, que o *leasing* é uma modalidade de contrato mercantil, havendo dificuldades na doutrina nacional para precisar sua natureza jurídica, se locação, mandato, compra e venda ou outra forma.

Porém, no que tange à sua definição, faz-se necessário o apoio em noções esposadas por alguns juristas.

Desta feita, Fran Martins, que intitula *leasing* como arrendamento mercantil, conceitua-o da seguinte maneira:

> Entende-se por arrendamento mercantil ou *leasing* o contrato segundo o qual uma pessoa jurídica arrenda a uma pessoa física ou jurídica, por tempo determinado, um bem comprado pela primeira de acordo com as indicações da segunda, cabendo ao arrendatário a opção de adquirir o bem arrendado findo o contrato, mediante um preço residual previamente fixado[49].

---

[48] Newton de Lucca, apud Arnaldo Rizzardo, Factoring, p. 99.

[49] Irineu Strenger, *Contratos internacionais do comércio*, p. 331, apud Fran Martins, *Contratos e obrigações comerciais*, p. 535.

Já para Maria Helena Diniz,

> o *financial leasing* norte-americano, *crédit-bail* dos franceses, *hire purchase* dos ingleses, *locazione finanziaria* dos italianos, *finanzierungs leasing* ou *miet* dos alemães, *arrendamiento* dos espanhóis, *location financemente* dos belgas, traduzido por arrendamento mercantil, é o contrato pelo qual uma pessoa jurídica ou física (art. 12 da Res. n. 2.309/96), pretendendo utilizar determinado equipamento, comercial ou industrial, ou um certo imóvel, consegue que uma instituição financeira o adquira, arrendando-o ao interessado por tempo determinado, possibilitando-se ao arrendatário, findo tal prazo, optar entre a devolução do bem, a renovação do arrendamento, ou a aquisição do bem arrendado mediante um preço residual previamente fixado no contrato, isto é, o que fica após a dedução das prestações até então pagas (Lei n. 6.099/74, arts. 1º, 2º, § 1º, 6º, 7º, 8º, 9º, § 2º, 10, 16, 23, com alterações da Lei n. 7.132/83; Res. n. 2.309/96; 1.649/89 do Banco Central; Circulares n. 2.153, 2.325/92 e 2.442/94 do Banco Central)[50].

De outro lado, Irineu Strenger define o *leasing* como:

> contrato mercantil que possibilita a um futuro arrendatário receber do empresário arrendante como locação bens móveis ou imóveis que este adquire em nome próprio, para que possa usá-los por período irrevogável, findo o qual terá a opção de adquiri-los na totalidade ou em parte, por preço residual, pré--convencionado[51].

Para Fábio Ulhoa Coelho, o arrendamento mercantil "é a locação caracterizada pela faculdade conferida ao locatário (arrendatário) de, ao término do prazo locatício, optar pela compra do bem locado[52]."

Dir-se-ia, portanto, que o *leasing* é a sucessão de dois contratos, o de locação e o de compra e venda, sendo este último opcional.

O contrato rege-se pelas cláusulas pactuadas entre as partes, de modo que, findo o prazo de locação, pode o locatário adquirir o bem locado, tendo o direito de amortizar no prazo da locação os valores pagos a título de aluguel, desembolsando, então, apenas o "valor residual".

---

[50] *Tratado teórico e prático dos contratos*, v. 2, p. 445-446.
[51] Op. cit., p. 333.
[52] *Curso de Direito Comercial*, v. 3, p. 134.

A ênfase deve estar na opção do legislador brasileiro em definir *leasing* de maneira restritiva, de molde a não estender tratamento tributário diferenciado àqueles que não se enquadrarem como tal nas leis fiscais e regulamentos do Banco Central.

Neste ínterim, é bastante elucidativa a noção trazida por Fábio Ulhoa Coelho, em que firma de forma sintética que:

> no âmbito das relações entre os contratantes, o arrendamento mercantil (*leasing*) é locação com opção de compra. Para efeitos tributários, somente pode ter o enquadramento de *leasing* o contrato que atenda aos requisitos da lei fiscal e do regulamento do Banco Central[53].

Desses conceitos é possível depreender que o arrendamento mercantil ou *leasing* é uma modalidade de financiamento ao arrendatário, facilitando-lhe o uso e gozo de um bem de sua necessidade sem ter de desembolsar inicialmente o valor desse bem, e com opção de, findo o prazo estipulado para a vigência do contrato, tornar-se proprietário do bem, pagando um preço extraído do valor residual do mesmo na ocasião; restituir o bem; ou, ainda, firmar novo contrato sendo que o preço será estipulado a menor em razão do decurso do tempo e depreciação (material e tecnológica) do bem em questão.

> No Brasil, a prática do *leasing* ocorreu, em 1967, com a empresa Rent-a-Maq, desenvolvendo-se a partir de 1970. Para disciplinar extralegalmente sua atividade, criou-se, devido ao seu grande desenvolvimento, a Associação Brasileira de Empresas de Leasing (ABEL), e a Lei n. 6.099/74 (alterada pela Lei n. 7.132/83), com o escopo de dispor sobre o tratamento tributário, designou-o arrendamento mercantil. Com isso o *leasing* passou a ser um contrato típico. Ante o fato de o *leasing* envolver, direta ou indiretamente, uma operação de crédito, o Banco Central do Brasil controla-o (Res. n. 2.309/96, 2.706/96 e 1.649/89; Circular n. 2.153/92, DOU, 6 abr. 1992, p. 4314), segundo normas baixadas pelo Conselho Monetário Nacional, aplicando, quando for o caso, a Lei n. 4.594/64, e a legislação posterior atinente ao sistema financeiro nacional[54].

Por outro viés, a definição legal presente no art. 1º da Lei n. 6.099/74, com a redação dada pela Lei n. 7.132/83, diz que *leasing* é

> o negócio realizado entre uma pessoa jurídica autorizada a operar nesse segmento de atividade econômica (arrendadora) e uma pessoa física ou jurídica

---

53   Op. cit., p. 134.
54   Maria Helena Diniz, *Tratado teórico e prático dos contratos*, v. 2, p. 445.

(arrendatária), cujo objeto é a locação de bens adquiridos pela primeira, de acordo com as especificações fornecidas pela segunda e para uso desta.

Também podem-se extrair os seguintes elementos jurídicos do contrato de arrendamento mercantil:

1º) Três empresas são necessárias à operação: a que vende as máquinas (fabricante), a que as compra, pagando o preço (*leasing broker* ou *leasing banker*), e a que obtém, sem ter comprado (arrendatária), os referidos bens de produção.

2º) Uma empresa (ou arrendatária) indica à outra (instituição financeira – Res. n. 2.309/96, art. 13, § 2º) os bens que ela deverá adquirir, com todas as suas especificações técnicas, estipulando preço e nome do fornecedor, e dando outros esclarecimentos, como condições de reembolso do arrendador, montante de prestações, prazo de vigência do contrato de *leasing* etc. (Lei n. 6.099/74, art. 5º).

3º) A instituição financeira compra equipamentos e máquinas para arrendá-los a longo prazo à empresa que pediu a aquisição. O contrato de compra e venda será celebrado entre arrendador e vendedor, sem qualquer participação do arrendatário.

4º) Há a concessão do uso desses bens ou equipamentos durante certo prazo, em geral de dois a cinco anos (Res. n. 2.309/96, art. 8º), mediante o pagamento de uma renda, superior ao valor do uso, porque ela poderá ser parcela do preço pelo qual serão comprados tais bens. Leva-se em consideração o tempo que o bem pode ser útil, pois há hipóteses em que, com o passar dos anos, torna-se obsoleto, pelo aparecimento de outro mais moderno, ante o progresso tecnológico. Se, na vigência do contrato, o arrendatário quiser pôr fim ao *leasing*, devolvendo o bem ao arrendador, este poderá exigir o pagamento integral das prestações convencionadas.

5º) O arrendatário, findo o prazo do arrendamento, tem a tríplice opção de: a) adquirir os bens, no todo ou em parte, por preço menor do que o de sua aquisição primitiva convencionado no contrato, levando-se em conta os pagamentos feitos a título de aluguel; b) devolvê-los ao arrendador; ou c) prorrogar o contrato, mediante o pagamento de renda muito menor do que a do primeiro arrendamento, porque neste as prestações foram fixadas tendo em vista o valor de utilização do bem em estado de novo[55].

---

55   Idem, ibidem, v. 2, p. 445-446.

Cumpre observar que, na hipótese de contrato firmado com pessoa física na qualidade de arrendadora, entre as partes terá o tratamento de locação com opção de compra, porém, perante a legislação, para efeitos tributários, será tratada como compra e venda a prazo (art. 11, § 1º, da Lei n. 6.099/74).

20.7.6 Modalidades de *leasing*

A exploração de atividade de *leasing* é disciplinada pela Resolução BC n. 2.309/96 do Conselho Monetário Nacional, que distingue duas modalidades de contrato: o *leasing* financeiro e o operacional.

a) **Leasing financeiro** – é o *leasing* financeiro, ou o *financial lease*, ou, ainda, o *full payout lease*, que é o *leasing* propriamente dito, o *leasing* puro que, por estar mais ligado a departamentos de bancos, é também conhecido como *leasing* bancário.

Esta modalidade de *leasing* é a usual; tratar-se-ia do tipo padrão, que, na concepção de Arnoldo Wald, verifica-se quando uma empresa:

> desejando utilizar determinado equipamento, ou um certo imóvel, consegue que uma instituição financeira adquira o referido bem, alugando-o ao interessado por prazo certo, admitindo-se que, terminado o prazo locativo, o locatário possa optar entre a devolução do bem, a renovação da locação ou a compra pelo preço residual fixado no momento inicial do contrato[56].

Para Fran Martins, "o *leasing* financeiro é aquele em que uma empresa se dedica habitual e profissionalmente a adquirir bens produzidos por outros para arrendá--los, mediante uma retribuição estabelecida, a uma empresa que deles necessite"[57].

A característica mais marcante é o financiamento que faz o locador. Ou seja, o fabricante ou importador não figuram como locadores.

Há uma empresa que desempenha este papel enquanto a aquisição do equipamento dá-se pela empresa de *leasing*, que contrata o arrendamento com o interessado.

O art. 5º da Resolução Bacen n. 2.309/96 considera arrendamento mercantil financeiro a modalidade em que:

> I – as contraprestações e demais pagamentos previstos no contrato, devidos pela arrendatária, sejam normalmente suficientes para que a arrendadora recupere o custo do bem arrendado durante o prazo contratual da operação e, adicionalmente, obtenha um retorno sobre os recursos investidos;

---

[56] Rodolfo de Camargo Mancuso, *Leasing*, p. 43, apud Arnoldo Wald, A introdução do *leasing* no Brasil, *RT*, 415/10.

[57] Irineu Strenger, *Contratos internacionais do comércio*, p. 335-336, apud Fran Martins, *Contratos e obrigações comerciais*, p. 539.

II – as despesas de manutenção, assistência técnica e serviços correlatos à operacionalidade do bem arrendado sejam de responsabilidade da arrendatária;

III – o preço para o exercício da opção de compra seja livremente pactuado, podendo ser, inclusive, o valor de mercado do bem arrendado.

Segundo Rodolfo de Camargo Mancuso:

> É muito significativa a circunstância de o art. $4^{\underline{o}}$ da Resolução Bacen 2.309/96 prever que as "sociedades de arrendamento mercantil devem adotar a forma jurídica de sociedades anônimas e a elas se aplicam, no que couber, as mesmas condições estabelecidas para o funcionamento de instituições financeiras na Lei n. 4.595, de 31.12.1964, e legislação posterior relativa ao Sistema Financeiro Nacional (...)". Demonstra o relevo do aporte financeiro na estrutura do arrendamento mercantil[58].

E continua o autor:

> A distinção com a forma operacional, ou o *renting*, está no acentuado caráter de locação que domina nesta espécie, sem haver necessidade de cláusula de opção, e com a possibilidade de rescisão a qualquer momento. No *leasing* financeiro, domina o sentido de financiamento. (...)
>
> Ademais, o objeto do *leasing* financeiro é o benefício fiscal de que usufruem a empresa e o cliente, com as deduções do imposto de renda, não previstas relativamente ao arrendamento operacional, cujo motivo de sua contratação é a venda de bens, com a prestação de serviços[59].

b) **Leasing operacional** (*renting*) – o *leasing* operacional é também conhecido como *renting*, sendo modalidade precursora do *leasing*, pois surgiu pela primeira vez por volta de 1920 nos Estados Unidos como meio de as indústrias norte-americanas assegurarem o escoamento de sua produção.

As indústrias alugavam seus produtos e comprometiam-se a fornecer prestação de serviços de manutenção das máquinas. A rigor, aproximava-se de um contrato de locação com promessa de venda do bem locado.

Nessa modalidade de *leasing*, é o próprio produtor dos bens quem os concede em locação, tratando-se, por vezes, de empresa especializada na locação de determinados bens, como aparelhos tecnológicos, por exemplo.

---

[58]　Rodolfo de Camargo Mancuso, *Leasing*, p. 43.
[59]　Idem, ibidem, p. 25-26.

Todavia, nesse contrato de *leasing* o locador compromete-se com a manutenção, seguro e outros ônus para a conservação do bem.

Desta feita, o *leasing* operacional:

> expressa uma locação de instrumentos ou material, com cláusula de prestação de serviços, prevendo a opção de compra e a possibilidade de rescisão a qualquer tempo, desde que manifestada esta intenção com uma antecedência mínima razoável, em geral fixada em 30 dias[60].

Essa espécie não consta expressa na Lei n. 6.099/74, visto que o art. 2º a afasta de seu tratamento: "Não terá o tratamento previsto nesta lei o arrendamento contratado entre pessoas jurídicas direta ou indiretamente coligadas ou interdependentes, assim como o contratado com o próprio fabricante".

A disposição importa em somente não se conceder os benefícios tributários da Lei n. 6.099/74. Em outros termos, não está proibida a prática, mesmo que sem o favorecimento das isenções instituídas pela lei.

Nas palavras de Rodolfo de Camargo Mancuso:

> Destacam-se entre as usuais características básicas do *leasing* operacional:
>
> a) o mesmo material pode ser alugado várias vezes a locatários diversos;
>
> b) o locador presta serviços de manutenção da coisa locada;
>
> c) é dispensável a intervenção de instituição financeira (mas, atualmente, essa prática vem se tornando frequente);
>
> d) tem por objeto materiais estandardizados, geralmente mantidos em estoque pelo locador;
>
> e) a opção de compra deve corresponder ao "valor de mercado do bem arrendado" – Resolução Bacen 2.309/96, art. 6º, III;
>
> f) o ajuste pode ser antecipadamente resolvido, mediante prévio aviso do locatário[61].

O art. 6º da Resolução Bacen n. 2.309/96 considera arrendamento mercantil operacional a modalidade em que:

> I – as contraprestações a serem pagas pela arrendatária contemplem o custo de arrendamento do bem e os serviços inerentes à sua colocação à disposição da arrendatária, não podendo o total dos pagamentos da espécie ultrapassar 75%

---

[60]   Arnaldo Rizzardo, O "leasing" – *arrendamento mercantil – no direito brasileiro*, p. 23.
[61]   Rodolfo de Camargo Mancuso, op. cit., p. 47.

(setenta e cinco por cento) do custo do bem arrendado;

II – as despesas de manutenção, assistência técnica e serviços correlatos à operacionalidade do bem arrendado sejam de responsabilidade da arrendadora ou da arrendatária;

III – o preço para o exercício da opção de compra seja o valor de mercado do bem arrendado.

Parágrafo único – As operações de que trata este artigo são privativas dos bancos múltiplos com carteira de arrendamento mercantil e das sociedades de arrendamento mercantil.

REFERÊNCIAS
(DIREITO INTERNACIONAL PRIVADO)

AGUSTINI, Carlos Alberto di. Leasing *financeiro*. São Paulo: Atlas,1999.

ALMEIDA, Luis Fernando Amadeo de. *Contrato internacional*: escolha da lei aplicável à luz do direito internacional privado brasileiro. Dissertação de Mestrado apresentada a Pontifícia Universidade Católica, sob orientação do Prof. Dr. Celso Ribeiro Bastos, 1999.

AMORIM, Edgard Carlos de. *Direito Internacional Privado*. Rio de Janeiro: Forense, 1994.

ANDRADE, Jorge Pereira. *Contratos de franquia e* leasing. São Paulo, Atlas, 1996.

ARAÚJO, Nádia de. *Contratos internacionais*. Rio de Janeiro: Renovar, 1997.

ARAÚJO, Nádia de. *Direito Internacional Privado*. Rio de Janeiro: Renovar, 2004.

BAPTISTA, Luiz Olavo. *Dos contratos internacionais:* uma visão teórica e prática. São Paulo: Saraiva, 1994.

BARBI FILHO, Celso. Contrato de compra e venda internacional: abordagem simplificada de seus principais aspectos jurídicos. *Revista do Curso de Direito da Universidade Federal de Uberlândia*, v. 25, n. 1/2, Uberlândia, dez./1996.

BASSO, Maristela. *Contratos internacionais do comércio*. Porto Alegre: Livraria do Advogado, 2002.

BASTOS, Celso; GURGEL KISS, Eduardo Amaral. *Contratos internacionais*. São Paulo: Saraiva, 1990.

BITTAR, Carlos Alberto. *Contratos comerciais*. Rio de Janeiro: Forense Universitária, 1994.

BORGES, João Eunápio. *Curso de Direito Comercial terrestre*. Rio de Janeiro: Forense, 1991.

BULGARELLI, Waldirio. *Contratos mercantis*. São Paulo: Atlas, 1998.

CÂMPERA, Francisco; ROSA, Arthur; LARANJEIRA, Fátima. STJ anula Correção do leasing pelo dólar. *Gazeta Mercantil*. São Paulo, Caderno A, p. 9, 2001.

COELHO, Fábio Ulhoa. *Curso de Direito Comercial*. São Paulo: Saraiva, 2000. v. 3.

COELHO, Fábio Ulhoa. *Manual de Direito Comercial*. São Paulo: Saraiva, 1997.

COSER, José Reinaldo. *Contratos em dólar*: financiamento. Leme (SP): Editora de Direito, 1999.

DELGADO, José Augusto. Leasing: doutrina e jurisprudência. Curitiba: Juruá, 1999.

DINIZ, Maria Helena. *Tratado teórico e prático dos contratos*. São Paulo: Saraiva, 1999. v. 2.

DINIZ, Maria Helena. *Lei de Introdução ao Código Civil interpretada*. São Paulo: Saraiva, 2004.

DOLINGER, Jacob. *Direito Internacional Privado*. Rio de Janeiro: Renovar, 2001.

ENGELBERG, Esther. *Contratos internacionais do comércio*. São Paulo: Atlas, 1997.

FAZIO, Silvia. *Os contratos internacionais na União Europeia e no Mercosul*. São Paulo: LTr, 1998.

GOMES, Orlando. *Contratos*. Rio de Janeiro: Forense, 1996.

GRECO FILHO, Vicente. *Direito processual civil brasileiro*. São Paulo: Saraiva, 2003.

IFC – *Code of International Factoring Customs* (IFC, revision June/1998).

MANCUSO, Rodolfo de Camargo. Leasing. São Paulo: RT, 1999.

MARTINS, Fran. *Contratos e obrigações comerciais*. Rio de Janeiro: Forense, 1976.

PAES, Paulo Roberto Tavares. Leasing. São Paulo: RT, 1977.

RECHSTEINER, Beat Walter. *Direito Internacional Privado*: teoria e prática. São Paulo: Saraiva, 2003.

RIBEIRO, Marcelo. *Processo Civil*. 3. ed. Rio de Janeiro: Forense; São Paulo: Método, 2023.

RIZZARDO, Arnaldo. O "leasing" – *arrendamento mercantil* – no direito brasileiro. São Paulo: RT, 1987.

RIZZARDO, Arnaldo. Factoring. São Paulo: RT, 1997.

RODAS, João Grandino. *Contratos internacionais*. São Paulo: RT, 2002.

ROPPO, Enzo. *O contrato*. Coimbra: Almedina, 1988.

ROQUE, Sebastião José. *Dos contratos civis-mercantis em espécie*. São Paulo: Ícone, 1997.

ROQUE, Sebastião José. *Direito Internacional Privado*. Rio de Janeiro: Forense, 1992.

SAMANEZ, Carlos Patrício. Leasing: análise e avaliação. São Paulo: Atlas, 1991.

SANTOS, Antonio Marques dos. *As normas de aplicação imediata no direito internacional privado*: esboço de uma teoria geral. Coimbra: Almedina, 1991. v. I e II.

STRENGER, Irineu. *Contratos internacionais do comércio*. São Paulo: LTr, 1998.

STRENGER, Irineu. *Direito Internacional Privado*. São Paulo: RT, 1991.

STUBER, Walter Douglas. Implicações tributárias e demais aspectos relevantes das operações de *leasing* importação. In: *Imposto de Renda – Estudos n. 36*. São Paulo: Resenha Tributária, 1993.

TEIXEIRA, Carla Noura. *Revista da Associação dos Pós-graduandos da Pontifícia Universidade Católica de São Paulo* – APG/PUC – SP – v. 1, n. 28. São Paulo, 2002.

VILANOVA, Lourival. *As estruturas lógicas e o sistema do direito positivo*. São Paulo: Max Limonad, 1997.

XAVIER, Alberto. *Validade das cláusulas em moeda estrangeira nos contratos internos e internacionais*. CIEX – Guia de Investimentos Externos. Rio de Janeiro: LegisBancos, 1996.

WEBSITES

www.bacen.gov.br

www.mediocreditoitaliano.com/web/it/index.jsp

www.anfac.com.br/v3/

www.forfaiting.com

www.factoring.com.pt

www.wis-international.com